Navigieren durch die Zeit – Leserausgabe

Eric Jones

Widmung

Das Leben kann bereichernd sein, aber manchmal auch komplex. Ich möchte dieses Buch all den starken Frauen widmen, die mein Leben geprägt haben.

Ich bin in sehr bescheidenen Verhältnissen aufgewachsen, und meine Großmutter war immer jemand, der mir unermüdlich zur Seite stand. Ihre Stärke, ihre Weisheit und ihre Hingabe an die Familie waren beispiellos.

Ich versuche, dem Beispiel meiner Großeltern zu folgen, denn ich stehe auf den Schultern von Giganten, und ich mache jeden Tag weiter, in dem Wissen, dass sie in mir weiterleben. Mit diesem Buch wollte ich ein Gespräch mit der Welt führen, aus der Perspektive, sich selbst zu finden und herauszufinden, was wichtig ist und wie wir durch die Zeit reisen können, damit dieses Leben zählt.

Ich bin mit einer guten Familie und starken Töchtern gesegnet, die für immer meine Fürsprecherinnen sind, und ich hoffe, dass etwas auf diesen Seiten das Leben der Leserinnen und Leser so verändern wird, dass sie Orientierung, Zufriedenheit und Erfüllung finden, die ich erst viel später im Leben gelernt habe.

Wir alle stehen unter Zeitdruck, während wir auf einer imaginären Achterbahn durch die Zeit gleiten, die mal schneller, mal langsamer wird. Manchmal ist die Fahrt holprig, aber je nach unseren Entscheidungen kann sie auch sanft verlaufen, während sie uns in die nächste Ebene der Existenz trägt. Ich schätze Ihre Zeit und Ihre Bemühungen, sich auf diese Reise zu begeben, und hoffe, dass Ihre Zeit gut investiertist.

Haftungsausschluss

Die in diesem Buch bereitgestellten Informationen dienen ausschließlich allgemeinen Informations- und Bildungszwecken und sind nicht als Finanz-, Anlage-, Steuer- oder Rechtsberatung zu verstehen. Der Autor ist kein zugelassener Finanzberater, Steuerberater oder Rechtsanwalt, und der Inhalt dieses Buches stellt keine professionelle Finanzberatung dar.

Leser werden dazu angehalten, eigene Recherchen anzustellen und sich von qualifizierten Fachleuten beraten zu lassen, bevor sie finanzielle Entscheidungen treffen. Der Autor und der Verlag übernehmen keine Verantwortung für Fehler oder Auslassungen im Inhalt oder für Folgen, die sich aus der Nutzung der Informationen in diesem Buch ergeben. Das Vertrauen auf die bereitgestellten Informationen erfolgt ausschließlich auf eigenes Risiko des Lesers.

Mit dem Lesen dieses Buches erklären Sie sich damit einverstanden, dass der Autor und der Verlag nicht für finanzielle Verluste, Schäden oder andere Folgen haftbar gemacht werden können, die sich aus der Anwendung der hierin behandelten Informationen oder Empfehlungen ergeben könnten.

Inhalt

Kapitel 1
Einleitung

Wir alle bewegen uns durch die Zeit. Das gleichmäßige Schwingen des Uhrpendels erinnert uns daran, wie schnell jede Sekunde vergeht und dann im Handumdrehen vorbei ist. Momente entgleiten uns, genau wie Sandkörner, die aus offenen Händen rieseln. Einige dieser Momente bergen Chancen. Das sind Gelegenheiten für uns, nachzudenken, zu wachsen und auf eine Weise zu investieren, die zu einem tieferen Sinn und mehr Erfüllung führen könnte.

Diese Erkenntnis kann den Wunsch wecken, zurückzugehen und Momente anders zu leben, um das Festzuhalten, was nur flüchtig war. Auch wenn wir uns vielleicht wünschen, Dinge zu ändern, schreitet die Zeit nur vorwärts. Die meisten von uns blicken irgendwann auf verpasste Gelegenheiten zurück und erkennen, dass sie außerhalb unserer Reichweite liegen. Dennoch kommt es nicht darauf an, was wir verloren haben, sondern wie wir uns entscheiden, voranzuschreiten. Jeder Schritt, jede Entscheidung prägt unser Wachstum, und wir haben die Macht, etwas Sinnvolles zu schaffen.

Der Inhalt dieses Buches soll dir helfen, die Entscheidungen zu entdecken, die deinen Charakter und deinen Entscheidungsprozess prägen, und herauszufinden, welche Faktoren zu einem höheren Maß an Erfüllung führen können.

Erfüllung hängt davon ab, wie wir unser Leben im Hier und Jetzt gestalten. Sie wird davon geprägt, wie wir unsere Zeit verbringen und welche Entscheidungen wir dabei treffen. Unsere

Werte dienen als Kompass, der unsere Erwartungen lenkt und beeinflusst, wie wir uns selbst sehen. Doch das Leben hat eine Art, Realität und Vorstellungskraft miteinander zu verweben, und manchmal stimmt das Bild, das wir in unseren Köpfen erschaffen, nicht mit dem überein, das wir vor uns sehen. Wenn das geschieht, kann es Ängste auslösen oder uns erschöpft zurücklassen.

Ich möchte, dass du dir etwas Wichtiges merkst: Du hast sowohl die Kraft als auch die Verantwortung, dein Leben so zu gestalten, dass es mit deinen Werten im Einklang steht und deine Seele nährt. Erfüllung entsteht, wenn das, was du denkst, fühlst und tust, miteinander harmoniert. Meine Hoffnung ist, dass dieses Buch dir hilft, über diese Harmonie nachzudenken, und dich einem Leben näherbringt, das sich sinnvoll und befriedigend anfühlt.

Jeder von uns ist sowohl ein geistiges als auch ein körperliches Wesen. Wir leben zwei Leben gleichzeitig: eines in unserem Geist, das voller Träume und Fantasie ist, und eines in der physischen Welt, in der wir diese Träume verwirklichen. Das Schöne am Menschsein ist, dass wir tief darüber nachdenken können, was wir wollen, und dann entscheiden können, wie wir es anstreben. Dort beginnen wahre Zufriedenheit und ein gesundes Leben.

Ein besseres Leben, was auch immer das für Sie bedeuten mag, hängt ganz von Ihrer Fähigkeit ab, die Welt zu beobachten, Ihre aktuelle Realität zu verstehen und zu erkennen, was Sie wirklich wollen. Es geht darum, den Unterschied zwischen dem, wo Sie sind, und dem, wo Sie sein wollen, zu kennen. Wenn Sie diesen Unterschied klar erkennen können, können Sie sinnvolle Ziele setzen, die Ihre Werte widerspiegeln, und zielstrebig darauf hinarbeiten. Aber seien wir ehrlich: Das Leben verläuft nicht immer nach Plan. Wenn die Dinge nicht mit unserem Zeitplan oder unseren Erwartungen übereinstimmen, können sich Frustration und Stress einschleichen. Das kenne ich nur zu gut.

Wir haben nur ein Leben, und ich möchte das Beste aus meinem machen. Anstatt uns von Rückschlägen definieren zu lassen, können wir unsere Denkweise ändern und uns auf das konzentrieren, was wirklich zählt. Dort findet Wachstum statt.

Manche Menschen sind mit ihrem Leben so, wie es ist, zufrieden. Sie sehen keine Notwendigkeit, es zu optimieren. Doch für viele von uns sagt eine innere Stimme: „Wenn ich nur ein paar Dinge ändern könnte, würde sich das Leben vielleicht noch besser anfühlen." Hier kommt die bewusste Reflexion ins Spiel. Was uns glücklich macht, lässt sich durch Selbstbeobachtung und Hinterfragung besser verstehen. Die Philosophie beruht genau auf dieser Prämisse: dass man sorgfältig nachdenken, nach der Wahrheit suchen und sinnvolle Entscheidungen treffen muss.

Im Kern geht es in der Philosophie darum, uns selbst und die Welt um uns herum zu verstehen. Sie hilft uns, fundierte Entscheidungen zu treffen, bewusst zu leben und zu vermeiden, dass wir uns im Autopilot-Modus durchs Leben treiben lassen. Durch nachdenkliche Reflexion können wir Klarheit gewinnen, unseren Fokus schärfen und unser Leben zu etwas gestalten, auf das wir stolz sind.

Was ist Philosophie?

Es ist ein intellektuelles Streben von bemerkenswerter Tiefe und Breite, definiert als die disziplinierte und methodische Untersuchung grundlegender Fragen, die den Kern der menschlichen Existenz bilden. Einfach ausgedrückt ist es die Suche nach der Wahrheit – ein Weg, die Natur der Dinge um uns herum zu verstehen und wie sie in der physischen Welt mit uns interagieren. Verwurzelt in rationaler Forschung, wagt sich dieses Streben in die Bereiche der Ontologie, Erkenntnistheorie, Ethik und Metaphysik vor und entwirrt die komplexen Verbindungen zwischen Realität, Wissen, Moral und den Geheimnissen unserer gemeinsamen menschlichen Erfahrung.

Durch die Anwendung von fundiertem kritischem Denken, logischem Schlussfolgern und gründlicher Analyse strebt die Philosophie danach, die schwer fassbaren Wahrheiten aufzudecken, die unter der Oberfläche unseres Bewusstseins verborgen liegen.

Metaphysik

Die Metaphysik erforscht eingehend die grundlegenden Fragen nach dem Wesen der Realität selbst. Sie widmet sich der Untersuchung der Existenz Gottes, der schwer fassbaren Natur der Wahrheit und sogar der rätselhaften Beziehung zwischen Geist und Körper. Mit Kühnheit und intellektueller Neugierde versucht die Metaphysik, die zugrunde liegenden Prinzipien und Strukturen aufzudecken, die die physischen und nicht-physischen Aspekte unserer Welt prägen.

Erkenntnistheorie

Die Erkenntnistheorie, bekannt als die Lehre vom Wissen, befasst sich mit Dingen und ihrer Umgebung. Sie beantwortet auch die Frage, wie wir Wissen erlangen können. Erkenntnistheoretiker bemühen sich, das Wesen des Wissens zu verstehen, und nutzen ihre forschende Denkweise, um nach dem zu suchen, was sie nicht wissen.

Ihr Streben nach Verständnis hilft ihnen nicht nur, die Authentizität dessen, was sie lernen, zu erfassen, sondern ermöglicht es ihnen auch, die Zuverlässigkeit dieses Wissens zu bewerten. Auch wenn sie wissen, was zu tun ist, verlieren sie sich oft im Labyrinth der Selbstzweifel. Es mag seltsam erscheinen, aber gerade das Ringen, die Zweifel und die Fragen machen die Suche nach Informationen so wichtig.

Ethik

Die Ethik, oft als Synonym für Moral angesehen, konzentriert sich auf die Fähigkeit eines Menschen, sich ideal zu verhalten. Sie lädt uns ein, zeitlose Fragen zu betrachten: Was ist richtig oder falsch? Was ist gut oder schlecht? Wie sollten wir idealerweise leben? Die Ethik hilft uns, Licht in die Komplexität menschlichen Verhaltens und dessen Auswirkungen zu bringen, während wir uns durch moralische Prinzipien und ethische Theorien bewegen. Sie dient als Kompass, der uns durch das schwierige Terrain moralischer Entscheidungsfindung führt und uns dazu inspiriert, die Welt für uns selbst und unsere Mitmenschen zu verbessern.

Logik

Logik ist die systematische Untersuchung und Anwendung von Argumentation und gültiger Schlussfolgerung. Sie ist eine Disziplin, die klare, kohärente Denkprinzipien und -regeln untersucht. Im Kern schafft die Logik einen Rahmen für die Bewertung von Argumenten, um festzustellen, ob sie gültig oder ungültig sind, und um die Stichhaltigkeit von Schlussfolgerungen zu beurteilen.

Sie bietet Werkzeuge und Methoden zur Analyse und Bewertung der Struktur und Konsistenz von Argumenten. Sie befasst sich mit deduktivem und induktivem Denken – also damit, wie logische Schlussfolgerungen aus Prämissen entstehen. Induktives Denken beinhaltet die Entwicklung von Verallgemeinerungen auf der Grundlage spezifischer Beobachtungen oder Daten, während deduktives Denken spezifische Schlussfolgerungen aus allgemeineren Prinzipien oder Prämissen ableitet. Einfach ausgedrückt ist Logik der Prozess des Denkens nach Gültigkeitsprinzipien, die vom durchschnittlichen Verstand allgemein verstanden werden.

Logik und emotionale Intelligenz

Stellen Sie sich einen Moment vor, in dem die Emotionen in einem Streit hochkochen. Der Impuls, sofort zu reagieren, kann überwältigend sein. Wenn man jedoch einen Schritt zurücktritt und logisch nachdenkt, ermöglicht dies eine besonnenere Reaktion. Das ist der Kern dessen, wie Logik und emotionale Intelligenz zusammenwirken. Die Logik bildet das Fundament, auf dem die emotionale Intelligenz aufbaut, und hilft dem Einzelnen, seine Emotionen so zu verstehen, zu steuern und auszudrücken, dass Beziehungen gestärkt statt geschädigt werden.

Im Kern dient die Logik als stabilisierende Kraft. Sie ermöglicht es dem Einzelnen, seine Emotionen zu analysieren, Auslöser zu erkennen und Entscheidungen zu vermeiden, die rein auf Impulsen beruhen. Wenn Logik angewendet wird, fällt es leichter, Muster in emotionalen Reaktionen zu erkennen und kognitive Verzerrungen aufzudecken, die diese möglicherweise beeinflussen. Dieses Maß an Selbstbewusstsein ist ein grundlegender Aspekt der emotionalen Intelligenz. Es vermittelt die Fähigkeit, zu reflektieren, emotionale Reaktionen zu regulieren und eine größere Kontrolle über Interaktionen mit anderen zu entwickeln.

Emotionale Intelligenz ist dann wirksam, wenn eine Person versteht, wann es notwendig ist, Rationalität beiseite zu lassen. Lassen Sie mich das näher erläutern. So viele Gespräche geraten aus dem Ruder, weil eine Person sich weigert, zuzuhören oder den situativen Kontext dessen zu verstehen, was besprochen oder erklärt wird. Die typische Reaktion ist oft Wut und Irrationalität.

Im Allgemeinen müssen Menschen lernen, wie sie ein Gleichgewicht zwischen Rationalität und aktivem Zuhören finden können. In solchen Momenten sollten sie in der Lage sein, ihre Emotionen vorübergehend beiseite zu lassen. Ich rate den Menschen, ihre Emotionen zu nehmen und sie in die Tasche zu stecken. Die Entwicklung dieser Fähigkeiten ist der beste Weg, um Konflikte zu vermeiden und eine neue Perspektive zu gewinnen, was letztlich das Verständnis und das Wachstum fördert.

In Situationen mit hohem Druck müssen Menschen Mitgefühl und kritisches Denken in Einklang bringen. Ein Arzt, der beispielsweise schwierige Nachrichten überbringt, muss einfühlsam bleiben und gleichzeitig sicherstellen, dass die Informationen klar und professionell vermittelt werden. Wenn man in solchen Situationen den Emotionen die vollständige Kontrolle überlässt, kann dies zu Missverständnissen oder unbeabsichtigten Folgen führen. Logisches Denken bietet die notwendige Struktur, um diese Momente sowohl mit Klarheit als auch mit Feingefühl anzugehen.

Logik verbessert zudem die Fähigkeit, die Emotionen anderer zu deuten. Anstatt einfach nur auf emotionale Äußerungen zu reagieren, hilft logisches Denken dabei, verbale Hinweise, Körpersprache und den situativen Kontext zu analysieren. Dieses tiefere Verständnis ermöglicht durchdachtere Reaktionen, die Verbundenheit fördern, anstatt zu Fehlinterpretationen zu führen.

Bei emotionaler Intelligenz geht es nicht darum, ein Roboter oder Automat zu werden. Es geht darum, Emotionen zu verstehen, sowohl die eigenen als auch die anderer. Es geht darum, zu wissen, wie man so reagiert, dass gegenseitiges Verständnis und Respekt gefördert werden.

Bei der Beziehung zwischen Logik und emotionaler Intelligenz geht es nicht darum, das eine dem anderen vorzuziehen. Vielmehr geht es darum, zu wissen, wann man beides richtig anwendet. Emotionale Intelligenz fördert Empathie und Verbundenheit. Sie ist die Kunst zu wissen, dass nach hitzigen Auseinandersetzungen alles wieder gut wird und eine klare Kommunikation erreicht wird. Gleichzeitig sorgt Logik für Klarheit und Kontrolle über die Ausprägung der eigenen Emotionen. Es bedeutet, die Fakten darzulegen und sie ohne die geringste Voreingenommenheit zu betrachten. Die Beherrschung dieses Gleichgewichts führt zu tieferen Beziehungen, besserer Entscheidungsfindung und einer fundierteren Lebenseinstellung.

Philosophie und Geschichte

Wenn es um das Konzept der Philosophie geht, das in den Seiten der Vergangenheit niedergeschrieben wurde, ist die intellektuelle Debatte endlos. Ein Historiker würde aufgrund seiner Natur darauf bestehen, dass die Vergangenheit alle Antworten bereithält. Der Philosoph hingegen würde anderer Meinung sein und argumentieren, dass Fragen wichtiger sind als Fakten. Würden sie gemeinsam in einem Raum eingeschlossen, um eine gemeinsame Basis zu finden, würden sie hin und her diskutieren, ohne dass einer gewinnt oder verliert, denn in Wahrheit brauchen sie einander. Philosophie und Geschichte sind keine getrennten Disziplinen; sie sind zwei Seiten derselben Medaille.

Die Geschichte liefert die Ereignisse, die Fakten und die Ergebnisse. Sie erzählt uns, was geschah, wer was tat und wie Zivilisationen aufstiegen und untergingen. Doch Geschichte ohne Philosophie ist wie das Lesen eines Romans, ohne dessen Themen zu verstehen. Sicher, man könnte sich die Daten jeder großen Revolution merken, doch ohne philosophisches Nachdenken bleiben diese Revolutionen leblose Fakten statt Lehren über die menschliche Natur, Macht und Gesellschaft.

Die Philosophie hingegen stellt die schwierigen Fragen. Was ist Gerechtigkeit? Was ist Wahrheit? Was ist eine gute Gesellschaft? Während die Geschichte uns Beispiele liefert, zwingt uns die Philosophie dazu, kritisch über sie nachzudenken. Nehmen wir zum Beispiel das antike Rom. Die Geschichte erzählt uns, dass das Reich unterging. Die Philosophie fragt, warum es unterging und was das für heutige Gesellschaften bedeutet. War es Korruption? Überdehnung? Der unvermeidliche Kreislauf der Macht? Ohne Philosophie würde uns die Geschichte lediglich sagen, dass Rom zusammenbrach, und wir würden weitermachen. Mit Philosophie betrachten wir Rom als Fallstudie für Führung, Regierungsführung und die Grenzen menschlichen Ehrgeizes.

Die Zeit der Aufklärung ist eines der besten Beispiele für das Zusammenspiel von Geschichte und Philosophie. Historiker können uns sagen, wann sie stattfand und welche Denker dazu beitrugen, aber die Philosophie zwingt uns dazu, zu überlegen, warum es zu dieser Explosion neuer Ideen kam. Warum stellten Denker wie Voltaire und Rousseau traditionelle Autoritäten in Frage? Warum nahmen Gesellschaften plötzlich Ideen über individuelle Rechte und Demokratie an? Die Antworten liegen nicht nur in historischen Ereignissen, sondern in den philosophischen Debatten, die sie umgaben.

Diese Verbindung zwischen Philosophie und Geschichte ist nicht nur für Wissenschaftler von Bedeutung. Sie ist auch im Alltag relevant. Denken Sie an die moderne Politik. Die Geschichte zeigt uns, welche politischen Maßnahmen in der Vergangenheit funktioniert haben und welche gescheitert sind. Die Philosophie regt uns dazu an, zu fragen, warum manche Ideen Erfolg haben und andere nicht. Gemeinsam helfen sie uns, die Gegenwart zu verstehen, den Status quo zu hinterfragen und die Zukunft zu antizipieren.

Ohne Geschichte fehlt der Philosophie die Verankerung in der realen Welt. Ohne Philosophie ist Geschichte nur eine Sammlung alter Geschichten. Aber wenn sie zusammenwirken, bieten sie etwas wirklich Mächtiges. Sie haben die Fähigkeit, die Vergangenheit zu sehen, die Gegenwart zu verstehen und die Zukunft mit Weisheit zu gestalten.

Philosophie und Weisheit

Philosophie und Weisheit sind zwei der am meisten missverstandenen Kräfte in der Geschichte der Menschheit. Sie sind wie zwei Geschwister bei einem Familienessen. Der eine ist der Intellektuelle, der es genießt, bei einem Glas edlen Weins über den Sinn des Lebens zu philosophieren. Der andere ist der bodenständige, praktische Typ, der mit den Augen rollt und sagt: „Das ist ja schön und gut, aber wie hilft mir das, meine Rechnungen zu bezahlen?" Es stimmt, dass Philosophie und Weisheit miteinander verbunden sind, aber sie sind nicht dasselbe. Sie brauchen einander, kommen aber nicht immer gut miteinander aus.

Philosophie ist Neugier auf Steroiden. Sie stellt die großen Fragen. Was ist Wahrheit? Was ist Gerechtigkeit? Warum gehört Ananas auf Pizza – oder warum nicht? Es ist ihr nicht unbedingt wichtig, diese Fragen schnell zu beantworten. Tatsächlich lieben es Philosophen, Debatten so lange wie möglich in die Länge zu ziehen, denn der Prozess des Hinterfragens ist genauso wertvoll wie das Finden der Antwort. Weisheit hingegen ist die effizientere, lebensklügere Schwester der Philosophie. Während die Philosophie damit beschäftigt ist, über das Dasein nachzudenken, steht die Weisheit im Hintergrund und flüstert: „Das ist toll, aber sag das vielleicht besser nicht laut zu deinem Chef."

Die Philosophie liefert den Entwurf. Die Weisheit entscheidet, ob dieser Entwurf tatsächlich standhält, wenn der Wind zu wehen beginnt. Weisheit ist der Teil deines Gehirns, der dich davon abhält, deinem Ex um zwei Uhr morgens eine SMS zu schreiben. Es ist diese innere Stimme, die sagt: „Ich habe diesen Film schon einmal gesehen, und er endet nicht gut." Doch bevor die Weisheit überhaupt an diesen Punkt gelangt, ist es die Philosophie, die sich als Erste dafür interessiert, wie Beziehungen funktionieren, warum Menschen so handeln, wie sie es tun, und was zu einem erfüllten Leben führt.

In der realen Welt hören wir, wenn es um Gerechtigkeit geht, oft jemanden historische Bezüge herunterrattern, der Aristoteles, Kant und jeden Rechtswissenschaftler dazwischen zitiert. Der andere seufzt nur und sagt: „Gerechtigkeit bedeutet einfach, zu wissen, wann man im richtigen Moment den Mund hält." Beide haben berechtigte Argumente, doch der eine verliert sich in der Theorie, während der andere aus der Erfahrung schöpft. Das ist das Wechselspiel zwischen Philosophie und Weisheit.

Wenn wir in die Geschichte eintauchen und über Sokrates nachdenken, war dieser Mann ein wandelndes Fragezeichen. Er glaubte, dass Weisheit bedeute, zu wissen, dass man eigentlich nichts weiß. Aber wir erinnern uns heute noch an ihn, weil die Geschichte das tat, was sie am besten kann. Sie nahm seine Ideen auf, prüfte sie und verwandelte sie in etwas Nützliches. Die Philosophie liefert uns die Fragen, aber die Weisheit entscheidet darüber, wie wir sie anwenden.

Hier kommt nun die Frage nach Überzeugung und Glauben ins Spiel. Diese beiden Verwandten tauchen auf derselben Party auf, weigern sich aber, am selben Tisch zu sitzen. Überzeugung ist die einfachere der beiden. Man kann an etwas glauben, weil man

Beweise hat oder weil es logisch Sinn ergibt. Glaube hingegen ist das, was geschieht, wenn man an etwas glaubt, auch wenn die Beweise gerade Urlaub machen. Es ist eine Sache zu sagen: „Ich glaube, ich kann diesen Job bekommen." Es ist eine andere, den Glauben zu haben, dort zu erscheinen, sein Bestes zu geben und mit Anmut mit einer Ablehnung umzugehen, falls es dazu kommt.

Glauben ist, einen Samen zu pflanzen. Vertrauen ist, ihn zu gießen, auch wenn man nur Erde sieht. Es ist, dem Prozess zu vertrauen, trotz aller Zweifel, die sich in den Kopf schleichen.

Das ist nicht wirklich so einfach. Wenn es einfach wäre, Weisheit zu erlangen und Philosophie zu verstehen, hätten wir alle unser Leben im Griff, würden perfekte Entscheidungen treffen und hätten keinerlei Bedauern. Die Wahrheit ist jedoch, dass Weisheit hart erarbeitet werden muss. Sie entsteht aus Fehlern, aus jenen Nächten, in denen man alles in Frage stellt, und aus den Lektionen, die man nie lernen wollte, aber unbedingt lernen musste.

Letztendlich sind Philosophie und Weisheit keine Rivalen; sie sind Teamkollegen. Die eine stellt die schwierigen Fragen, und die andere findet heraus, wie man diese Antworten nutzen kann, um das Leben besser zu machen. Ignorierst du eine davon, riskierst du, entweder ein abgehobener Theoretiker zu werden oder jemand, der immer wieder dieselben Fehler macht. Aber nimmst du beide an, macht die Welt plötzlich viel mehr Sinn.

Wenn dir also das nächste Mal jemand sagt, Philosophie sei nutzlos oder Weisheit komme wie von Zauberhand mit dem Alter, lächle höflich und sei dir bewusst, dass diese Person das große Ganze nicht erkannt hat. In Wirklichkeit bewahren uns Weisheit und Philosophie davor, ahnungslos umherzuirren, immer wieder gegen dieselben Mauern zu stoßen und immer wieder dieselben törichten Entscheidungen zu treffen.

Religion und Philosophie

Das Ziel der Entwicklung eines philosophischen Geistes ist es, die Realität zu verstehen; das Bestreben, die Realität zu erkennen, bringt das Konzept der Religion hervor. Einen philosophischen Geist zu haben, ergänzt zudem das menschliche Bestreben, die Struktur der Realität zu verstehen und instinktiv nach unserem Schöpfer zu suchen. Gottes Weisheit und Vision sind unendlich, und indem wir ihn und unseren Erlöser, Jesus Christus, suchen, öffnen wir uns einer größeren Neigung, unsere Mission und unseren Platz im Universum zu verstehen.

Mit anderen Worten lässt sich sagen, dass Religion und Philosophie in einer wunderschönen Kette miteinander verwoben sind. Religion wird als Glaube an Gott beschrieben. Man könnte sie als einen Verhaltenskodex erklären, nach dem man auf ethischer Grundlage lebt und gleichzeitig die einem übertragenen Pflichten erfüllt. Andererseits bildet die Philosophie die Säulen, um Fragen über die Welt zu stellen, um mit Optimismus zu leben und unangenehme Gefühle mit Bewusstsein und Selbstbeherrschung zu bewältigen. Der philosophische Geist kann genutzt werden, um ein tieferes Verständnis für die Existenz der Religion zu erlangen; er ergänzt die Entwicklung und das Verständnis der Prinzipien und Konzepte der Religion und Gottes.

So erklärt er unverständliche Konzepte auf eine für jeden nachvollziehbare Weise. Er stärkt den Glauben an den Schöpfer, um den Menschen zu helfen, die Wahrheit zu suchen, die mit bloßem Auge nicht zu erkennen ist. Philosophische Konzepte ergänzen die Grundlagen der Religion, um den Menschen zu helfen, ihre Umgebung zu erkunden und die Hoffnung auf die Menschen und die Welt zu bewahren.

Religion und Philosophie sind die Verschmelzung von theoretischen Rahmenwerken und Praktiken, die darauf abzielen, Hoffnung in das Leben der Menschen zu bringen. Die beiden weiten Gebiete konzentrieren sich auf die Verbesserung der Welt und des Einzelnen auf sozialer Ebene, indem sie ethische Prinzipien und die Notwendigkeit, die Gefühle anderer zu wertschätzen, vermitteln. Außerdem haben Religion und Philosophie der Erforschung des Sinns des Lebens große Bedeutung beigemessen.

Philosophie und Religion mögen so aussehen, als säßen sie am selben Tisch, doch vor ihnen stehen ganz unterschiedliche Gerichte. Die Religion hat die schwere Aufgabe, Gottes Willen, die Menschen und die Ethik zu verstehen. Sie ist das ältere Geschwisterkind, das dafür verantwortlich ist, alle auf dem richtigen Weg zu halten. Die Philosophie hingegen ist eher wie das neugierige jüngere Geschwisterkind, das immer wieder nach dem „Warum" und „Wie" fragt und versucht, die Natur der Welt, das Wesen der Religion und die Geheimnisse des menschlichen Geistes zu ergründen. Mit der Kraft des Glaubens als treuer Taschenlampe erforscht die Philosophie diese Konzepte und versucht, sie alle miteinander zu verknüpfen.

Auf ihre eigene skurrile Art kann sich die Philosophie in dein Glaubenssystem einschleichen und feinabstimmen, wie es mit deinem Verstand zusammenwirkt. Stell dir das wie einen Werkzeugkasten vor, der dir hilft, die Fragen des Lebens zu analysieren und nach Antworten zu graben, um diese unerbittliche Neugier zu stillen. Sobald du verstehst, wie die Welt funktioniert – oder dich zumindest davon überzeugst –, gewinnst du Klarheit. Diese Klarheit bildet logische Überzeugungen, auf die du dich stützen kannst, ohne dass sie unter Druck ins Wanken geraten.

Das Beste daran ist, dass diese logischen Überzeugungen so tiefe Wurzeln schlagen können, dass sie sich in Glauben verwandeln. Es ist ein bisschen so, als würde man einen skeptischen Samen pflanzen und zusehen, wie er zu etwas erblüht, das stark genug ist, um die Stürme des Lebens zu überstehen. Die Philosophie hat vielleicht nicht alle Antworten, aber sie weiß ganz sicher, wie man die richtigen Fragen stellt und deinen Überzeugungen das Rückgrat gibt, das sie brauchen, um aufrecht zu stehen.

Daher konnte die Wahrheit verstanden werden, weil die Überzeugungen, die von Menschen in alten Zivilisationen aufgebaut wurden, ihnen halfen, ein höheres Maß an Zufriedenheit und Sinn in ihrem Leben zu erlangen. Diese Überzeugung führt zum Konzept des Glaubens – der ersten Säule jeder Religion. Der Glaube könnte helfen, die Samen des Erfolgs zu säen, aufgrund seiner Verbindung mit Hoffnung und Beständigkeit. Daher wird jedem geraten, fest genug an sich selbst zu glauben, um von seinen Qualitäten überzeugt zu sein.

Selbst ein Verstand wie der von Einstein kann keinen Erfolg garantieren, aber Selbstvertrauen kann einem Menschen die Kraft geben, länger und härter zu arbeiten, auch wenn die Dinge nicht nach Plan laufen. Selbstvertrauen spornt einen Menschen dazu an, beharrlich zu bleiben, in der Hoffnung, bald Ergebnisse zu erzielen, und genau deshalb führt es zum Erfolg. Es bringt einen Menschen dazu, nach Lösungen zu suchen und sich mit ganzer Kraft einzusetzen, um die Vorstellung, die er im Kopf hat, in die Realität umzusetzen.

Manche Menschen erreichen Unglaubliches auf eine Weise, die alle überrascht. Mein Freund war einer dieser Menschen. Seine

Geschichte zeigt, wie mächtig Selbstvertrauen sein kann, wenn es aus einem tiefen, persönlichen Glauben an sich selbst entspringt.

Er hatte keine schicken Abschlüsse oder einen privilegierten Hintergrund vorzuweisen, aber er brauchte sie auch nicht. Sein Selbstvertrauen bestand nicht darin, arrogant zu sein oder so zu tun, als hätte er alle Antworten. Es war ein stiller, fester Glaube an das, was er leisten konnte. Das Leben war nicht immer einfach für ihn, und es gab viele Herausforderungen und Momente des Zweifels, wie es sie für jeden gibt. Aber sein Selbstvertrauen trieb ihn an, und es war wie ein Schutzschild, das ihm half, konzentriert zu bleiben und durchzuhalten, egal wie schwierig die Dinge wurden.

Gestärkt durch den Glauben an sich selbst verfolgte er seine Ziele furchtlos und ignorierte die Neinsager, die Pessimisten und jeden Rückschlag, der ihn aus der Bahn werfen wollte. Sein Selbstvertrauen war nicht nur tief. Es schien grenzenlos zu sein. Es gab ihm die Kraft, Dinge zu erreichen, die andere für schlichtweg unmöglich hielten.

Seine Geschichte ist ein perfektes Beispiel dafür, wie Glaube und Selbstvertrauen miteinander verbunden sind. Sein Selbstvertrauen blühte auf, weil es im Glauben verankert war. Es war der Glaube an seine Fähigkeiten, seine Entscheidungen und seine Vision. Diese seltene Kombination aus aktivem Selbstvertrauen und tiefer Überzeugung wurde zu seiner treibenden Kraft, die ihn seinen Träumen immer näher brachte. Im Laufe der Geschichte haben wir diese kraftvolle Verbindung zwischen Glauben und Selbstvertrauen immer wieder gesehen. Zusammen ermöglichen diese beiden Kräfte es Menschen, Herausforderungen zu meistern, ihren eigenen Weg zu gehen und ein Vermächtnis zu hinterlassen, das andere noch lange nach ihrem Tod inspiriert.

Philosophie und Notwendigkeit

Es ist eine der größten Herausforderungen im Leben: herauszufinden, was man tatsächlich braucht und was man einfach nur wirklich, wirklich will. Es wird Zeiten geben, in denen die Unterscheidung zwischen beidem nicht immer einfach ist. Vielleicht denkst du, du brauchst diese überteuerte Espressomaschine, die die Hälfte deiner Küchenarbeitsplatte einnimmt. Was du tatsächlich brauchst, ist Koffein und höchstwahrscheinlich ein besseres Verständnis deiner eigenen Prioritäten.

Jeder Mensch hat seine eigenen Bedürfnisse, auch wenn diese nicht unbedingt mit dem übereinstimmen müssen, was dir die Werbetreibenden lautstark aufdrängen, wie etwa: „Du BRAUCHST diesen ultra-premium, biologischen, glutenfreien Kissenbezug für optimale Schlafqualität." Nein, wir sprechen von echten Bedürfnissen. Denjenigen, die tatsächlich wichtig sind. Denjenigen, die, wenn sie wegfallen, dich durch das Leben stolpern lassen wie jemanden, der seine Brille sucht, während sie auf seinem Kopf sitzt.

Zu definieren, was wirklich notwendig ist, ist nicht so einfach, wie es klingt. Die Menschen glauben, sie wüssten es. Das tun sie nicht. Sie verwechseln Komfort mit Überleben. Sie verwechseln flüchtige Ablenkungen mit Erfüllung. Sie behandeln Gelüste wie Bedürfnisse. Das Ergebnis? Viele Menschen laufen in existenziellen Kreisen herum und fragen sich, warum sie sich leer fühlen, obwohl sie alles besitzen, was Amazon ihnen jemals empfohlen hat.

In der Philosophie geht es darum, die großen Fragen zu stellen. Was ist real? Was ist gut? Was ist notwendig? Die meisten Menschen halten nie inne, um sich diese Fragen zu stellen. Sie gehen einfach davon aus, dass etwas, das sich dringend anfühlt, auch wichtig sein muss. Das ist eine gefährliche Art zu leben.

Denk an Luft. Du brauchst sie. Ohne sie wirst du eine unangenehme bläuliche Färbung annehmen und zusammenbrechen. Denk nun an dein Handy. Du hast das Gefühl, du brauchst es, und der Gedanke, es zu verlieren, erfüllt dich mit Angst. Und doch haben die Menschen irgendwie Tausende von Jahren überlebt, ohne alle 12 Sekunden ihre Benachrichtigungen zu checken. Der Unterschied zwischen wahrer Notwendigkeit und vermeintlicher Notwendigkeit ist gewaltig, aber die Menschen halten selten inne, um ihn zu bemerken.

Denken Sie an den Schlaf. Jeder braucht ihn, und niemand hat dieses sehr wichtige Bedürfnis jemals in Frage gestellt. Trotz dieser unbestreitbaren Wahrheit berauben sich die Menschen aus den absurdesten Gründen bewusst ihres Schlafes. Aus „noch eine Folge" werden sechs. „Ich checke nur ganz schnell meine E-Mails" führt dazu, dass man eine ganze Wikipedia-Seite über die Geschichte der Löffel liest. Dann schleppen sich dieselben Menschen am nächsten Tag wie erschöpfte Zombies durch den Tag und fragen sich, warum sich das Leben unerträglich anfühlt. Die Philosophie würde etwas Radikales raten, vielleicht so etwas wie Schlaf, der nicht nur ein Vorschlag, sondern eine tatsächliche Voraussetzung dafür ist, als Mensch zu funktionieren.

Als Menschen sehnen wir uns nach Verbindung und sind darauf angewiesen. Nicht in der Art von „tausend Online-Follower sammeln", sondern in der Art von „mindestens eine Person haben, die es bemerken würde, wenn man verschwände". Das Problem ist, dass die Menschen diese einfache Wahrheit genommen und absurd kompliziert gemacht haben. Beziehungen sollten notwendig sein, doch oft behandeln die Menschen sie wie Accessoires, optionale

Extras, die man vernachlässigen kann, während man anderen Dingen nachjagt.

Die Philosophie verlangt von uns, nach dem „Warum" zu fragen. Warum investieren Menschen mehr Mühe in die Pflege ihres Online-Images als darin, tatsächlich für die Menschen in ihrer Umgebung da zu sein? Warum behaupten manche Menschen, Small Talk zu hassen, tun sich aber gleichzeitig schwer damit, tiefgründige Gespräche zu führen? Wenn Beziehungen doch ein so zentraler Bestandteil des menschlichen Daseins sind, warum scheuen dann so viele Menschen die direkte Auseinandersetzung mit ihnen? Die Antworten auf diese Fragen könnten wahrscheinlich eine ganze Bibliothek füllen, doch im Kern läuft es auf eine Sache hinaus. Menschen brauchen Verbindung, aber sie müssen sich auch sicher, wertgeschätzt und verstanden fühlen. Deshalb sind Beziehungen sowohl notwendig als auch, zuweilen, äußerst anstrengend.

Wenn man den Unsinn beiseite lässt, was bleibt dann übrig? Gesundheit, Ruhe, Sinn und bedeutungsvolle Beziehungen. Das ist es im Grunde. Der Rest ist nur Dekoration. Die Philosophie lehrt uns, dass der größte Teil des Stresses im Leben daher rührt, dass wir dies nicht verstehen. Menschen jagen Dingen nach, die sie nicht brauchen, ignorieren das, was sie wirklich trägt, und wundern sich dann, warum sie sich unzufrieden fühlen.

Fangen Sie also an, aufmerksam zu sein, und fragen Sie sich: „Brauche ich das wirklich, oder ist es nur eine Ablenkung?" Wenn die Antwort „Ablenkung" lautet, lassen Sie es vielleicht los. Wenn die Antwort „Bedürfnis" lautet, dann behandeln Sie es mit dem Respekt, den es verdient. Berauben Sie sich nicht der wirklichen Notwendigkeiten, während Sie in trivialen Wünschen versinken. Das ist keine tiefe Weisheit. Das ist grundlegender gesunder

Menschenverstand, der in ein schickes philosophisches Gewand gehüllt ist.

Philosophie und Finanzen

Bevor du die Augen verdrehst, wenn du diese beiden Begriffe zusammen siehst, sei dir bewusst, dass dies nicht wieder ein Ratschlag sein wird, der dich dazu drängt, Quittungen aufzubewahren oder Zinseszinsen zu berechnen. Hier geht es um etwas Größeres. Bei Geld geht es nicht nur um Zahlen in einer Tabelle. Es geht darum, wie Menschen denken, was sie wertschätzen und welche Entscheidungen sie treffen. Mit anderen Worten: Geld ist nichts anderes als Philosophie in Verkleidung.

Auf den ersten Blick scheinen Philosophie und Finanzen in verschiedenen Welten zu leben. Die eine beschäftigt sich mit dem Wesen des Daseins. Die andere entscheidet, ob man sich eine zweite Tasse Kaffee leisten kann. Die eine fragt: „Was ist der Sinn des Lebens?" Die andere fragt: „Wie viel bist du bereit, für Liefergebühren auszugeben, bevor dir klar wird, dass du das gleiche Essen zum halben Preis hättest zubereiten können?" Diese Fragen mögen unzusammenhängend erscheinen, doch sie sind tief miteinander verbunden.

Geld ist nur ein Spiegelbild des Denkens.

Jede finanzielle Entscheidung spiegelt eine persönliche Philosophie wider. Die Menschen glauben gerne, dass sie ihre finanziellen Entscheidungen auf der Grundlage von Logik treffen. Das ist selten der Fall. Ausgeben, Sparen und Investieren hängen letztlich von Glaubenssystemen ab. Manche Menschen horten Geld wie mittelalterliche Könige, die einen Tresor bewachen, in der Überzeugung, dass finanzielle Sicherheit der Schlüssel zum Glück ist. Andere geben es aus, sobald es hereinkommt, und leben nach der Philosophie, dass Erlebnisse wichtiger sind als Zahlen auf einem Bankkonto. Keiner der Ansätze ist völlig richtig oder falsch. Die eigentliche Frage ist, ob diese Entscheidungen mit tieferen Werten übereinstimmen oder nur Gewohnheiten sind, die man im Laufe der Zeit angenommen hat.

Die Philosophie fordert die Menschen auf, ihre Annahmen zu hinterfragen. Die Finanzwelt verlangt dasselbe Maß an Reflexion. Was bedeutet Reichtum eigentlich? Geht es bei finanziellem Erfolg ausschließlich um Sicherheit, Freiheit, Macht oder um etwas anderes? Die Antwort ist für jeden anders, aber zu wenige Menschen machen sich die Mühe, diese Frage zu stellen. Sie jagen dem Geld hinterher, ohne sich jemals zu fragen, warum sie es überhaupt wollen.

Ausgaben sind ein moralisches Statement.

Geld ist nicht neutral. Jeder Kauf ist eine Entscheidung darüber, was wichtig ist. Wenn Menschen Geld ausgeben, offenbaren sie ihre Prioritäten. Wer in Bildung investiert, glaubt an Selbstverbesserung. Wer teure Dinge kauft, um andere zu beeindrucken, glaubt an soziale Anerkennung. Ganz gleich, wie viel sie besitzen: Wer sich weigert, überhaupt etwas auszugeben, glaubt, dass Geld an sich wertvoller ist als das, was es bieten kann.

Philosophen debattieren seit Jahrhunderten über das Wesen von Wert. Ökonomen tun dasselbe. In einem Punkt sind sich beide einig. Menschen weisen Dingen eine Bedeutung zu, und diese Bedeutung prägt ihr Verhalten. Jemand, der Geld als Mittel zum Erlangen von Status betrachtet, wird nie genug haben, denn es wird immer jemanden geben, der mehr hat. Jemand, der Geld als Mittel zur Stabilität betrachtet, wird andere Entscheidungen treffen, da sein Ziel nicht Anhäufung, sondern Sicherheit ist. Bei diesen Ideen geht es nicht nur um Zahlen. Es geht darum, wie Menschen Erfolg, Glück und sogar Moral definieren.

Bevor wir uns mit dem Kern dieses Buches befassen, möchte ich meinen Lesern klarstellen, dass ich kein zertifizierter Finanzfachmann bin.

Die Erkenntnisse, Ratschläge und Überlegungen, die auf diesen Seiten geteilt werden, basieren ausschließlich auf meinen persönlichen Erfahrungen, Beobachtungen und meinem Verständnis vom Leben. Sie sind nicht als formelle Finanzberatung oder Ersatz für eine fachkundige Beratung gedacht. Auch wenn ich glaube, dass die hier besprochenen Prinzipien praktisch und im gesunden Menschenverstand verwurzelt sind, stimmen sie möglicherweise nicht mit den individuellen Umständen jedes Einzelnen überein.

Es liegt in Ihrer Verantwortung, zu beurteilen und zu entscheiden, was für Sie am besten funktioniert, idealerweise mit der Hilfe qualifizierter Fachleute, wenn nötig. Mein Ziel ist es lediglich, Ideen zu teilen, die mir geholfen haben, über ein sinnvolles und erfülltes Leben nachzudenken – nicht mehr und nicht weniger.

Kapitel 2
Philosophie

Philosophie ist nicht nur eine intellektuelle Übung für alte Männer in Roben. Sie ist kein exklusiver Club, in dem nur tiefsinnige Denker einen Platz bekommen. Sie ist die Grundlage dafür, wie Menschen denken, Entscheidungen treffen und versuchen, die Welt zu verstehen. Du beschäftigst dich bereits jeden Tag mit Philosophie, ob du es merkst oder nicht.

Wir haben schon früher über Philosophie gesprochen. Wir haben um ihre Ideen herumgetanzt, ihrer Weisheit zustimmend genickt und vielleicht sogar ein paar Zitate herumgeworfen, um bei Dinnerpartys schick zu klingen. Jetzt ist es an der Zeit, mit dem Vortäuschen aufzuhören und tatsächlich zum Kern der Sache vorzudringen. Was ist Philosophie? Warum existiert sie? Warum hat irgendein Typ im antiken Griechenland entschieden, dass sie so wichtig ist, dass wir noch Tausende von Jahren später darüber sprechen? Und was noch wichtiger ist: Warum sollte es dich interessieren?

Jedes Mal, wenn du die Fairness einer Regel in Frage stellst, über die Bedeutung von Glück debattierst oder dich fragst, warum sich das Leben so chaotisch anfühlt, betrittst du die Welt der Philosophie. Wo hat diese große Tradition ihren Ursprung? Wenn wir jemandem die Ehre – oder vielleicht die Schuld – für die Ursprünge der Philosophie zuschreiben wollen, muss man auf Pythagoras zurückblicken. Diese rätselhafte Gestalt ist derjenige, der als Erster den Begriff „Philosophie" prägte, abgeleitet von den griechischen Wörtern „philo", was Liebe bedeutet, und „sophia", was Weisheit bedeutet. Zusammen bilden sie einen Ausdruck, der mit „Liebe zur Weisheit" übersetzt werden kann. Auch wenn dies oberflächlich betrachtet edel klingt, ist es doch erwähnenswert, dass Pythagoras auch eigenartige Überzeugungen hegte, wie etwa seine Überzeugung, dass Bohnen von Natur aus böse seien, und dass er eine Anhängerschaft um sich scharte, die an eine Sekte grenzte. Philosophen, so scheint es, waren schon immer eine faszinierende und vielseitige Gruppe.

Im Mittelpunkt der Erzählung steht oft Sokrates, der Störenfried von Athen, der es sich zur Aufgabe gemacht hatte, alles und jeden in Frage zu stellen, sehr zum Ärger der Machthaber. Seine unerbittlichen Nachforschungen führten letztendlich zu seiner Hinrichtung, was ihn nicht nur zu einem Märtyrer des freien Denkens, sondern auch zu einem Symbol für intellektuellen Mut machte. Sein Schüler Platon griff diese Ideen auf und erweiterte sie, indem er eine ganze Akademie gründete, die sich ihrer Erforschung widmete. Dann kam Aristoteles, Platons Schüler, der der Ansicht war, dass die Philosophie alle Aspekte des menschlichen Strebens umfassen sollte, von Ethik und Politik bis hin zu Wissenschaft und Metaphysik.

Diese drei Persönlichkeiten, nämlich Sokrates, Platon und Aristoteles, werden oft als die Maßstäbe des westlichen philosophischen Denkens angesehen. Es ist jedoch entscheidend zu erkennen, dass ihre Beiträge, so monumental sie auch waren, nicht in einem Vakuum entstanden sind. Die Griechen, so brillant sie auch waren, lernten viel von früheren Zivilisationen, insbesondere vom afrikanischen Kontinent, der lange vor dem Aufstieg Athens als Quelle des Wissens und der Weisheit diente.

Noch bevor die Griechen ihre philosophischen Systeme festschrieben, hatten alte afrikanische Zivilisationen bereits tiefgründige Denksysteme entwickelt. Die Ägypter beispielsweise vermittelten durch Texte wie die „Lehre des Ptahhotep" und das „Totenbuch" Erkenntnisse über Moral, Staatsführung und das Wesen des Daseins. Diese Werke setzten sich mit Fragen der Gerechtigkeit, des Gleichgewichts und des Jenseits auf eine Weise auseinander, deren Raffinesse spätere Denker beeinflusste. In ähnlicher Weise trugen die Nubier und andere afrikanische Kulturen reichhaltige Perspektiven zu Gemeinschaft, Spiritualität und der Verbundenheit allen Lebens bei. Als die Griechen nach Ägypten und Nordafrika reisten, nahmen sie diese Ideen auf und integrierten sie in ihre eigenen Denkmodelle. Während also Sokrates, Platon und Aristoteles zu Recht gefeiert werden, ist es unerlässlich, die intellektuelle Schuld anzuerkennen, die sie früheren Traditionen schuldeten.

Auch die Römer spielten ihre Rolle in der Entwicklung der Philosophie, obwohl sie weitgehend auf griechischen Grundlagen aufbauten. Persönlichkeiten wie Cicero und Seneca passten den Stoizismus an die römische Mentalität an und betonten Tugenden wie Pflichtbewusstsein, Widerstandsfähigkeit und Selbstdisziplin. Doch auch hier darf man nicht vergessen, dass Rom selbst durch seine Interaktionen mit verschiedenen Kulturen geprägt wurde, darunter jene des Nahen Ostens und Nordafrikas. Philosophie ist daher nicht bloß ein Produkt Griechenlands und Roms; sie ist ein Gewebe aus unzähligen Fäden, von denen jeder eine einzigartige kulturelle Perspektive repräsentiert.

Dies bringt uns nun zu dem Punkt, dass die Philosophie an sich ein Fundus an Ideen ist, der durch Beiträge aus allen Teilen der Welt bereichert wird. In China formulierte Konfuzius eine Vision von Harmonie und ethischem Verhalten, die das ostasiatische Denken bis heute prägt. In Indien befassten sich die Upanishaden und die Lehren Buddhas eingehend mit Fragen der Existenz, des Leidens und der Befreiung. Während des Goldenen Zeitalters des

Islam bewahrten und erweiterten Gelehrte wie Al-Farabi, Avicenna und Averroes die griechische Philosophie und fügten ihre eigenen Innovationen hinzu, wodurch sie sicherstellten, dass diese Ideen das mittelalterliche Europa und darüber hinaus erreichten. Indigene Philosophien aus Amerika, Afrika und Ozeanien bieten ganzheitliche Sichtweisen auf die Beziehung der Menschheit zur Natur und stellen die dualistischen Tendenzen des westlichen Denkens in Frage.

Warum ist Philosophie wichtig? Manche tun sie als unpraktisch ab und argumentieren, dass es ihr an Anwendungen in der realen Welt mangele. Solche Behauptungen sind zutiefst fehlgeleitet. Jeder Aspekt des menschlichen Lebens wird von philosophischer Forschung geprägt. Die Gesetze, die die Gesellschaft regieren, die ethischen Kodizes, die das Verhalten leiten, und die Argumentation hinter persönlichen Überzeugungen haben alle philosophische Wurzeln.

Selbst die Wissenschaft, die oft als Gegenpol zum abstrakten Denken angesehen wird, stützt sich stark auf die Philosophie. Die wissenschaftliche Methode selbst entstand aus philosophischen Debatten darüber, wie Wissen am besten erworben werden kann. Die Philosophie lehrt den Einzelnen, kritisch zu denken, Argumente zu analysieren und fehlerhafte Schlussfolgerungen zu erkennen. Ohne sie werden Menschen anfällig für Manipulation und akzeptieren Informationen ungeprüft, ohne deren Gültigkeit in Frage zu stellen. Eine Welt ohne Philosophie wäre eine Welt, in der kritisches Denken aufhört, Autorität unhinterfragt bleibt und tieferes Verständnis unerreichbar ist – eine Perspektive, die sowohl alarmierend als auch unhaltbar ist.

Philosophie ist nicht auf verstaubte akademische Nischen beschränkt; sie durchdringt jeden Aspekt der menschlichen

Erfahrung. Sie berührt Weisheit, Finanzen, Glauben, Beziehungen und persönliche Identität. Diskussionen über Moral beinhalten unweigerlich philosophische Überlegungen, ebenso wie Debatten über Finanzethik philosophische Reflexion erfordern. Auch Glaubenstraditionen stützen sich auf philosophisches Denken, um Lehren und Praktiken zu formulieren, ganz gleich, wie intim oder persönlich diese auch erscheinen mögen. Die Philosophie dient als Bindeglied, das diese unterschiedlichen Bereiche miteinander verbindet, und bietet einen Rahmen, um Sinn zu stiften, sich selbst zu verstehen und zu bestimmen, was wirklich zählt.

Um auf das Thema Inklusivität zurückzukommen: Lasst uns die Philosophie nicht nur als westliches Unterfangen, sondern als globales Phänomen feiern. Ihr Reichtum liegt in ihrer Vielfalt, die sich aus alter afrikanischer Weisheit, östlichen Philosophien, islamischer Gelehrsamkeit und indigenen Traditionen speist. Jede Kultur bringt ihre eigene Perspektive auf die ewigen Fragen der Existenz ein und bereichert so das kollektive menschliche Streben nach Verständnis. Indem wir diese Vielfalt annehmen, ehren wir den wahren Geist der Philosophie – eine Disziplin, die von Dialog, Neugier und dem unermüdlichen Streben nach Wahrheit lebt.

Die psychologische Bedeutung der Philosophie

Ihr Gehirn lebt von der Philosophie, ob Sie es nun bemerken oder nicht. Philosophisches Denken stärkt die Fähigkeit zum kritischen Denken, verbessert die emotionale Intelligenz und hilft bei der Problemlösung. Die Neurowissenschaft hat sogar gezeigt, dass tiefes Nachdenken die mit komplexem Denken verbundenen Nervenbahnen stärkt. Mit anderen Worten: Alles in Frage zu stellen, macht Ihr Gehirn stärker.

Psychologen argumentieren, dass eine persönliche Lebensphilosophie zu größerer emotionaler Stabilität führt.

Menschen, die ihre Überzeugungen und Werte hinterfragt haben, fühlen sich seltener verloren oder orientierungslos. Sie haben einen Rahmen für ihre Entscheidungsfindung geschaffen, der Stress reduziert und die Resilienz erhöht. Philosophie macht Sie nicht nur zu einem besseren Denker. Sie macht Sie zu einem geerdeteren Menschen.

Anwendungen der Philosophie

Dieser Begriff ist nicht nur für alte Professoren gedacht, die an Tafeln kritzeln, oder für tiefsinnige Denker, die unter Bäumen sitzen und über den Sinn des Lebens nachgrübeln. Sie ist überall, ob es den Menschen gefällt oder nicht. Sie findet sich in der Medizin, der Politik, der Technologie, der Wirtschaft und sogar darin, wie Menschen ihre Lebensmittel auswählen.

Ja, du hast richtig gehört. Philosophie schleicht sich in die kleinsten Entscheidungen ein. Hast du schon mal im Supermarkt gestanden und zwischen Bio-Äpfeln und den billigeren, mit Wachs überzogenen Äpfeln hin- und herüberlegt? Das ist Philosophie. Du wägst Gesundheit, Kosten und Ethik ab und redest dir wahrscheinlich ein, dass du eine verantwortungsvolle Entscheidung triffst, auch wenn du vorhast, dir fünf Minuten später eine Tüte Chips zu schnappen. So tief reicht das.

Die Leute denken, in der Medizin ginge es nur um Wissenschaft, aber ich sage euch: Ärzte spielen nicht nur mit Reagenzgläsern herum und schreiben Rezepte aus. Sie treffen Entscheidungen über Leben und Tod, und wenn sie das tun, ist die Philosophie mitten im Raum präsent. Bioethik zum Beispiel ist nur eine ausgefallene Art zu sagen: „Wie entscheiden wir, was richtig ist?"

Was würde ein Arzt tun, um einen Patienten zu behandeln, der aufgrund religiöser Überzeugungen eine lebensrettende Behandlung ablehnt? Der Arzt weiß, dass er den Patienten retten könnte, aber sollte er sich über den Willen des Patienten hinwegsetzen? Das ist nicht nur Medizin. Das ist ein ethisches Minenfeld. Die Philosophie hilft Ärzten bei der Entscheidung, ob sie zuhören, eingreifen oder zwischen Respekt und Verantwortung unterscheiden sollen.

Was die Technologie und die Verknüpfung mit diesem Konzept angeht, so musste es aufgrund seiner erschreckenden Entwicklungsgeschwindigkeit hierher kommen. Es ist toll, dass selbstfahrende Autos und KI im Grunde alles übernehmen, aber wer sorgt dafür, dass diese Maschinen keine menschlichen Arbeitsplätze ersetzen, nicht in die Privatsphäre eindringen oder Entscheidungen treffen, die niemand kontrollieren kann?

Nehmen wir zum Beispiel die sozialen Medien. Sie sollten Menschen verbinden, doch mittlerweile sind sie ein Nährboden für Falschinformationen, Vergleichsangst und digitale Auseinandersetzungen, die Streitigkeiten am Thanksgiving-Tisch im echten Leben friedlich erscheinen lassen. Die Philosophie stellt die schwierigen Fragen. Nur weil etwas möglich ist, sollte es auch getan werden? Denken die Menschen über langfristige Konsequenzen nach oder jagen sie einfach dem nach, was profitabel und bequem ist?

Unternehmen behaupten gerne, dass sie Integrität schätzen, aber Moral tritt oft in den Hintergrund, wenn es um Gewinne geht. Deshalb ist Philosophie in der Wirtschaft unverzichtbar. Ohne ethische Überlegungen nehmen Unternehmen Abkürzungen, beuten Arbeitnehmer aus und verkaufen den Menschen Dinge, die sie nicht brauchen – alles im Namen des schnellen Geldes.

Haben Sie sich jemals gefragt, warum manche Unternehmen ihren Mitarbeitern gerade so viel zahlen, dass sie nicht kündigen, während ihre Führungskräfte Gehälter mit nach Hause nehmen, von denen man kleine Städte ernähren könnte? Das ist nicht nur Wirtschaft. Das ist eine moralische Frage. Sollten Unternehmen sich nur auf den Gewinn konzentrieren, oder haben sie die Pflicht, Menschen fair zu behandeln? Deshalb überleben Unternehmen, die ethische Entscheidungen treffen, in der Regel länger. Kunden und Mitarbeiter respektieren Unternehmen, die für etwas stehen, das über ihren Gewinn hinausgeht.

Philosophie in der Wissenschaft: Die Fragen hinter den Entdeckungen

Wissenschaft und Philosophie sind wie alte Freunde, die sich oft streiten, sich aber insgeheim brauchen. Die Wissenschaft fragt: „Wie funktioniert das?", während die Philosophie fragt: „Sollten wir das überhaupt tun?"

Nehmen wir die Gentechnik. Wissenschaftler können heute die DNA verändern und so möglicherweise Krankheiten verhindern und das Leben verlängern. Das klingt unglaublich, aber zu welchem Preis? Wenn Menschen anfangen, ihre Babys zu entwerfen, wo hört das dann auf? Schaffen wir eine Welt, in der sich nur die Reichen „genetisch perfekte" Kinder leisten können? Das sind keine wissenschaftlichen Fragen. Das sind philosophische Fragen.

Wissenschaftler verlieren sich oft in dem, was sie tun *können*. Die Philosophie erinnert sie daran, darüber nachzudenken, was sie tun *sollten*. Ohne Philosophie läuft die Wissenschaft Gefahr, Probleme zu lösen und dabei noch größere zu schaffen.

Philosophie in der Politik: Der Kampf der Ideen

In der Politik geht es nicht nur um Gesetze. Es geht um Macht, Gerechtigkeit und Fairness. Jede Debatte über Rechte, Freiheit und Gleichheit basiert auf Philosophie. Die Menschen streiten darüber, wie viel Kontrolle die Regierung haben sollte, wer was verdient und ob Gesetze auf Fairness oder Effizienz ausgerichtet sein sollten. Diese Debatten finden seit Jahrtausenden statt und werden so schnell nicht verschwinden.

Denken Sie einmal über Demokratie nach. Die Vorstellung, dass jeder Mensch ein Mitspracherecht in der Regierung haben sollte, entspringt einem philosophischen Glauben an Gleichheit und Menschenrechte. Sie ist nicht aus dem Nichts entstanden. Sie wurde erkämpft, diskutiert und von jahrhundertelangen Denkern geprägt. Die Philosophie prägt Regierungen, und ob die Menschen sich dessen bewusst sind oder nicht – sie beeinflusst jedes Gesetz und jede Politik, die ihr tägliches Leben bestimmt.

Philosophie und Privatleben: Der unsichtbare Wegweiser

Die Menschen wachen morgens nicht auf und sagen: „Zeit, einige tiefgründige philosophische Prinzipien auf meinen Alltag anzuwenden." Sie leben einfach. Dennoch wird jede wichtige Lebensentscheidung von der Philosophie geprägt.

Nehmen wir zum Beispiel Beziehungen. Liebe ist nicht nur ein Gefühl. Sie ist eine Reihe von Entscheidungen, die auf persönlichen Werten, Erwartungen und Überzeugungen beruhen. Manche Menschen glauben, Liebe sollte bedingungslos sein. Andere denken, sie sollte praktisch sein. Diese Perspektiven entspringen philosophischen Ansichten, die durch Kultur, Erfahrung und Selbstreflexion geprägt sind.

Glück ist ein weiteres wichtiges Thema. Manche Menschen glauben, dass Glück aus Erfolgen entsteht. Andere denken, es gehe um inneren Frieden. Manche jagen dem Geld nach, während andere nach Sinn suchen. All diese Überzeugungen sind in der Philosophie verwurzelt, auch wenn die Menschen sich dessen nicht bewusst sind.

Abschließende Gedanken: Warum Philosophie nicht nur eine Angelegenheit für alte Männer ist

Philosophie ist kein Relikt der Vergangenheit. Sie lebt in jeder Entscheidung, jeder Debatte und jeder Frage, die Menschen darüber stellen, was richtig und was falsch ist. Sie beeinflusst alles, von der Medizin über die Wirtschaft bis hin zu persönlichen Entscheidungen.

Das eigentliche Problem ist, dass die meisten Menschen sie nicht erkennen, wenn sie ihr begegnen. Sie glauben, sie träfen lediglich Entscheidungen, während sie in Wirklichkeit jahrhundertelanges philosophisches Denken anwenden, ohne es zu merken.

Wenn Ihnen also das nächste Mal jemand sagt, Philosophie sei nutzlos, fragen Sie ihn, warum er an Fairness, Gerechtigkeit oder Freiheit glaubt. Wenn er antwortet, lächeln Sie einfach und sagen Sie: „Herzlichen Glückwunsch, Sie denken jetzt wie ein Philosoph."

Die Synthese von Philosophie und Politik

Die Philosophie spielt eine immense Rolle bei der Reformierung des politischen Denkens; das Verständnis der Realität und der Funktionsweise der Welt ermöglicht es Philosophen, das Wesen von Macht, Gerechtigkeit und Autorität zu begreifen. Die Leute glauben gerne, dass Regierung und Gesetz eines Tages einfach wie durch Zauberei entstanden sind, als hätte sich irgendein König eines Tages aufgerafft und beschlossen, ein Regelwerk für den Rest von uns zu verfassen. So ist es nicht passiert. Die Wahrheit ist, dass eine Gruppe von Philosophen zusammensaß und darüber diskutierte, wie die Gesellschaft geführt werden sollte, und irgendwie setzten sich ihre Ideen durch.

Nehmen wir Platon und Aristoteles. Diese beiden hatten viel dazu zu sagen, wie Menschen regiert werden sollten. Platon hatte diese großartige Idee, dass die klügsten und tugendhaftesten Menschen das Sagen haben sollten, was schön klingt, bis man erkennt, dass es, Menschen Macht anzuvertrauen, so ist, als würde man einen hungrigen Hund damit beauftragen, ein Steak zu bewachen. Aristoteles hingegen glaubte an das Gleichgewicht. Er war der Meinung, Regierungen sollten die Dinge mischen. Lasst die Weisen regieren, aber gebt ihnen nicht die gesamte Macht. Man sollte die Dinge im Zaum halten. Diese Denkweise prägte die Art und Weise, wie Zivilisationen ihre Regierungen strukturierten.

Dann kamen Thomas Hobbes und John Locke. Hobbes warf einen Blick auf die menschliche Natur und sagte: „Menschen, die sich selbst überlassen bleiben, werden alles ins Chaos stürzen." Er glaubte an eine starke Zentralregierung, um zu verhindern, dass sich die Menschen gegenseitig zerfleischen. Locke, der etwas optimistischer war, argumentierte, dass Menschen natürliche Rechte hätten und dass eine Regierung dazu da sei, diese zu schützen, nicht sie zu kontrollieren. Zusammen legten die beiden so ziemlich den Grundstein für moderne politische Systeme.

Wenn Sie nun glauben, die Philosophie habe bei der Politik Halt gemacht, irren Sie sich. Sie versenkte ihre Zähne auch im Recht. Cicero und Ulpian formten philosophische Ideen zu etwas, das nach Gerechtigkeit aussah. Sie konzentrierten sich auf das Naturrecht, was nur eine ausgefallene Art ist, zu sagen: „Es gibt

Grundregeln, die fair und gerecht sein sollten, egal wer das Sagen hat." Ihre Arbeit trug dazu bei, Rechtssysteme zu schaffen, die den Menschen Rechte einräumten, anstatt sich einfach vor dem zu verneigen, der die größte Armee hatte.

Ein paar Jahrhunderte später erkannten Menschen wie John Austin und H.L.A. Hart, dass Gesetze nicht einfach auf alten Ideen basieren konnten. Die Gesellschaft verändert sich, und Gesetze müssen sich mit ihr verändern. Sie betrachteten das Recht als ein Regelwerk und als etwas Lebendiges, das sich anpassen musste. Sie stellten veraltete Rechtsvorstellungen in Frage und drängten auf Systeme, die in der modernen Welt tatsächlich funktionierten.

Und hier sind wir nun und leben unter Regierungen und Rechtssystemen, die von Philosophen geprägt wurden, die ihre Tage damit verbrachten, darüber zu streiten, wie die Gesellschaft funktionieren sollte. Es ist amüsant, wenn man darüber nachdenkt. Die gleichen Debatten, die alte Zivilisationen geprägt haben, finden auch heute noch statt. Die Menschen streiten sich immer noch über Regierungsmacht, individuelle Rechte und die Fairness von Gesetzen. Der einzige Unterschied ist, dass sie heute, anstatt auf Stadtplätzen zu debattieren, dies im Fernsehen und in den sozialen Medien tun, oft mit weniger Logik und mehr Geschrei.

Einer der wichtigsten Bereiche, in denen die Philosophie ihre Spuren hinterlassen hat, ist der Glaube. Seit Anbeginn der Zeit haben sich die Menschen Gedanken über die Existenz eines höchsten Wesens, den Sinn des Lebens und darüber gemacht, was nach dem Ende alles geschieht. Aristoteles und Platon legten mit all ihren Theorien über Vernunft und Moral den Grundstein für tieferes religiöses Denken. Ihre Ideen ermutigten die Menschen, Fragen zu stellen, verschiedene Perspektiven zu erkunden und den

Glauben zu etwas zu formen, das mehr ist als nur Ritual und Tradition.

Während sich verschiedene Religionen entwickelten, folgte die Philosophie dicht dahinter und bot Denkansätze zu Göttlichkeit, Moral und dem Wesen des Daseins. Spätere Denker wie John Dewey und William James untersuchten Religion als Glauben und als eine Art und Weise, wie Menschen mit der Welt interagieren. Sie stellten die Frage, ob der Glaube starr bleiben oder sich mit der Zeit weiterentwickeln sollte. Einige halten an Gewissheiten fest, während andere glauben, dass der Glaube durch Vernunft und Reflexion weiter wachsen sollte.

Die Philosophie hilft den Menschen, dem Leben einen Sinn zu geben. Sie ermöglicht es ihnen, kritisch zu denken und Entscheidungen auf der Grundlage von Verständnis statt aus Gewohnheit zu treffen. Sie ist es, die nachdenkliche Reflexion von blindem Gehorsam unterscheidet.

Philosophie hilft Menschen auch, mit Veränderungen umzugehen. Das Leben ist unvorhersehbar, chaotisch und oft ungerecht. Die Welt verändert sich, Beziehungen wandeln sich, und nichts bleibt für immer gleich. Zu verstehen, dass nichts von Dauer ist, kann seltsamerweise tröstlich sein. Die Philosophie lehrt, dass alle Dinge miteinander verbunden sind und dass jede Entscheidung und jedes Ereignis Teil eines größeren Ganzen ist.

Diese Perspektive prägt, wie Menschen leben, wie sie andere behandeln und wie sie sich selbst sehen. Sie schafft Bewusstsein, stärkt Beziehungen und führt, wenn man sie ernst nimmt, zu einem Leben, in dem es nicht nur darum geht, jeden Tag zu überstehen, sondern dabei einen Sinn zu finden. Das macht Philosophie zu mehr als nur einer Theorie. Sie ist die Grundlage für ein gut gelebtes Leben.

Philosophie in verschiedenen Kulturen

„Ein unreflektiertes Leben ist nicht lebenswert.“

– Sokrates

Sokrates hatte Recht. Die Menschen verbringen ihr Leben damit, Dingen nachzujagen – Geld, Status, Komfort –, ohne inne zu halten und zu fragen, warum. Sie gehen davon aus, dass Glück dadurch entsteht, dass man arbeitet, Rechnungen bezahlt und vorgibt, Small Talk zu genießen. Die Philosophie existiert, um diese Annahme in Frage zu stellen. Sie erinnert die Menschen daran, dass das Leben mehr ist als Routine. Sie zwingt sie zu der Frage, ob sie tatsächlich leben oder nur existieren.

Philosophie ist nicht nur für den Einzelnen da. Sie hat Regierungen, Gesetze und ganze Zivilisationen geprägt. Sie gibt der Gesellschaft einen moralischen Kompass, etwas, das verhindert, dass Führer zu regelrechten Tyrannen werden – oder sie zumindest bremst. Unabhängig von der Kultur hinterlässt Philosophie ihre Spuren und beeinflusst, wie Menschen sich selbst und die Welt um sie herum sehen.

Philosophie über Kulturen hinweg

Im Westen ist Philosophie seit langem eine Suche nach Sinn. Griechische Denker legten den Grundstein und debattierten Ideen über Gerechtigkeit, Moral und Existenz. Ihr Einfluss prägte alles, von Rechtssystemen bis hin zur persönlichen Identität. Menschen wenden sich der Philosophie zu, um ihre Werte zu definieren, einen Sinn zu finden und dem Leben einen Sinn zu geben, wenn sich alles chaotisch anfühlt. Es geht nicht darum, alle Antworten zu haben. Es geht darum, zu wissen, welche Fragen wichtig sind.

In vielen asiatischen Kulturen sind Philosophie und Religion untrennbar miteinander verbunden. Anstatt Vernunft und Glauben als gegensätzliche Kräfte zu betrachten, werden sie als Teile eines Ganzen gesehen. Philosophie ist nicht nur eine geistige Übung. Sie ist eine Lebensweise, ein Leitfaden für den Umgang mit Beziehungen, für ethische Entscheidungen und für die Aufrechterhaltung von Harmonie. Der Fokus liegt auf tiefgründigem Denken und Handlungen, die Weisheit und Integrität widerspiegeln.

Indigene Gemeinschaften verfolgen einen anderen Ansatz. Für sie ist Philosophie untrennbar mit der Natur verbunden. Im Leben geht es nicht darum, die Welt zu erobern. Es geht darum, mit ihr zu koexistieren. Die Natur ist nichts, was man kontrollieren muss. Sie ist etwas, das man respektieren muss. Ihre Philosophie verschwendet keine Zeit damit, zu fragen, ob Menschen von der Erde getrennt sind. Sie kennt die Antwort bereits.

Warum ist Philosophie immer noch wichtig?

Egal, wohin man schaut, Philosophie dient demselben Zweck. Sie hilft den Menschen, der Existenz einen Sinn zu geben. Sie lehrt sie, klar zu denken, weise zu handeln und nicht zusammenzubrechen, wenn das Leben ihnen Probleme in den Weg stellt. Manche Kulturen nutzen sie, um ethische Systeme aufzubauen. Andere nutzen sie, um Sinn zu finden, Beziehungen zu stärken oder das Göttliche zu verstehen.

Philosophie ist kein Regelwerk. Sie ist ein Werkzeug. Sie verspricht keine einfachen Antworten, sondern zwingt die Menschen dazu, nachzudenken, bevor sie handeln. Allein das macht sie schon wertvoll.

Kulturelle Vergleiche der Philosophie

Beginnend mit der in Bezug auf ihre Popularität einflussreichsten Philosophie dienten die Zivilisationen Roms und

Griechenlands im Laufe der Geschichte als Beispiele für intellektuellen und philosophischen Fortschritt. Diese antiken Supermächte des Mittelmeerraums prägten die Welt durch ihre außergewöhnlichen politischen und kulturellen Errungenschaften und beeinflussten die Philosophie maßgeblich. Innerhalb der Grenzen Roms gewannen die intellektuellen Strömungen des Epikureismus und des Stoizismus an Bedeutung.

Andererseits etablierten sich die starken Traditionen der sokratischen und platonischen Philosophie fest in Griechenland und blühten dort auf. Der Epikureismus, gegründet vom griechischen Philosophen Epikur und von vielen in Rom angenommen, verfolgte einen anderen Ansatz, um ein zufriedenes Leben zu erreichen.

Die Menschen glauben heute, sie seien die Ersten, die sich mit den großen Fragen herumschlagen. Glück, Gerechtigkeit und Wahrheit sind keine neuen Themen. Die Menschen in der Antike saßen nicht einfach herum und warteten darauf, dass moderne Annehmlichkeiten ihre Probleme lösen. Sie waren genauso ratlos wie die Menschen heute, und sie hatten viel zu sagen darüber, wie man ein gutes Leben führt. Einige ihrer Ideen waren brillant. Andere waren fragwürdig. So oder so legten sie den Grundstein für all das Grübeln, das die Menschen auch heute noch betreiben.

Nehmen wir die **Epikureer.** Diese Denker hatten den Ruf, nach Vergnügen zu streben, aber nicht auf die rücksichtslos Art, wie die meisten annehmen. Sie gaben sich keinen wilden Partys oder Exzessen hin. Ihre Vorstellung von Vergnügen war die Abwesenheit von Schmerz. Sie glaubten, dass einfache Wünsche, das Vermeiden unnötiger Dramen und die Konzentration auf grundlegende Freuden wie gutes Essen, bedeutungsvolle Freundschaften und einen friedlichen Geist zu wahrem Glück führten. Sie verstanden, dass das Streben nach Reichtum oder

Anerkennung nur zu Stress führte. Ihr Ansatz bestand darin, ruhig zu leben, tief nachzudenken und sich mit Menschen zu umgeben, die das Leben nicht unerträglich machten. Dieser Ratschlag gilt noch immer.

Sokrates verfolgte einen völlig anderen Ansatz. Er war die Art von Mensch, die eine Frage stellte und dann auf jede Antwort mit einer weiteren Frage reagierte. Er machte so lange weiter, bis die andere Person entweder aufgab oder erkannte, dass sie nicht so viel wusste, wie sie dachte. Das machte ihn sowohl zum frustrierendsten als auch zum brillantesten Menschen in Athen. Er glaubte, dass das Hinterfragen von allem zur Wahrheit und zur Selbsterkenntnis führte. Seine Methode war effektiv, aber sie machte den Menschen auch Unbehagen. Schließlich hatte die Stadt Athen genug davon und verurteilte ihn zum Tode. Daran erkennt man, dass man die richtigen Fragen stellt – wenn die Leute einen lieber loswerden wollen, als sie zu beantworten.

Dann kam **Platon,** der Schüler, der Sokrates' Ideen aufgriff und darauf aufbaute. War Sokrates der Mann, der all die schwierigen Fragen stellte, so war Platon der Mann, der Theorien entwickelte, die so gewaltig waren, dass sie den Menschen Kopfzerbrechen bereiteten. Er glaubte, dass alles, was Menschen sehen, nur ein Schatten einer größeren Realität sei. Seiner Ansicht nach ist die physische Welt nicht so real, wie die Menschen annehmen. Wahres Wissen, so argumentierte er, könne nur durch Vernunft und Kontemplation gefunden werden. Seine **Höhlengleichnis** erklärt dies gut. Stell dir Menschen vor, die ihr ganzes Leben lang in einer Höhle angekettet waren und nur Schatten an der Wand sehen konnten. Für sie sind diese Schatten die Realität. Dann entkommt eine Person, tritt nach draußen und erkennt, dass es eine ganze Welt jenseits dessen gibt, was sie bisher kannten.

Niemand glaubt ihr, als sie zurückkehrt, um den anderen davon zu erzählen, denn diese haben es nie selbst gesehen. Platon nutzte diese Geschichte, um zu argumentieren, dass die meisten Menschen in Unwissenheit leben und das, was sie sehen, für die ganze Wahrheit halten.

Platon führte seine Ideen in **„Der Staat"** weiter aus, wo er argumentierte, dass die Gesellschaft von Philosophen regiert werden sollte. Er glaubte, die meisten Menschen seien zu abgelenkt, zu eigennützig oder zu uninformiert, um effektiv zu führen. Seiner Ansicht nach sollten nicht diejenigen herrschen, die das meiste Geld oder die meiste Macht haben, sondern diejenigen, die die meiste Weisheit besitzen. Diese Idee wäre heute nicht sehr populär.

Philosophie ist nicht nur eine Sammlung alter Theorien. Die gleichen Fragen, die die Menschen in der Antike beschäftigten – wie man gut lebt, was wahr ist, was gerecht ist –, sind immer noch diejenigen, mit denen sich die Menschen heute auseinandersetzen. Manche suchten ihr Glück in der Einfachheit. Andere versuchten, die Wahrheit aufzudecken, indem sie alles hinterfragten. Manche wollten die Realität selbst verstehen. Philosophie ist nichts anderes als die Geschichte der Menschen, die versuchen, dem Leben einen Sinn zu geben. Der einzige Unterschied ist, dass sie damals nicht von sozialen Medien abgelenkt waren oder sich in Online-Kommentarbereichen stritten. Sie nahmen sich tatsächlich die Zeit zum Nachdenken. Vielleicht ist das der Grund, warum ihre Ideen noch immer Bestand haben.

Philosophische Konzepte aus Afrika und Asien

In jedem Winkel der Welt gab es Denker, die versuchten, den Code der menschlichen Existenz zu knacken. Sie saßen nicht alle in Marmorhöfen herum und debattierten, aber sie stellten dieselben großen Fragen – wie man leben soll, wie man andere behandeln soll und warum das Leben sich die meiste Zeit weigert, Sinn zu ergeben.

Asien zum Beispiel beschäftigt sich schon länger mit Philosophie, als die meisten Zivilisationen fließendes Wasser haben. Die Lehren von Konfuzius prägen noch immer, wie Menschen miteinander umgehen, selbst wenn sie noch nie ein Wort seiner Werke gelesen haben. Bei ihm drehte sich alles um Ethik, soziale Harmonie und die Idee, dass die Gesellschaft tatsächlich funktionieren könnte, wenn die Menschen aufhörten, sich wie Narren zu benehmen. Das ist eine Lektion, die sich viele moderne Führungskräfte wieder vor Augen führen könnten. Dann gibt es noch den Taoismus, der einen anderen Ansatz verfolgt. Anstatt sich um Strukturen und Regeln zu sorgen, rät der Taoismus den Menschen, sich dem Fluss des Lebens hinzugeben und sich der Natur anzupassen. Wenn es im Konfuzianismus darum geht, das Leben zu organisieren, geht es im Taoismus darum, einen Schritt zurückzutreten und zu erkennen, dass der Versuch, alles zu kontrollieren, ein sinnloses Unterfangen ist. Die beiden ergänzen sich auf eine Weise, die nur dann Sinn ergibt, wenn die Menschen aufhören, alles übermäßig zu verkomplizieren.

Dann gibt es noch den Buddhismus, der das Leben betrachtet und sagt: „Ja, Leiden ist unvermeidlich, aber es gibt einen Weg, damit umzugehen." Er lehrt die Menschen, ihre Anhaftungen loszulassen – ein schöner Gedanke, bis sie ihn im wirklichen Leben anwenden müssen. Versuchen Sie einmal, jemandem zu sagen, er solle seine emotionale Bindung an seine Lieblingssportmannschaft oder den Akkustand seines Handys loslassen, und Sie werden sehen, wie sehr Menschen an Dingen hängen können. Dennoch bietet der Buddhismus eine Perspektive, die den Menschen hilft, mit den Veränderungen des Lebens umzugehen, ohne den Verstand zu verlieren.

Begeben wir uns nun nach Afrika, wo die Philosophie Gesellschaften auf eine Weise geprägt hat, die westliche Geschichtsbücher gerne vergessen zu erwähnen. Ubuntu war eine der tiefgründigsten Ideen, die aus dem afrikanischen Denken hervorgegangen sind. Falls Sie noch nie davon gehört haben, lassen Sie es mich erklären. Es ist die Philosophie, die besagt: „Ich bin, weil wir sind." Es geht um Gemeinschaft, geteilte Verantwortung und die Vorstellung, dass Menschen am besten sind, wenn sie tatsächlich aufeinander Rücksicht nehmen. Mit anderen Worten: Es ist das Gegenteil der selbstbesessenen „Jeder-für-sich"-Haltung, die die heutige Welt zu dominieren scheint.

Sie lehrt, dass Menschen miteinander verbunden sind, dass Freundlichkeit keine Schwäche ist und dass Gemeinschaften gedeihen, wenn Menschen aufeinander achten, anstatt das Leben wie einen Wettbewerb zu betrachten.

Das Schöne an all diesen Philosophien – ob aus Asien, Afrika oder anderswo – ist, dass sie nicht in Geschichtsbüchern verstauben. Sie beeinflussen nach wie vor, wie Menschen denken, leben und miteinander umgehen. Die westliche Welt liebt ihren Individualismus, aber Philosophien wie der Konfuzianismus und Ubuntu erinnern die Menschen daran, dass das Leben kein Solokampf sein soll. Der Taoismus sagt ihnen, sie sollen aufhören, alles in ordentliche kleine Schubladen zu zwängen. Der Buddhismus erinnert sie daran, dass Leiden zum Leben dazugehört, aber nicht das sein muss, was sie definiert.

Die Menschen denken, bei der Philosophie ginge es nur um abstrakte Theorien, aber eigentlich geht es darum, dieses verwirrende, unvorhersehbare, oft lächerliche Ding namens Leben zu überstehen. Die größten Denker der Welt haben nicht nur um des Redens willen geredet. Sie haben versucht, denselben Problemen einen Sinn zu geben, mit denen die Menschen heute zu kämpfen haben. Der einzige Unterschied ist, dass sie keine sozialen Medien hatten, die sie davon ablenkten, Dinge zu ergründen. Vielleicht ist das der Grund, warum ihre Ideen so lange Bestand haben.

Der fließende Strom von Ma'at

Das alte Land Ägypten mit seinen majestätischen Pharaonen und kontemplativen Philosophen nimmt einen unverzichtbaren Platz in unserer Erforschung der Menschheitsgeschichte und des menschlichen Wissens ein. In dieser außergewöhnlichen Zivilisation floss eine philosophische Strömung, bekannt als Ma'at, durch das kollektive Bewusstsein der Menschen. Ma'at, das sich auf Ordnung, Wahrheit und Gerechtigkeit konzentrierte, leitete die Ägypter auf ihrer Suche nach Gleichgewicht und Harmonie, nicht nur auf der Erde, sondern sogar darüber hinaus. Es betonte die dem Universum innewohnende Verbundenheit und zeigte das von den Göttern geschaffene kosmische Netz.

Die alten Ägypter waren keine Dummköpfe. Sie bauten diese Pyramiden nicht nur, um Tausende von Jahren später Touristen zu beeindrucken. Sie hatten eine ganze Philosophie darüber, wie die Welt funktionieren sollte, und sie nannten sie **Ma'at.** Es war nicht nur ein Wort; es war eine Lebensweise. Es bedeutete Gleichgewicht, Wahrheit und Gerechtigkeit, und sie glaubten, dass das gesamte Universum davon abhing, dass die Menschen diesen Prinzipien folgten. Wenn man Ma'at ignorierte, begann alles auseinanderzufallen.

Zunächst einmal: **Ordnung.** Die Ägypter waren davon besessen, alles im Gleichgewicht zu halten. Sie glaubten, das

Universum habe einen natürlichen Rhythmus, und es sei die Aufgabe eines jeden, sich daran anzupassen. Chaos war nicht nur eine kleine Unannehmlichkeit, sondern der größte Feind. Von den Menschen wurde erwartet, dass sie Harmonie in ihren Beziehungen, ihrer Arbeit und ihrem Umgang mit den Göttern wahrten. Mit anderen Worten: Sie verstanden etwas, das die moderne Gesellschaft ständig vergisst – wenn man unnötige Probleme schafft, macht man das Leben für alle schwerer, auch für sich selbst.

Dann war da noch die **Wahrheit.** Die Ägypter sprachen nicht nur davon, Lügen zu vermeiden. Sie meinten damit, so zu leben, dass man im Einklang mit der grundlegenden Ordnung des Universums stand. Etwas sagen und etwas anderes tun? Das war ein sicherer Weg, das Gleichgewicht zu zerstören. Sie glaubten, dass wahrhaftiges Reden und Handeln nicht nur gutes Benehmen war. Es war notwendig, um zu verhindern, dass die Welt ins Chaos stürzt. Stellen Sie sich vor, wie viel reibungsloser das Leben wäre, wenn die Menschen heute aufhören würden, sich als etwas auszugeben, das sie nicht sind, und ihre Worte tatsächlich in die Tat umsetzen würden.

Die Ägypter verstanden, dass eine Gesellschaft ohne Fairness und ethisches Verhalten schneller zerfallen würde als eine Sandburg im Sturm. Für sie ging es bei Gerechtigkeit nicht nur darum, Fehlverhalten zu bestrafen, sondern auch darum, Harmonie zu bewahren. Wenn die Menschen einander fair behandelten, funktionierte das gesamte System besser. Wenn sie egoistisch und ungerecht handelten, geriet alles aus den Fugen. Sie waren nicht an Rache oder persönlichem Gewinn interessiert. Sie wollten Gleichgewicht, und sie sahen Gerechtigkeit als einen Weg, um zu verhindern, dass die Dinge ins Chaos abgleiten.

Sie glaubten auch, dass die Götter die obersten Hüter von Ma'at waren. Wenn die Menschen ihren Teil dazu beitrugen – indem sie anständig, fair und wahrhaftig waren –, würden die Götter alles in Ordnung halten. Die Ägypter nahmen dies ernst. Ihre Zeremonien, Rituale und ethischen Kodizes waren alle darauf ausgerichtet, sie im Einklang mit diesem kosmischen Gleichgewicht zu halten. Sie glaubten nicht, dass sie einfach ihre eigenen Regeln aufstellen und erwarten könnten, dass das Universum mitspielt.

In Wahrheit war Ma'at ihr Mittel, um sicherzustellen, dass die Gesellschaft nicht im Chaos versank. Sie verstanden, dass das Universum Regeln hatte und dass deren Missachtung zu Katastrophen führte. Auf diesen Prinzipien bauten sie eine Zivilisation auf, die Tausende von Jahren Bestand hatte. Die moderne Gesellschaft hingegen schafft es nicht einmal, ein Jahrzehnt zu überstehen, ohne eine neue Katastrophe heraufzubeschwören. Vielleicht waren die Ägypter auf der richtigen Spur.

Die ägyptische Philosophie, die Ma'at in den Mittelpunkt stellt, bietet einen faszinierenden Einblick in das antike Verständnis des Kosmos und der menschlichen Existenz. Sie bietet eine ganzheitliche Perspektive, die moralische, soziale und kosmische Dimensionen miteinander verbindet und die scharfsinnige Beobachtung der Natur durch die Ägypter sowie ihre Einsichten in die zugrunde liegenden Prinzipien, die sie regieren, hervorhebt.

Die Wahrheit des Stoizismus

Zeno von Kition, ein griechischer Philosoph, machte den Stoizismus erstmals bekannt, den die Römer schließlich übernahmen. Geduld bot eine Methode, um inmitten des chaotischen Geflechts des Lebens inneren Frieden zu finden. Die zentrale Botschaft des Stoizismus lautete, dass Tugend und

Vernunft das menschliche Verhalten leiten sollten und dass äußere Ereignisse akzeptiert und mit Gelassenheit bewältigt werden sollten. Die Stoiker glaubten, dass man Freude und Zufriedenheit finden könne, wenn die eigenen Handlungen und Ideen im Einklang mit der natürlichen Ordnung des Kosmos stünden, die manchmal als „Logos" bezeichnet wurde. Sie waren fest davon überzeugt, dass die Pflege von Eigenschaften wie Wissen, Tapferkeit, Gerechtigkeit und Mäßigung der Weg zu einem erfüllten und sinnvollen Dasein sei, und legten großen Wert darauf, die eigenen Begierden und Emotionen zu beherrschen.

„Der Mensch wird nicht durch die Dinge beunruhigt, sondern durch die Sichtweise, die er auf sie nimmt." – Epiktet.

Das Leben ist unvorhersehbar. Menschen werden dich enttäuschen, Pläne werden scheitern, und manchmal wird es sich so anfühlen, als würde das Universum deine Geduld persönlich auf die Probe stellen. Beim Stoizismus geht es nicht darum, so zu tun, als würden diese Dinge nicht geschehen, oder Emotionen wie ein Roboter zu unterdrücken. Es geht darum zu verstehen, dass Menschen zwar nicht immer kontrollieren können, was geschieht, aber sehr wohl, wie sie darauf reagieren.

Die Stoiker glaubten, dass wahres Glück, das sie Eudaimonia nannten, daraus entsteht, den Geist zu beherrschen, anstatt äußerem Erfolg nachzujagen oder Unbehagen zu vermeiden. Ein Mensch mag alles Geld, alle Macht und alles Lob der Welt besitzen, aber wenn er zulässt, dass jede Unannehmlichkeit seinen Tag ruiniert, ist er dennoch ein Gefangener seiner Umstände. Andererseits kann jemand, der wenig besitzt, aber versteht, wie er seine Emotionen und Erwartungen in den Griff bekommt, mit einem unerschütterlichen Gefühl des Friedens leben.

Beim Stoizismus geht es nicht darum, sich aus dem Leben zurückzuziehen. Es geht darum, sich darauf einzulassen, um zu verhindern, dass Emotionen die Kontrolle übernehmen. Es ist der Unterschied zwischen sich über den Verkehr zu ärgern und zu erkennen, dass keine noch so große Frustration die Autos schneller vorankommen lässt. Es ist die Entscheidung, sich auf das zu konzentrieren, was man kontrollieren kann, wie Geduld und Perspektive, anstatt Energie an das zu verschwenden, was man nicht ändern kann.

Diese Philosophie verspricht kein leichtes Leben. Sie sagt den Menschen nicht, sie sollen so tun, als gäbe es keine Schwierigkeiten. Stattdessen lehrt sie, dass jeder Einzelne die Macht hat, zu entscheiden, wie viel Einfluss diese Schwierigkeiten auf sein Wohlbefinden haben. Die Stoiker versuchten nicht, Emotionen auszublenden. Sie versuchten zu verhindern, dass diese ihr Leben bestimmen. Deshalb flüstert der Stoizismus nicht, sondern spricht mit absoluter Gewissheit und sagt den Menschen, dass sie die Kraft haben, sich darüber zu erheben.

Die Achtsamkeit Buddhas

Begeben Sie sich nun auf eine Reise nach Osten in die bezaubernden Gefilde Asiens, wo östliche Philosophien den Schlüssel zu Achtsamkeit und innerer Ausgeglichenheit halten. Während Sie durch üppige Landschaften wandern, locken die Lehren des Buddhismus und des Taoismus Sie wie strahlende Laternen in der Dämmerung und führen Sie hin zu einer Verbindung mit der menschlichen Erfahrung.

In der Umarmung buddhistischer Achtsamkeit bist du eingeladen, den gegenwärtigen Moment voll und ganz zu bewohnen und die Schönheit und Einfachheit zu schätzen, die in jeden vorübergehenden Atemzug eingewoben sind. Durch diese

Praxis erwachtest du zu der lebendigen Verbindung von Empfindungen, Gedanken und Emotionen, die die Leinwand deiner Existenz bemalen. Mit sanfter Achtsamkeit kultivierst du ein tieferes Verständnis von dir selbst und findest Frieden und Ruhe in der Stille, die in dir wohnt.

Seit Anbeginn der Zeit versuchen die Menschen herauszufinden, wie sie ruhig bleiben können. Manche versuchen es mit teuren Urlauben, andere versuchen, in Kissen zu schreien, aber der Buddhismus schlägt etwas viel Einfacheres vor. Sitze still, sei aufmerksam und höre auf, jeden vorüberziehenden Gedanken zu deinem Problem zu machen. Das ist Achtsamkeit. Es geht nicht darum, der Welt zu entfliehen oder so zu tun, als gäbe es keine Probleme. Es geht darum, wahrzunehmen, was im gegenwärtigen Moment geschieht, ohne sofort zu reagieren, als hätte sich jemand den Zeh gestoßen.

Stell dir vor, du beobachtest, wie Wolken über den Himmel ziehen. So funktionieren Gedanken. Sie kommen und gehen, und wenn du nicht darauf bestehst, immer denselben anzustarren, ziehen sie irgendwann vorbei. Die meisten Menschen klammern sich jedoch an jeden Gedanken und empfinden ihn als das Wichtigste überhaupt. Sie grübeln, sie stressen sich und machen Probleme größer, als sie sein müssten. Achtsamkeit schlägt etwas Radikales vor. Anstatt dich in jedem kleinen Sturm zu verfangen, tritt einen Schritt zurück und beobachte das Wetter.

Der Buddhismus beschränkt sich nicht darauf, Menschen zu helfen, ruhig zu bleiben. Er geht tiefer. Der Buddha war einer der ersten großen Denker, der die Ursache menschlichen Leidens aufschlüsselte. Das Problem, erklärte er, ist nicht das Leben selbst. Es ist die Art und Weise, wie Menschen sich dagegen wehren. Sie wollen, dass das Glück ewig währt, was es aber nicht tut. Sie wollen Unbehagen vermeiden, was unmöglich ist. Sie wollen, dass das Leben vorhersehbar ist, aber die Realität kümmert sich nicht darum, was sie wollen. Das eigentliche Problem ist das Festhalten. Die Menschen klammern sich an Dinge, die sich ständig verändern, und wundern sich dann, warum sie sich elend fühlen, wenn das Leben das tut, was es immer tut – sich weiterbewegt.

Das ist nicht nur Philosophie. Die Neurowissenschaft bestätigt dies. Studien zeigen, dass Achtsamkeit das Gehirn buchstäblich neu verdrahtet. Der präfrontale Kortex, der für rationales Denken zuständig ist, wird gestärkt. Die Amygdala, die Angst und Panik steuert, reagiert weniger stark. Deshalb können buddhistische Mönche stundenlang still sitzen, ohne den Verstand zu verlieren. Ihr Gehirn ist darauf trainiert, im Hier und Jetzt zu bleiben, anstatt sich von jeder flüchtigen Emotion hin und her reißen zu lassen.

Achtsamkeit ist kein Zaubertrick, und sie bedeutet nicht, dass Menschen nie wieder Stress empfinden werden. Es bedeutet lediglich, dass sie besser damit umgehen können. Es ist der Unterschied zwischen dem Gefangensein mitten in einem Sturm und dem Beobachten desselben aus sicherer Entfernung. Sie ermöglicht es Menschen, die Realität so zu sehen, wie sie ist, anstatt sich ständig zu wünschen, sie wäre anders.

Letztendlich bietet Achtsamkeit keine Flucht aus dem Leben. Sie bietet etwas Besseres. Sie lehrt die Menschen, wie sie darin leben können, ohne davon überwältigt zu werden. Die meisten Menschen verbringen ihr Leben damit, in der Vergangenheit zu versinken oder sich um die Zukunft zu sorgen. Sie erkennen etwas Mächtiges, wenn sie lernen, still zu sitzen, zu atmen und aufmerksam zu sein. Sie hatten nie wirklich die Kontrolle über das Leben, sondern immer die Kontrolle darüber, wie sie es erleben. Genau das ist das wahre Geheimnis des Friedens.

Die Harmonie von Ubuntu

In den weiten Savannen und alten Zivilisationen Afrikas offenbart eine Philosophie der Verbundenheit, bekannt als Ubuntu, die außergewöhnliche Kraft gemeinschaftlicher Harmonie. Ubuntu flüstert dir ins Ohr und drängt dich, den innewohnenden Wert und die Würde jeder Seele anzuerkennen. Es lehrt, dass dein Wohlergehen untrennbar mit dem Wohlergehen anderer verbunden ist und dass du durch das Annehmen dieser Verbundenheit das wahre Wesen der Menschlichkeit erschließt. In der warmen Umarmung von Ubuntu findest du die Kraft, Gräben zu überbrücken, Mitgefühl zu fördern und eine Welt zu erschaffen, in der wir alle gemeinsam aufsteigen.

Philosophie, Moral und Identität

Wenn wir die Vielfalt philosophischer Perspektiven betrachten, erkennen wir ihren Einfluss auf die Prägung der Moral und der persönlichen Weltanschauung im Laufe der Geschichte. Die Philosophen der Antike erkannten die transformative Kraft der Philosophie, die den Einzelnen zur Tugend führt und den Weg zu einem sinnvollen Dasein erhellt.

Wenn uns die Geschichte eines gelehrt hat, dann, dass keine Zivilisation ein Monopol auf Genialität hatte. Entgegen der Annahme mancher kam der Fortschritt nicht zustande, weil eine Gruppe eines Morgens aufwachte und beschloss, den Rest der Welt in die Moderne zu ziehen. Die größten Errungenschaften der Menschheit waren Gemeinschaftsprojekte, bei denen verschiedene Kulturen ihre eigenen Innovationen einbrachten.

Die alten Ägypter errichteten architektonische Wunderwerke, über die sich Ingenieure noch heute den Kopf zerbrechen. Indien schenkte der Welt die Null – was ironisch ist, wenn man bedenkt, wie sehr die moderne Zivilisation auf diese Zahl angewiesen ist, um zu funktionieren. Das Goldene Zeitalter des Islam machte Gelehrte zu menschlichen Enzyklopädien und brachte Medizin, Astronomie und Philosophie voran, während Europa noch durch das Mittelalter stolperte.

Unterdessen waren indigene Kulturen damit beschäftigt, ethische Systeme, nachhaltige Lebensweisen und Philosophien der Verbundenheit zu entwickeln, die moderne Umweltschützer erst jetzt zu schätzen beginnen.

Platon und Sokrates sind oft die ersten Namen, an die man denkt, aber sie arbeiten nicht isoliert. In Platons Dialogen ging es ausschließlich um das Streben nach Weisheit, nicht als Sammlung von Fakten, sondern als Weg, gut zu leben. Sein Lehrer Sokrates verbrachte seine Tage damit, Menschen schwierige Fragen zu stellen, bis sie entweder eine Erleuchtung hatten oder frustriert davonliefen. Sie waren nicht an Wissen interessiert, um klug zu wirken. Sie wollten ihren Charakter entwickeln, ihr ethisches Urteilsvermögen verbessern und herausfinden, was es eigentlich bedeutet, gut zu sein.

Genau hier verfehlt die moderne Welt oft den Kern der Sache. Die Menschen gehen davon aus, dass Intelligenz darin besteht, Informationen anzuhäufen, aber die großen Denker wussten es besser. Es geht nicht darum, Fakten auswendig zu lernen. Es geht darum, zu wissen, was man mit ihnen anfangen soll. Wahre Weisheit liegt darin, Annahmen zu hinterfragen, kritisch zu denken und – was am wichtigsten ist – dieses Wissen zu nutzen, um integer zu leben.

Wer gerne ein wenig sein Denken herausfordert, sollte Folgendes bedenken: Das Konzept der Moral selbst – was richtig ist, was falsch ist und warum es uns wichtig ist – wurde durch jahrhundertelangen philosophischen und kulturellen Austausch geprägt. Ethik ist keine feststehende Idee. Sie ist ein sich entwickelnder Dialog, der im Laufe der Zeit von verschiedenen Gesellschaften geprägt wurde.

Die Neurowissenschaft legt heute nahe, dass Moral nicht nur ein soziales Konstrukt ist. Sie ist fest im Gehirn verankert. Der präfrontale Kortex ist für die Impulskontrolle und Entscheidungsfindung zuständig, während die Amygdala emotionale Reaktionen verarbeitet. Das bedeutet, dass Menschen biologisch darauf programmiert sind, ethische Entscheidungen zu treffen, doch diese Entscheidungen werden von den Philosophien und kulturellen Rahmenbedingungen beeinflusst, die sie erben. Mit anderen Worten: Moral ist nicht nur ein Regelwerk – sie ist ein Zusammenspiel von Biologie, Erfahrung und den intellektuellen Traditionen, die über Generationen weitergegeben wurden.

Wenn also das nächste Mal jemand behauptet, eine bestimmte Kultur, eine bestimmte Gruppe oder eine bestimmte Epoche hätte alle Antworten, erinnern Sie ihn daran, dass die Geschichte etwas anderes erzählt. Die Welt, wie wir sie kennen, ist das Ergebnis kollektiven Genies, das Kontinente und Jahrhunderte überspannt. Jede Zivilisation hat ein Puzzleteil beigesteuert, und die einzigen Menschen, die das nicht sehen, sind diejenigen, die nicht aufgepasst haben.

Persönliche Ethik und ihr Zusammenhang mit der Philosophie

Betrachten Sie das Mosaik philosophischer Ideen, das unsere persönlichen ethischen Rahmenbedingungen auf komplexe Weise prägt. Wie Meisterhandwerker des moralischen Denkens untersuchen wir die Pinselstriche von Aristoteles' Tugendethik, die kühnen Striche von Kants deontologischen Prinzipien, die kalkulierten Muster von Mills utilitaristischem Kalkül und die komplizierten Mosaike von Rawls' Gerechtigkeitstheorie. Durch diese wissenschaftliche Linse gewinnen wir ein Verständnis dafür, wie diese philosophischen Grundlagen unseren eigenen ethischen Überzeugungen Tiefe und Nuancen verleihen.

Um die praktische Anwendung der Philosophie in der persönlichen Ethik zu veranschaulichen, betrachten wir die faszinierende Fallstudie des Trolley-Dilemmas. Dieses Gedankenexperiment konfrontiert uns mit einem Szenario, in dem ein außer Kontrolle geratener Trolley auf eine im Bau befindliche Kreuzung zurast, wo eine Kollision mit fast sicherer Folge mindestens fünf Menschenleben kosten würde. Der Schaffner hat die Wahl, einen Knopf zu drücken, der die Gleise umleitet und den Kurs ändert, doch dadurch würde eine Kette von Ereignissen ausgelöst, die ein Menschenleben kosten würde. Ausgehend von den Prinzipien des Konsequentialismus setzen wir uns mit den ethischen Implikationen der Entscheidung auseinander: Soll man den Gesamtschaden minimieren, der mehrere Leben betrifft, oder den Wert eines einzelnen Lebens anerkennen?

Durch eine gründliche Analyse und die Reflexion über die komplexen moralischen Entscheidungsprozesse in Lebens-oder-Tod-Szenarien entwickeln wir ein gesteigertes Bewusstsein dafür, wie die Philosophie unsere ethischen Entscheidungen prägt und leitet.

Philosophische Werte und Ethik

In der heutigen Zeit spielt die Philosophie eine entscheidende Rolle bei der Bildung individueller Werte und der Ausrichtung moralischer Urteile. Philosophische Ideen bieten Rahmenbedingungen für die Analyse moralischer Dilemmata und helfen den Menschen dabei, ein gutes und ehrliches Leben zu führen.

Diese philosophischen Rahmenbedingungen ermöglichen es den Menschen, komplexe moralische Dilemmata rational zu bewerten und moralisch verantwortungsvolle Entscheidungen zu treffen. Die Philosophie vermittelt den Menschen die Fähigkeiten, die sie benötigen, um über die Auswirkungen ihres Handelns nachzudenken, sich mit den Werten auseinanderzusetzen, die ihnen wichtig sind, und ethische Dilemmata auf durchdachte und moralisch integre Weise zu bewältigen. Eine inklusivere und mitfühlendere Weltanschauung kann entwickelt werden, indem kulturelle Vorurteile und gesellschaftliche Normen hinterfragt werden, wie es die Philosophie fördert. Sie fördert ein tieferes Verständnis für vielfältige Sichtweisen und stärkt Empathie, indem sie Menschen dazu anregt, ihre eigenen Vorurteile, Vorannahmen und Annahmen zu hinterfragen.

Stellen Sie sich ethische Theorien als verschiedene Linsen vor, durch die wir moralische Entscheidungsfindung betrachten und angehen können. Die Deontologie beispielsweise betont unsere moralischen Pflichten und die Bedeutung der Befolgung ethischer Prinzipien. Der Utilitarismus hingegen konzentriert sich auf die Maximierung des allgemeinen Glücks oder Wohlergehens. Die Tugendethik hebt die Pflege tugendhafter Charaktereigenschaften als Grundlage ethischen Verhaltens hervor. Die Auseinandersetzung mit diesen philosophischen Perspektiven verschafft uns wertvolle Erkenntnisse, die es uns ermöglichen, ethische Dilemmata zu bewerten und verantwortungsvolle Entscheidungen wohlüberlegt zu treffen. Die Philosophie stattet uns mit der Fähigkeit aus, über die Folgen unseres Handelns nachzudenken, die Werte zu reflektieren, die uns wichtig sind, und ethische Herausforderungen mit Weisheit und moralischer Integrität anzugehen.

Darüber hinaus ermutigt uns die Philosophie, gesellschaftliche Normen und Vorurteile zu hinterfragen, und fördert so eine inklusivere und mitfühlendere Weltanschauung. Die Auseinandersetzung mit vielfältigen philosophischen Ideen macht uns offener für unterschiedliche Perspektiven und lehrt uns, unsere Vorurteile und Annahmen zu hinterfragen. Dieser Prozess fördert Empathie und vertieft unser Verständnis für die komplexe Natur moralischer Entscheidungsfindung.

Philosophie für Selbstreflexion und Wachstum nutzen

Die Menschen glauben gerne, dass sie rationale Wesen sind. Sie glauben, dass sie Entscheidungen auf der Grundlage von Logik, Vernunft und gut durchdachten Schlussfolgerungen treffen. In Wirklichkeit laufen die meisten Menschen auf Autopilot und treffen Entscheidungen basierend auf Instinkt, Gewohnheit oder dem Argument, das sie an diesem Morgen in einem Kommentarbereich gelesen haben. Hier kommt die Philosophie ins Spiel. Sie ist nicht nur eine alte Disziplin, die alten Büchern und Tweedjacken vorbehalten ist. Sie ist ein vollwertiges geistiges Training, das darauf ausgelegt ist, den Verstand zu schärfen, Annahmen in Frage zu stellen und Menschen dazu zu zwingen, selbstständig zu denken, anstatt einfach nur allem zuzustimmen, was gut klingt.

Im Kern ist Philosophie kritisches Denken auf Steroiden. Sie lehrt Menschen, Ideen zu analysieren, Überzeugungen zu hinterfragen und Argumente mit der Präzision eines Chirurgen zu zerlegen. Das ist der Grund, warum manche Menschen Unsinn durchschauen, während andere auf jede reißerische Schlagzeile oder Verschwörungstheorie hereinfallen. Philosophie lehrt Menschen, Fakten von Fiktion zu trennen, logische Fallstricke zu erkennen und – was am wichtigsten ist – sich eine eigene Meinung zu bilden, die auf Vernunft statt auf Emotionen basiert.

Bevor nun jemand denkt, es ginge hier nur darum, auf Dinnerpartys klug zu wirken: Philosophie ist viel mehr als eine geistige Übung. Sie zwingt Menschen dazu, in sich zu gehen und ihre Vorurteile, Werte und Überzeugungen zu hinterfragen. Die meisten Menschen gehen durchs Leben, ohne sich jemals wirklich zu fragen, warum sie glauben, was sie glauben. Die Philosophie lässt sie nicht so leicht davonkommen. Sie hält ihnen einen Spiegel vor und fragt: „Bist du dir da sicher?" Sie drängt die Menschen dazu, ihr Handeln mit ihren Werten in Einklang zu bringen und mit einer Entschlossenheit zu leben, die die meisten nie in Betracht ziehen. Sie liefert keine einfachen Antworten, aber sie hilft den Menschen, bessere Fragen zu stellen – über sich selbst, die Welt und alles dazwischen.

Sie hat die Fähigkeit, intellektuelle Neugier wie nichts anderes zu stillen. Sie führt Menschen nicht nur in eine einzige Denkweise ein. Sie führt sie durch Jahrhunderte der Ideen, vom antiken Griechenland bis zum modernen Existentialismus, von östlichen Traditionen bis zu den neuesten Debatten in Ethik und Wissenschaft. Sie zwingt sie, über ihren eigenen Tellerrand hinauszuschauen und zu erkunden, wie verschiedene Kulturen und Epochen mit denselben tiefgründigen Fragen gerungen haben – Was ist Wahrheit? Was macht ein gutes Leben aus? Warum widerfahren guten Menschen schlimme Dinge?

Und das Beste daran? Es ist ein lebenslanges Unterfangen. Es gibt keine endgültige Antwort, keinen Punkt, an dem jemand sagen kann: „Nun, ich habe alles herausgefunden." Bei der Philosophie geht es nicht darum, das Ende des Weges zu erreichen. Es geht darum, auf dem Weg zu bleiben, ständig zu lernen, die eigene

Denkweise ständig zu verfeinern und jeden Tag ein kleines bisschen weiser zu werden. Das Leben ist verwirrend. Die Philosophie löst das nicht, aber sie hilft den Menschen, besser damit umzugehen.

Sozialethik und Philosophie

Einige ethische Theorien bieten einzigartige Blickwinkel, durch die wir drängende gesellschaftliche Probleme untersuchen und verstehen können. Vom Fokus des Konsequentialismus auf Ergebnisse bis zur Betonung moralischer Pflichten und Rechte in der deontologischen Ethik, von der Förderung eines tugendhaften Charakters in der Tugendethik bis zum Streben nach Geschlechtergleichheit in der feministischen Ethik – jede Theorie beleuchtet unterschiedliche Dimensionen der ethischen Herausforderungen, denen wir in der Gesellschaft gegenüberstehen. Durch gründliche Analyse entschlüsseln wir den Einfluss dieser Theorien auf den gesellschaftlichen Diskurs und die Entscheidungsfindung. Die Menschen lieben es, über Moral zu streiten, aber in Wahrheit ist sich niemand einig darüber, was etwas richtig oder falsch macht. Manche sagen, es komme allein auf das Ergebnis an.

Konsequentialisten glauben, dass eine Handlung gerechtfertigt ist, solange die Ergebnisse gut sind. Andere argumentieren, dass die deontologische Ethik der richtige Weg sei, da es bei der Moral darum gehe, Regeln und Pflichten zu befolgen, unabhängig von den Konsequenzen. Dann gibt es noch die Tugendethiker, die glauben, es gehe weniger um Regeln und Ergebnisse als vielmehr darum, den eigenen Charakter so zu formen, dass man ein wirklich guter Mensch wird. Und natürlich mischt sich auch die feministische Ethik ein und fragt, warum die Moralphilosophie den größten Teil der Geschichte damit verbracht hat, die Perspektiven der Hälfte der Bevölkerung zu ignorieren.

Jede dieser Theorien bietet eine andere Sichtweise auf ethische Dilemmata, was nur eine ausgefallene Art ist, zu sagen, dass es keine allgemeingültige Antwort gibt. Menschen lieben Gewissheit, aber die Philosophie hat nicht die Aufgabe, den Menschen das zu geben, was sie wollen. Ihre Aufgabe ist es, sie zum Nachdenken anzuregen, auch wenn sie das lieber nicht tun würden.

Wenn es darum geht, eine gerechte Gesellschaft aufzubauen, verstauben ethische Theorien nicht einfach in Lehrbüchern. Sie beeinflussen Gesetze, Politik und soziale Bewegungen. John Rawls hatte zum Beispiel diese verrückte Idee, dass eine gerechte Gesellschaft so gestaltet sein sollte, als wüsste niemand, in welche Position er hineingeboren würde. Seine Theorie der Gerechtigkeit als Fairness legt nahe, dass Menschen, wenn sie eine Gesellschaft aufbauen müssten, ohne zu wissen, ob sie am Ende reich oder arm, mächtig oder machtlos wären, die Dinge wahrscheinlich etwas gerechter gestalten würden. Es ist eine logische Idee, die von denen, die bereits die ganze Macht innehaben, gerne ignoriert wird.

Dann gibt es Martha Nussbaum und ihren Fähigkeitenansatz, der eine einfache, aber wichtige Frage stellt: Was wäre, wenn man den Erfolg einer Gesellschaft nicht daran messen würde, wie viel Geld sie erwirtschaftet, sondern daran, wie gut sie es ihren Bürgern ermöglicht, sich zu entfalten? Haben die Menschen Zugang zu Bildung, Gesundheitsversorgung und Möglichkeiten zur persönlichen Entfaltung? Sind sie frei, Entscheidungen zu treffen, die ihr eigenes Leben gestalten? Wenn nicht, dann ist es ungefähr so ehrlich, diese Gesellschaft als „erfolgreich" zu bezeichnen, wie wenn ein Gebrauchtwagenhändler schwört, der Motor sei „kaum benutzt".

Ethische Theorien sind nicht nur intellektuelle Gedankenspiele. Sie prägen, wie Menschen über Gerechtigkeit, Fairness und moralische Verantwortung denken. Sie bieten Werkzeuge, um sich in einer Welt zu orientieren, in der ethische Dilemmata selten schwarz-weiß sind. Wenn das nächste Mal jemand darauf besteht, dass es eine einfache Antwort auf eine moralische Frage gibt, erinnere ihn daran, dass einige der größten Denker der Geschichte ihr ganzes Leben damit verbracht haben, über diese Ideen zu debattieren – und keiner von ihnen war sich mit den anderen völlig einig.

Philosophie und Weltanschauungen

Wenn es eine Sache gibt, die Menschen gerne tun, dann ist es, sich den Kopf über den Sinn des Lebens zu zerbrechen. Menschen starren in die Sterne, schreiben Gedichte über ihre Existenz und haben existenzielle Krisen im Supermarktgang, wenn sie sich nicht entscheiden können, welche Müslimarke sie kaufen sollen. Das ist kein neues Problem. Philosophen streiten sich schon seit Jahrhunderten darüber, und wissen Sie was? Sie haben immer noch keine endgültige Antwort.

Manche, wie die Existentialisten, sagen, dass das Leben keinen innewohnenden Sinn hat, also müssen die Menschen ihren eigenen schaffen. Sie glauben, dass Menschen ohne Drehbuch in die Welt geworfen werden und sich im Laufe der Zeit zurechtfinden müssen. Der Nachteil? Das kann überwältigend wirken. Der Vorteil? Völlige Freiheit, das Leben so zu gestalten, wie man es sich wünscht.

Dann gibt es die Teleologen, die davon überzeugt sind, dass hinter allem ein großer Plan steckt. Sie glauben, dass der Sinn im Universum selbst verankert ist. Wenn Existentialisten das Leben als ein leeres Notizbuch betrachten, das darauf wartet, beschrieben zu werden, sehen Teleologen es als ein Buch mit einer Handlung, die bereits im Gange ist, ob die Menschen es nun erkennen oder nicht.

Das Lustige daran ist, dass keine der beiden Seiten beweisen kann, dass sie Recht hat. Den Menschen bleibt nichts anderes übrig, als sich mit einer Mischung aus Bauchgefühl, geliehener Weisheit und dem gelegentlichen Motivationszitat auf einer Kaffeetasse durch das Leben zu navigieren. Was die Menschen wissen, ist, dass die Art und Weise, wie sie das Leben interpretieren, prägt, wie sie es leben. Wenn sie glauben, dass es keinen Sinn gibt, verfallen sie vielleicht in Verzweiflung, oder sie nehmen ihre Freiheit an. Wenn sie an einen höheren Zweck glauben, finden sie vielleicht Trost oder verbringen zu viel Zeit damit, nach einem großen Plan zu suchen, anstatt einfach zu leben.

Wir beginnen eine faszinierende Untersuchung darüber, wie philosophische Ideen in individuellen und kollektiven Ansichten nachhallen und unser Verständnis der Welt, des Erhabenen und der menschlichen Natur beeinflussen. Eine grundlegende Analyse zeigt den erheblichen Einfluss, den philosophische Standpunkte auf die Bildung unserer Überzeugungen, Werte und gesellschaftlichen Narrative haben. Wir tauchen ein in das komplexe Geflecht von Überzeugungen, das unsere Sichtweisen umgibt – vom antiken Denken Platons und Aristoteles' bis hin zu den bahnbrechenden Denkweisen von Descartes und Kant.

Diese Darstellung basiert darauf, wie die Forschung die Verbindungen zwischen östlichen und westlichen Philosophien untersucht und wie verschiedene Sichtweisen unsere Wahrnehmung der Welt und der menschlichen Existenz beeinflussen. Es würde unsere Diskussion bereichern, wenn wir die Vielfalt der Sichtweisen besser verstehen könnten, die die Struktur der Perspektiven prägen, aus denen sich das Universum zusammensetzt, indem wir philosophische Traditionen wie Konfuzianismus, Harmonie-Buddhismus, Emotionslosigkeit und Existentialismus vergleichen.

Kapitel 3
Weisheit

„Sich selbst zu erkennen ist der Anfang aller Weisheit."

– Aristoteles

Weisheit ist eine jener Eigenschaften, die jeder bewundert, die aber nur wenige genau definieren können. Sie ist nicht unbedingt Intelligenz, noch ist sie bloß Erfahrung. In gewisser Weise ist sie eine Ansammlung von Wissen, aber sie ist auch die Fähigkeit, dieses Wissen in einer Vielzahl von Situationen effektiv anzuwenden. Es ist der Unterschied zwischen dem Wissen um eine Tatsache und dem Verständnis, wie man sie sinnvoll nutzt. Wissen ist zu wissen, dass eine Tomate technisch gesehen eine Frucht ist. Weisheit ist zu wissen, dass man sie nicht in einen Obstsalat gibt. Es ist gesunder Menschenverstand, aber es geht auch darum, das große Ganze zu sehen und sein Wissen anzuwenden.

Ich stelle mir Weisheit oft als eine Verschmelzung von Wissen, Einsicht und gutem Urteilsvermögen vor, die so angewendet wird, dass sie zu effektiver Entscheidungsfindung und einem sinnvollen Leben führt.

Um Weisheit zu verstehen, müssen wir ihre vielen Facetten betrachten. Sie manifestiert sich als Klugheit, als Fähigkeit zur tiefen Reflexion und als die Fähigkeit, auf der Grundlage des erworbenen Wissens wohlüberlegte Handlungen zu setzen. Sie entspringt persönlicher Erfahrung, die oft durch Versuch und Irrtum gewonnen wird, und wird durch ein differenziertes Verständnis von Menschen, Situationen und dem Leben selbst verfeinert. Mit anderen Worten: Im Kern ist Weisheit eine Synthese aus Wissen, Erfahrung, Einsicht und gesundem Urteilsvermögen. Im Gegensatz zu Intelligenz, die häufig mit akademischen Leistungen und Problemlösungsfähigkeiten assoziiert wird, zeichnet sich Weisheit durch Urteilsvermögen, Selbstbewusstsein und die Fähigkeit aus, die langfristigen Konsequenzen des eigenen Handelns vorauszusehen. Sie geht über intellektuelle Fähigkeiten hinaus und reicht bis in den Bereich der praktischen Entscheidungsfindung und der emotionalen Intelligenz.

Während reine Intelligenz in einem Vakuum existieren mag, ist Weisheit praktisch und anpassungsfähig. Weisheit ist in allen Aspekten des Lebens präsent und beeinflusst berufliche Bestrebungen, Beziehungen und sogar alltägliche Interaktionen. Sie wird oft mit Begriffen wie Besonnenheit, Weitsicht und Klugheit beschrieben. Unabhängig von der Terminologie dient Weisheit letztlich als leitende Kraft, die dem Einzelnen hilft, sich in den Komplexitäten des Daseins zurechtzufinden. Diese unsichtbare Hand führt den Einzelnen durch komplexe soziale Landschaften, berufliche Herausforderungen und persönliche Dilemmata.

Wenn wir einen Schritt zurücktreten und Weisheit aus historischer und kultureller Perspektive betrachten, wird deutlich, dass die Menschen schon seit jeher davon besessen sind. Antike Zivilisationen verehrten Weisheit, als wäre sie der neueste TikTok-Trend. In China predigte Konfuzius über die Bedeutung moralischer Weisheit und Selbstkultivierung. In Ägypten bot Weisheitsliteratur wie *„Die Lehren des Ptahhotep"* praktische Ratschläge für ein gutes Leben.

In Griechenland machten Philosophen wie Sokrates und Aristoteles die Weisheit zur Kunst und debattierten über alles, von Ethik bis hin zum Sinn des Daseins.

Faszinierend ist, wie universell dieses Streben nach Weisheit war. Ob es nun die Stoiker in Rom, die buddhistischen Mönche in Indien oder die indigenen Ältesten Amerikas waren – jede Kultur hat ihre eigene Version von Weisheit, und doch scheinen sie alle auf dieselbe Wahrheit hinzuweisen: Bei Weisheit geht es darum, die Welt und den eigenen Platz darin zu verstehen. Es geht darum, ein Gleichgewicht zu finden, gute Entscheidungen zu treffen und gelegentlich zu erkennen, dass man keine Ahnung hat, was man tut – und dass das in Ordnung ist.

Manche Gesellschaften, wie zum Beispiel indigene Kulturen, haben eine andere Sichtweise auf Weisheit. Sie schätzen die Erfahrung; eine tiefe Verbundenheit mit der Natur bringt wertvolles Wissen mit sich. Im Gegensatz dazu verstehen moderne Gesellschaften Weisheit oft als akademisches Wissen und Fachkompetenz und legen den Schwerpunkt auf Bildung und spezialisierte Fähigkeiten. Wenn wir Weisheit durch verschiedene kulturelle und historische Brillen betrachten, können wir besser verstehen, wie Menschen sie im Laufe der Geschichte auf einzigartige Weise geschätzt und angestrebt haben. Außerdem erhalten wir so einen umfassenderen Einblick in die Bedeutung von Weisheit sowohl für die persönliche Entwicklung als auch für die Gesellschaft als Ganzes.

Weisheit spielt in jedem Bereich des Lebens eine Rolle. Sie beeinflusst Karrieren, Beziehungen, Entscheidungen und die Art und Weise, wie Menschen miteinander umgehen. Weis zu sein bedeutet, sorgfältig zu denken, wohlüberlegte Entscheidungen zu treffen und sowohl Wissen als auch Erfahrung als Leitfaden für das Handeln zu nutzen. Es ist eine Mischung aus gesundem Menschenverstand und tiefem Verständnis, geprägt durch das Lernen aus vergangenen Erfahrungen.

Philosophie in Bezug auf Weisheit

Der legendäre Sokrates sagte einmal: „Die einzige wahre Weisheit besteht darin, zu wissen, dass man nichts weiß." Das sind kühne Worte für jemanden, dessen gesamtes Vermächtnis darauf beruht, alles in Frage zu stellen. Aber was genau wollte er damit sagen?

Sokrates' Worte mögen wie ein Gedankenspiel klingen, das darauf abzielt, deine Gedanken in einen Knoten zu verwickeln, bis du aufgibst. Schau genauer hin, und du wirst sehen, dass seine Botschaft brutal einfach ist: Wahre Weisheit beginnt, wenn du akzeptierst, dass du nicht alles weißt. Denk darüber nach. Diejenigen, die annehmen, sie hätten das Leben schon vollständig durchschaut, hören auf zu wachsen. Sie klammern sich an das, was sie wissen, und schließen alles aus, was ihre Weltanschauung in Frage stellt.

Wer hingegen seine eigene Unwissenheit erkennt, bleibt hungrig. Er hinterfragt, er sucht und er verschlingt Wissen, als wäre es ein Festmahl, das vor ihm ausgebreitet ist. Sokrates sagte nicht einfach nur: „Wir sind alle Narren." Er reichte den Schlüssel zum wahren Verständnis – Demut. In dem Moment, in dem man aufhört, der Klügste im Raum sein zu wollen, beginnt man tatsächlich, einer zu werden.

Jeder verfügt über eine gewisse Weisheit. Manche Menschen können komplexe Theorien aufschlüsseln, während andere die fast unmögliche Kunst des parallelen Einparkens in einer engen Lücke auf einer belebten Straße beherrschen. Ob praktisch oder intellektuell – Weisheit steht niemals still. Sie verändert sich, passt sich an und erweitert sich. Es ist, als würde man die Software im eigenen Kopf aktualisieren. Man nimmt das Gelernte, vermischt es mit den eigenen Erfahrungen, und wenn man aufmerksam ist, aktualisiert man sein Denken, damit man nicht jedes Mal scheitert, wenn das Leben einem etwas Unerwartetes entgegenwirft.

Sokrates' Lehre ist sowohl demütigend als auch bestärkend. Egal, wie viel du zu wissen glaubst, es gibt immer noch mehr. Der klügste Schritt, den du machen kannst, ist, weiter zu fragen, weiter zu suchen und niemals anzunehmen, dass du die Ziellinie erreicht hast. Bei wahrer Weisheit geht es nicht darum, alle Antworten zu haben – es geht darum, niemals aufzuhören, nach ihnen zu suchen.

Die Gegenüberstellung von Philosophie und Weisheit

Philosophie und Weisheit gehören zusammen wie Erdnussbutter und Marmelade. Sie haben unterschiedliche Konsistenzen, aber irgendwie sind sie das perfekte Paar. Hätte Weisheit einen besten Freund, wäre es die Philosophie. Das Wort „Philosoph" selbst leitet sich von der Vorstellung ab, ein „Freund der Weisheit" zu sein, und Philosophie bedeutet „die Liebe zur Weisheit". Dieses Konzept entstand nicht an einer schicken Universität oder im Scheinwerferlicht eines Hörsaals. Es entstand als direkte Reaktion auf das Leben mit all seinen chaotischen, komplizierten und unvorhersehbaren Wendungen.

Stell dir ein Szenario vor, in dem Weisheit und Philosophie auf einer Dinnerparty sind. Weisheit ist der entspannte Gast, der an seinem Wein nippt, Witze reißt und Lebensweisheiten teilt, die er in jahrelangen Versuchen und Irrtümern gesammelt hat. Die Philosophie hingegen ist der Intensive, der ein Whiteboard hervorholt, Diagramme zu zeichnen beginnt und jede beiläufige Frage in eine fünfstündige tiefgehende Auseinandersetzung mit dem Sinn des Daseins verwandelt. *Beide* wollen Antworten, aber sie beschreiten völlig unterschiedliche Wege, um dorthin zu gelangen. Weisheit ist praktisch, bodenständig und voller

Lebensklugheit. Die Philosophie will die Realität auseinandernehmen, nur um zu sehen, wie sie funktioniert.

Weisheit wird auf die harte Tour durch Fehler, Misserfolge und genug Versuch und Irrtum erworben, um einen Ingenieur ins Schwitzen zu bringen. Sie ist wie ein alter Mechaniker, der kein Handbuch braucht, weil er allein durch das Lauschen auf den Motor erkennen kann, was mit einem Auto nicht stimmt. Sie hängt nicht davon ab, dass man sein Gehirn mit Fakten vollstopft. Es geht darum, zu wissen, wann man sprechen, wann man schweigen und wann man sich aus einer Diskussion zurückziehen sollte, die zu nichts führt. Sie verbindet Intelligenz, Erfahrung, emotionale Wahrnehmung und Intuition zu etwas, das weit über bloßes Wissen hinausgeht. Es ist der Unterschied zwischen dem Kennen der Regeln und dem Wissen, wann man sie brechen muss.

Nun, die Perspektive eines Philosophen ist eine andere. Anstatt das Auto zu reparieren, sitzt er da und fragt sich, ob Autos überhaupt existieren. Vielleicht ist das Auto nur ein Konstrukt der menschlichen Wahrnehmung. Vielleicht ist Bewegung eine Illusion. Vielleicht sind wir alle in einem riesigen Gedankenexperiment gefangen, und nichts ist real. Philosophie ist eine strukturierte und logische Erforschung der größten Fragen des Lebens. Es sind Fragen nach der Existenz, dem Wissen, der Ethik und der Realität selbst. Das Fach wagt zu fragen: „Was, wenn alles, was wir wissen, falsch ist?", während die Weisheit daneben sagt: „Das ist eine großartige Frage, aber können wir auch herausfinden, wie wir die Miete bezahlen?"

Ein philosophischer Geist würde dies in Kategorien unterteilen: Metaphysik für die Existenz, Erkenntnistheorie für das Wissen, Ethik für die Moral, Ästhetik für die Schönheit und Logik, um alles zu verstehen. Während Weisheit in der Praxis verwurzelt ist, gedeiht die Philosophie im Bereich der Theorie. Sie ist faszinierend, regt zum Nachdenken an und ist manchmal völlig unpraktisch.

Letztendlich gleichen sich beide Konzepte gegenseitig aus. Weisheit bewahrt die Philosophie davor, zu sehr ins abstrakte Denken abzudriften, während die Philosophie verhindert, dass Weisheit starr und unhinterfragt wird. Die eine lehrt uns, wie man gut lebt, während die andere uns herausfordert, darüber nachzudenken, warum das Leben überhaupt von Bedeutung ist.

Die antiken griechischen Philosophen Sokrates, Platon und Aristoteles begeistern uns zu Beginn unserer Untersuchung mit ihren bedeutenden Beiträgen zum Konzept der Weisheit. Sokrates, der manchmal als Begründer der westlichen Philosophie angesehen wird, forderte die Menschen auf, eine bescheidene Haltung des ständigen Lernens und der Selbstreflexion einzunehmen. Sein bekanntes Zitat: „Die einzige wahre Weisheit besteht darin, zu wissen, dass man nichts weiß", reißt uns aus unserer Selbstzufriedenheit heraus und treibt uns in einen dynamischen Prozess des Forschens und Nachdenkens.

Platon baut auf Sokrates' Ideen auf und nimmt uns in seinen philosophischen Dialogen mit auf eine faszinierende Reise in das Wesen der Weisheit. In seiner Höhlengleichnis veranschaulicht Platon die Vorstellung, dass wahres Wissen erlangt werden kann, indem man die Grenzen der sinnlichen Erfahrung überwindet und in die Welt der *Formen* oder *Ideen* eintritt. Ihm zufolge bedeutet Weisheit, tief in die zeitlosen und universellen Wahrheiten einzutauchen, die unter der Welt der sich ständig verändernden Erscheinungen liegen.

In der Nikomachischen Ethik gibt Aristoteles, ein engagierter Schüler Platons, seine einzigartige Sicht auf die Weisheit wieder.

Ihm zufolge ist Weisheit die höchste Form der intellektuellen Tugend und umfasst die Fähigkeit, die höchsten Ziele und die Strategien zu ihrer Erreichung zu erkennen. Sie umfasst sowohl theoretisches Wissen, das das Verständnis der Gesetze des Kosmos beinhaltet, als auch praktisches Wissen, das den Einsatz dieser Weisheit zur Abgabe moralischer Urteile und zur Vollbringung guter Taten beinhaltet.

Der Umfang unserer Untersuchung erstreckt sich über das klassische Griechenland hinaus auf verschiedene philosophische Schulen, die im Laufe der Geschichte über die Bedeutung von Weisheit diskutiert haben. Vielfältige Sichtweisen auf Weisheit als entscheidenden Bestandteil menschlichen Gedeihens und moralischen Verhaltens bieten östliche Philosophien wie der Konfuzianismus und der Buddhismus.

Der Konfuzianismus, der im alten China entstand, betrachtet Wissen als den Kitt, der die Gesellschaft zusammenhält. Er gleicht dem ursprünglichen Selbsthilfebuch, nur dass Konfuzius anstelle vager Motivationszitate echte, praktische Ratschläge gab. Er glaubte, dass Weisheit aus ständiger Selbstverbesserung, moralischer Integrität und einem unstillbaren Wissensdurst entsteht. Das konfuzianische Ideal des *Junzi*, oft übersetzt als „edler Mensch" oder „Gentleman", ist das ultimative Beispiel für Weisheit. Es beschreibt jemanden, der intelligent, ethisch und gelassen genug ist, um mit frustrierenden Situationen umzugehen, ohne einen Kundendienstmitarbeiter anzuschreien.

Der Buddhismus bietet eine andere Sichtweise auf Weisheit. Er hat seinen Ursprung in Indien und konzentriert sich auf soziale Harmonie. Die meisten Menschen gehen durch das Leben in der Überzeugung, sie seien die Hauptfiguren, ohne zu bemerken, dass ihr Ego jede ihrer Reaktionen bestimmt. Nach buddhistischer

Auffassung entsteht wahre Weisheit dadurch, dass man sich von diesen Illusionen befreit und erkennt, dass alles miteinander verbunden ist und sich ständig verändert. Deshalb stehen Meditation und Achtsamkeit im Mittelpunkt der buddhistischen Lehren. Sie wirken wie mentale Entgiftungsprogramme und helfen den Menschen, nicht länger an ihren Wahnvorstellungen festzuhalten.

Wenn ein Autofahrer im Verkehr geschnitten wird, schäumt der Durchschnittsmensch stundenlang vor Wut und spielt den Moment immer wieder im Kopf durch. Der weise Buddhist atmet tief durch, erkennt an, dass alles vergänglich ist, und macht mit seinem Leben weiter.

Die Auseinandersetzung mit diesen philosophischen Traditionen verdeutlicht die starke Verbindung zwischen Weisheit und Philosophie. Beide streben nach Wissen, Verständnis und Wahrheit, auch wenn sie diese auf unterschiedliche Weise angehen. Die Philosophie ist der Freund, der tiefgründige, abstrakte Diskussionen über den Sinn des Daseins liebt. Die Weisheit ist der Freund, der zuhört, nickt und diese Ideen dann tatsächlich im wirklichen Leben anwendet.

Die Philosophie beschäftigt sich mit den großen, komplexen Fragen: Was ist Realität? Was ist Wissen? Was ist richtig und was ist falsch? Sie analysiert diese Ideen anhand von Metaphysik, Erkenntnistheorie, Ethik, Ästhetik und Logik. Bei der Weisheit hingegen geht es darum, dieses Wissen im Alltag anzuwenden. Es ist eine Sache, die Theorie der Ethik zu verstehen; eine andere ist es, dem Drang zu widerstehen, auf eine unhöfliche E-Mail mit einer ebenso unhöflichen Antwort zu reagieren. Während die Philosophie große Ideen entwickelt, sorgt die Weisheit dafür, dass diese Ideen nicht in einem Lehrbuch eingeschlossen bleiben.

Die Unterschiede bestehen zwar fort, doch Philosophie und Weisheit haben auch eine gemeinsame Mission. Sie arbeiten daran, das menschliche Verständnis zu erweitern und unsere Verbindung zur Welt zu vertiefen. Sie spornen uns dazu an, zu hinterfragen, zu lernen und zu wachsen. Wenn du dich jemals um 2 Uhr morgens dabei ertappt hast, über den Sinn des Lebens nachzudenken, oder beim Abwasch eine plötzliche Erkenntnis über dein eigenes Verhalten hattest, dann herzlichen Glückwunsch! Du hast dich sowohl mit Philosophie als auch mit Weisheit beschäftigt.

Wie unterscheiden sich Weisheit und Philosophie?

Weisheit und Philosophie mögen wie zwei Seiten derselben Medaille erscheinen, doch sie erfüllen sehr unterschiedliche Funktionen. Während Philosophie ein strukturiertes Streben nach Wahrheit ist, geht es bei der Weisheit darum, diese Wahrheit im realen Leben anzuwenden. Die Philosophie liebt es, große, komplexe Fragen zu erforschen und dabei ständig die Realität, die Moral und das Wissen zu analysieren. Bei der Weisheit hingegen geht es darum, zu wissen, was man mit diesem Wissen anfangen soll, sobald man es hat. Die eine entwickelt Theorien. Die andere setzt sie in die Tat um.

Die Philosophie lebt vom Hinterfragen und taucht oft in abstrakte, konzeptionelle Bereiche ein. Sie fragt: „Was bedeutet es, ein gutes Leben zu führen?" oder „Was wäre, wenn die Realität eine Illusion wäre?" Die Weisheit nimmt diese großen Ideen auf und wendet sie praktisch an. Sie fragt nicht nur, was ein gutes Leben ist, sondern zeigt, wie man es lebt. Ein Philosoph mag über die Ethik der Entscheidungsfindung debattieren, aber ein weiser Mensch weiß, wann er Prinzipien befolgen und wann er sich an die realen Umstände anpassen muss.

Dieser Unterschied zeigt sich in alltäglichen Situationen. Philosophie ist wertvoll, weil sie Annahmen hinterfragt und Menschen dazu bringt, ihre Überzeugungen zu überdenken. Sie bildet die Grundlage für Gesetze, Ethik und die Systeme, die die Gesellschaft prägen. Weisheit hingegen ist die Fähigkeit, sich in diesen Systemen effektiv zurechtzufinden. Sie ermöglicht es Menschen, fundierte Urteile zu fällen, Konsequenzen vorauszusehen und unnötige Fallstricke zu vermeiden. Die Philosophie erforscht das Wesen der Gerechtigkeit, während die Weisheit dafür sorgt, dass in der Hitze des Gefechts eine faire Entscheidung getroffen wird.

Philosophie ist wie das Entwerfen einer Karte der Realität. Sie untersucht jede mögliche Route, hinterfragt, ob die Straßen überhaupt existieren, und diskutiert die tiefere Bedeutung des Reisens an sich. Weisheit ist die Fähigkeit, diese Karte zu nutzen, um tatsächlich ans Ziel zu gelangen, ohne von einer Klippe zu stürzen. Beide sind unverzichtbar, dienen jedoch völlig unterschiedlichen Zwecken.

Die Synthese und Förderung von Weisheit

Wahre Weisheit ist untrennbar mit einem starken moralischen Kompass verbunden. Sie beinhaltet, eine Situation sowohl mit praktischem Sinn als auch mit ethischem Bewusstsein zu betrachten. Weise Menschen berücksichtigen nicht nur ihre eigenen Interessen, sondern auch die weiterreichenden Folgen ihres Handelns für andere, die Gesellschaft und sogar den langen Bogen der Geschichte.

Im Kern geht es nicht nur darum, Wissen anzuhäufen, sondern zu verstehen, wie man es nutzt. Die Geschichte ist voll von Menschen, die in ihren Fachgebieten brillant waren, denen jedoch die Weisheit fehlte, ihr Wissen effektiv anzuwenden. Gleichzeitig trafen Menschen mit geringer formaler Bildung Entscheidungen, die den Lauf der Geschichte veränderten.

Nelson Mandela ist ein klares Beispiel für Weisheit in der Praxis. Viele politische Führer im Laufe der Geschichte haben Macht durch die Brille der Kontrolle und Herrschaft betrachtet und geglaubt, dass Gewalt der einzige Weg sei, um dauerhafte Autorität zu erlangen. Mandela sah die Dinge anders. Er verstand, dass es bei wahrer Führung nicht darum geht, einen Gegner zu überwältigen, sondern eine gespaltene Nation durch Versöhnung und eine langfristige Vision zu vereinen.

Während seiner 27 Jahre im Gefängnis hätte Mandela von Bitterkeit zerfressen werden können. Viele in seiner Lage wären auf Rache aus gewesen und hätten Aggression als Antwort auf Ungerechtigkeit gerechtfertigt. Er erkannte eine tiefere Wahrheit. *Eine Nation, die auf Rache aufgebaut ist, würde niemals Frieden finden.* Anstatt den Kreislauf des Konflikts fortzusetzen, wählte er den Weg der Weisheit und setzte auf Verhandlung, Geduld und moralische Überzeugung. Sein Ansatz zur Abschaffung der Apartheid bestand nicht nur darin, Gesetze zu ändern. Es ging darum, das Herz und den Geist einer Nation zu verwandeln und sicherzustellen, dass Südafrika voranschreiten konnte, ohne in seiner Vergangenheit gefangen zu bleiben.

Das war Weisheit in Aktion. Mandela studierte nicht nur politische Geschichte. Er verstand die menschliche Natur. Er erkannte, dass wirklicher Wandel Ausdauer, ethische Konsequenz und das Denken über den unmittelbaren Konflikt hinaus erfordert. Seine Weisheit beendete nicht nur die Apartheid. Sie legte den Grundstein für die Heilung einer Nation und bewies, dass es bei Weisheit nicht darum geht, wie viel man weiß, sondern wie Wissen zielgerichtet und vorausschauend angewendet wird.

Ein weiser Mensch ist nicht nur intelligent. Er antizipiert Konsequenzen, passt sich Herausforderungen an und bewahrt auch in Situationen mit hohem Druck einen klaren Kopf. Er reagiert nicht nur. Er bewertet, entwickelt Strategien und handelt präzise. Der Unterschied zwischen Intelligenz und Weisheit liegt in der Umsetzung. Ein hochintelligenter Mensch mag zwar jede mögliche Lösung für ein Problem kennen, trifft aber dennoch impulsive, kurzsichtige Entscheidungen. Ein weiser Mensch sieht das große Ganze und wählt den Weg, der zu langfristigem Erfolg führt.

Weisheit lässt sich kultivieren, erfordert jedoch Anstrengung. Sie beginnt mit der Bereitschaft zum lebenslangen Lernen. Dabei geht es nicht nur darum, Fakten auswendig zu lernen, sondern intellektuelle Neugier zu entwickeln, sich mit unterschiedlichen Perspektiven auseinanderzusetzen und Erkenntnisse zu suchen, die über die eigenen Erfahrungen hinausgehen. Wer sich dem kontinuierlichen Lernen verschreibt, erweitert sein Verständnis und trifft Entscheidungen auf der Grundlage einer umfassenderen, fundierteren Weltanschauung.

Selbstreflexion ist ein weiterer wichtiger Bestandteil: Weise Menschen nehmen sich die Zeit, ihre eigenen Überzeugungen, Vorurteile und Fehler der Vergangenheit zu analysieren. Sie verstehen ihre Stärken und Schwächen, was es ihnen ermöglicht, Entscheidungen zu treffen, die mit ihren Werten und ihrer persönlichen Entwicklung im Einklang stehen. Dies ist kein passiver Prozess. Er erfordert bewusste Selbstbeobachtung, die Bereitschaft, das eigene Denken zu hinterfragen, und die Fähigkeit, sich weiterzuentwickeln.

Wahrhaft weise Menschen jagen dem Erfolg nicht auf Kosten ihrer Integrität nach. Denn Moral und Ethik bilden den Kern der Weisheit. Sie erkennen, dass echte Erfolge auf ethischen

Entscheidungen beruhen. Integrität, Empathie und soziale Verantwortung prägen ihre Entscheidungen und stellen sicher, dass ihre Handlungen positive Auswirkungen haben, anstatt kurzfristige Gewinne mit langfristigen Folgen zu erzielen.

Die verborgenen Werkzeuge des Wissens sind Vorbereitung und Vorausschau. Das liegt nicht daran, dass kluge Menschen Freude daran haben, zu Tabellenkalkulations-Robotern zu werden. Sie wissen, dass der schnellste Weg, kläglich zu scheitern, darin besteht, Dinge zu überstürzen, ohne sie gründlich zu durchdenken. Glück oder Improvisieren in letzter Minute gehören nicht zu ihrem Spiel. Sie verschaffen sich einen Überblick über ihre Umgebung, wägen mögliche Hindernisse ab und bereiten sich entsprechend vor. Kluge Menschen unterscheiden sich von Naiven durch ihre Fähigkeit, vorauszuplanen, Alternativen abzuwägen und Konsequenzen mit einem längeren Zeithorizont zu erkennen.

Anpassungsfähigkeit ist die letzte und vielleicht am meisten unterschätzte Eigenschaft der Weisheit. Das Leben ist eine Abfolge unerwarteter Wendungen. Weise Menschen verschwenden keine Zeit damit, sich zu beschweren, wenn die Dinge nicht nach ihrem Willen laufen. Sie passen sich an, ändern ihren Kurs und gehen weiter voran. Das sture Festhalten an veralteten Plänen ist ein garantierter Weg, mit dem Schiff unterzugehen. Anstatt sich gegen Veränderungen zu wehren, betrachten weise Menschen Hindernisse als Chancen. Während der Rest der Welt beim ersten Anzeichen von Unsicherheit in Panik gerät, bleiben sie gelassen und finden neue Wege, um in einem sich ständig verändernden Umfeld erfolgreich zu sein.

Deshalb ist Weisheit so selten. Jeder glaubt gerne, er besitze sie, doch die meisten Menschen machen immer wieder dieselben Fehler. Unterdessen debattieren Philosophen darüber, ob die

Realität überhaupt real ist – was faszinierend ist –, aber sie haben nichts unternommen, um Menschen davon abzuhalten, schreckliche finanzielle Entscheidungen zu treffen oder sich in unnötige Auseinandersetzungen zu verwickeln. Intelligenz kann einen klug erscheinen lassen. Weisheit verhindert von vornherein, dass man sich lächerlich macht.

Verantwortungsbewusstsein und Moral der Weisheit

Weisheit bringt ein tiefes Verantwortungsbewusstsein mit sich. Jede Entscheidung hat Konsequenzen, und weise Menschen erkennen ihre Verantwortung bei der Gestaltung dieser Ergebnisse. Es geht nicht nur darum, Entscheidungen zu treffen, die einem selbst nützen. Es geht darum zu verstehen, wie sich diese Entscheidungen auswirken und andere sowie die Welt im weiteren Sinne beeinflussen. Wahre Weisheit ist nicht passiv. Sie erfordert ethisches Bewusstsein, Selbstreflexion und die Verpflichtung, integer zu handeln, selbst wenn der einfachere Weg verlockend ist.

Ein entscheidender Teil der Weisheit ist die Fähigkeit, Probleme zu erkennen, bevor sie einem ins Gesicht schlagen. Weise Menschen stürzen sich nicht einfach kopfüber in Entscheidungen, wie jemand, der spontan einen 500-Dollar-Entsafter kauft, den er nie benutzen wird. Sie halten inne, denken nach und fragen: „Wird mir das später auf die Füße fallen?" Sie wissen, dass ethische Entscheidungsfindung kein Münzwurf ist, bei dem man einfach auf das Beste hofft. Es erfordert Strategie, ein Verständnis der menschlichen Natur und die Fähigkeit, das Richtige über das Einfache zu stellen. Während manche Menschen Entscheidungen treffen, die ihnen nur im Moment nützen, betrachten weise Menschen das Ganze aus der Vogelperspektive.

Sie denken an ihre Gemeinschaften, ihre Branchen und sogar an die armen Seelen in der Zukunft, die mit den Folgen fertig werden müssen. Bei Moral geht es schließlich nicht nur darum, heute gut dazustehen. Es geht darum, nicht der Bösewicht in der Geschichtsstunde eines anderen zu sein.

Philosophen diskutieren seit langem über die Grundlagen moralischer Weisheit. Einige argumentieren, dass die richtige Entscheidung diejenige ist, die das beste Ergebnis hervorbringt. Andere glauben, dass es bei der Moral um Pflicht geht, unabhängig vom Ergebnis. Auch wenn Theorien wertvolle Einblicke liefern, verlassen sich weise Menschen nicht allein auf abstrakte Prinzipien. Sie verkörpern Tugenden wie Ehrlichkeit, Bescheidenheit und Mitgefühl im täglichen Leben. Sie reden nicht nur über Ethik. Sie leben sie und treffen Entscheidungen, die sowohl mit persönlicher Integrität als auch mit dem Allgemeinwohl im Einklang stehen.

Bei praktischer Weisheit geht es nicht darum, ein Regelwerk auswendig zu lernen, als wäre es eine Anleitung zum Zusammenbau von IKEA-Möbeln. Es geht darum, einen moralischen Kompass zu entwickeln, der nicht ständig neu kalibriert werden muss. Ein weiser Unternehmensleiter muss nicht in einem Leitfaden zur Unternehmensethik blättern, um zu wissen, dass es schlecht aussieht, wenn man Mitarbeiter unterbezahlt, während man selbst Rekordgewinne einsteckt. Er tut das Richtige, weil er tatsächlich an Fairness glaubt, nicht weil die Personalabteilung ihm vielleicht eine streng formulierte E-Mail schicken könnte. Andererseits ist ein Leiter, der ethische Richtlinien nur befolgt, weil er Angst hat, erwischt zu werden, nicht weise. Er spielt lediglich Compliance-Bingo und hofft, dass niemand seinen Mangel an Seele bemerkt.

Ethische Dilemmata sind nie so eindeutig, wie sie sein sollten. Das Leben bietet keine klar gekennzeichneten Optionen für „richtig" und „falsch", sondern nur eine Reihe von Entscheidungen, die von „wahrscheinlich eine gute Idee" bis zu „das wird mich für immer verfolgen" reichen. Kluge Menschen wissen, dass jede Entscheidung Konsequenzen hat, selbst solche, die im Moment unbedeutend erscheinen. Sie reflektieren, hinterfragen ihre Motive und verstehen, dass die Entscheidung für Integrität statt eines schnellen Gewinns ihnen vielleicht keine sofortige Befriedigung verschafft, sie aber davor bewahrt, in zehn Jahren die Hauptfigur in einer Dokumentation über einen Unternehmensskandal zu werden.

Wahre Weisheit bedeutet nicht nur, die Welt zu verstehen. Es geht darum, sie zu gestalten. Weise Menschen verschwenden keine Zeit mit philosophieren, ohne zu handeln. Sie treten hervor, übernehmen Verantwortung und sorgen dafür, dass das, was heute richtig ist, morgen nicht zu einem Bedauern wird.

Mit Emotionen bei der Entscheidungsfindung umgehen

Emotionen haben die Eigenschaft, das Leben interessant zu machen. Sie können Leidenschaft entfachen, Verbindungen vertiefen und zu mutigen Entscheidungen inspirieren. Sie können aber auch die Logik völlig aus der Bahn werfen, rationales Denken außer Kraft setzen und Menschen zurücklassen, die sich fragen, warum sie gerade eine E-Mail verschickt haben, die sie die nächsten zehn Jahre bereuen werden. Der Schlüssel zu klugen Entscheidungen liegt nicht darin, Emotionen auszublenden, sondern zu lernen, wie man sie effektiv handhabt. Wer mit Weisheit mit Emotionen umgeht, lässt sich nicht von flüchtigen Gefühlen leiten. Er hält inne, wägt ab und stellt sicher, dass seine Entscheidungen sowohl der Logik als auch langfristigen Zielen entsprechen.

Wenn man bedenkt, dass Achtsamkeit früher mit Mönchen und Menschen in Verbindung gebracht wurde, die die außergewöhnliche Fähigkeit besaßen, lange Zeit still zu sitzen, ist ihr kometenhafter Aufstieg zum Ideal für die Kontrolle von Emotionen umso erstaunlicher. Voll und ganz im Hier und Jetzt präsent zu sein, ohne voreilige Schlüsse zu ziehen, ist die Essenz der Achtsamkeit. Durch konsequentes Üben kann man lernen, seine Emotionen zu beobachten, ohne sich von ihnen kontrollieren zu lassen. Man beruhigt sich, atmet tief durch und reagiert so, dass man sich nicht sofort schlecht fühlt, wenn die Dinge nicht nach Plan laufen.

Die Neurowissenschaft bestätigt, was alte Weisheiten schon seit Jahrhunderten sagen. Studien zeigen, dass Achtsamkeit das Gehirn physisch verändert und Bereiche stärkt, die für die Emotionsregulation und Entscheidungsfindung zuständig sind. Es ist nicht nur ein Wellness-Trend. Es ist ein wissenschaftlich belegter Weg, das Gehirn weniger reaktiv und fähiger zu klarem Denken zu machen. Anscheinend ist es effektiver, still zu sitzen und Gedanken wahrzunehmen, anstatt impulsiv auf sie zu reagieren, als in ein Kissen zu schreien. Wer hätte das gedacht?

Natürlich geht es bei emotionaler Intelligenz nicht nur darum, ruhig zu bleiben. Es geht darum, Muster zu erkennen, Auslöser zu verstehen und herauszufinden, warum dieselben Situationen immer wieder zu denselben schlechten Entscheidungen führen. Reflektierende Praktiken wie Tagebuchschreiben, geführte Bilder und expressive Künste helfen dabei, die unter der Oberfläche lauernden unbewussten Vorurteile und selbstsabotierenden Tendenzen aufzudecken.

Es gibt nichts Vergleichbares zu der Erkenntnis, dass der Grund, warum bestimmte Situationen einen immer wieder frustrieren, nicht die Schuld der Welt ist, sondern vielmehr eine ungeprüfte Gewohnheit, schlecht zu reagieren.

Kognitive Umstrukturierung ist im Grunde die mentale Version einer Faktenprüfung des eigenen Unsinns. Das menschliche Gehirn ist, wenn man es sich selbst überlässt, wie ein dramatischer Freund, der sofort das Schlimmste annimmt. Hast du deine Schlüssel verloren? Ganz klar, du wurdest ausgeraubt. Schickt der Chef eine E-Mail mit einer vagen Betreffzeile? Zeit, den Lebenslauf aufzufrischen. Kluge Menschen lernen, innezuhalten, einen Schritt zurückzutreten und zu fragen: „Lügt mein Gehirn mich gerade an?" Meistens lautet die Antwort ja. Anstatt in eine koffeingetriebene Panik zu geraten, hinterfragen sie ihre eigenen Annahmen, tauschen Katastrophendenken gegen Logik ein und treffen Entscheidungen auf der Grundlage der Realität statt einer mentalen Seifenoper.

Wenn emotionale Intelligenz nach etwas klingt, worüber nur Mönche und Therapeuten sprechen, schau dir die Menschen an, die in Hochdrucksituationen glänzen. Die besonnenen Führungskräfte, die Verhandlungsführer, die nicht ins Schwitzen geraten, diejenigen, die mit Chaos umgehen, ohne alle fünf Minuten dramatisch zu seufzen. Sie sind nicht auf magische Weise stressresistent. Sie haben die Kunst gemeistert, ihre Emotionen im Zaum zu halten, bevor sie lebensverändernde Entscheidungen treffen, die auf einer beiläufigen Bemerkung oder schlechter Laune basieren.

Bei Weisheit geht es nicht darum, nichts zu fühlen. Es geht darum, Emotionen wie gut ausgebildete Mitarbeiter einzusetzen, anstatt sie das gesamte Unternehmen leiten zu lassen. Die Menschen, die die besten Entscheidungen treffen, sind nicht diejenigen, die sich nie frustriert, ängstlich oder überfordert fühlen. Es sind einfach diejenigen, die nicht zulassen, dass diese Gefühle das Steuer übernehmen und sie direkt in die Reue treiben.

Die Emotionen kochen hoch

Emotionen zu kontrollieren ist leichter gesagt als getan. So viel ist klar. Seit Anbeginn der Zeit lassen sich Menschen von Emotionen leiten, und leider gibt es keinen praktischen Ausschalter. Manchmal fühlt es sich einfacher an, den Emotionen die Kontrolle zu überlassen, das Gaspedal durchzutreten und direkt in eine schreckliche Entscheidung zu rasen. Innehalten und durchatmen? Das erfordert Geduld. Wer hat schon Zeit für Geduld, wenn man sofort reagieren muss? Ist es so viel befriedigender?

Würde man sich eine Sekunde – nur eine Sekunde – Zeit nehmen, um innezuhalten und auch nur ein kleines bisschen rational zu denken, würden die Emotionen etwas von ihrer Kraft verlieren. Stell dir vor, du stehst an deinem Schreibtisch und schwebst mit dem Finger über dem Senden-Button einer wütenden E-Mail, die eine Kettenreaktion purer Zerstörung auslösen könnte. Anstatt dem emotionalen Impuls nachzugeben, stell dir vor, du nimmst dir einen Moment Zeit, um diese Gefühle beiseite zu schieben. Nicht für immer, nur lange genug, um zu erkennen, dass das Drücken des Senden-Buttons so etwas sein könnte, als würde man in einer Feuerwerksfabrik ein Streichholz anzünden. In dieser winzigen Pause, diesem kurzen Moment der Achtsamkeit, liegt die Weisheit.

Bei Weisheit geht es nicht darum, Emotionen wie ein Roboter zu unterdrücken. Es geht darum, zu wissen, wann man auf sie hören und wann man ihnen sagen sollte, sie sollen still in der Ecke sitzen. Der Schlüssel liegt darin, die mentale Fähigkeit zu entwickeln, mögliche Ergebnisse zu simulieren, bevor man einen Schritt unternimmt. Weise Menschen treffen nicht einfach Entscheidungen – nein. Sie spielen mentale Schachpartien, spielen verschiedene Szenarien durch, wägen mögliche Konsequenzen ab und stellen sicher, dass sie dabei nicht versehentlich ihren eigenen König umwerfen.

Die wahre Magie der Weisheit liegt in ihrer Fähigkeit, Abstand zu gewinnen. Während die meisten Menschen sich in der Hitze des Gefechts verfangen, treten weise Menschen einen Schritt zurück und betrachten das große Ganze. Sie denken über ihre unmittelbaren Emotionen hinaus, berücksichtigen langfristige Konsequenzen, ethische Implikationen und prüfen, ob ihre Entscheidungen mit ihren Werten übereinstimmen. Denken Sie daran, wie viele persönliche und historische Katastrophen hätten vermieden werden können, wenn sich jemand nur fünf Minuten mehr Zeit genommen hätte, um die Dinge zu durchdenken. Politische Umwälzungen, wirtschaftliche Zusammenbrüche und unüberlegte Tweets sind wahrscheinlich alle vermeidbar, wenn man Zeit und Abstand hat.

Hier zeigt sich die Stärke der Weisheit. Wirklich weise Menschen lassen sich bei ihren Entscheidungen nicht von Emotionen leiten, tun aber auch nicht so, als gäbe es keine Emotionen. Sie beherrschen die Kunst der Abgrenzung. Das ist keine Verdrängung, bei der Emotionen in eine mentale Schublade gesteckt werden, nur um später in einem dramatischen Zusammenbruch zu explodieren. Es ist die Kunst zu wissen, wann und wo man Emotionen verarbeiten kann, ohne dass sie wichtige Entscheidungen beeinträchtigen.

Nehmen wir einen Chirurgen unter hohem Druck. Wenn er zulässt, dass Angst während eines Eingriffs die Oberhand gewinnt, werden die Ergebnisse nicht ideal sein. Stattdessen schaltet er seine Emotionen aus, erledigt seine Arbeit und verarbeitet den Stress später – hoffentlich bei einem starken Drink oder in einer Therapiesitzung.

Achtsamkeit, ein Begriff, der mittlerweile in jedem Selbsthilfebuch und auf jedem Yoga-Retreat herumgereicht wird, ist tatsächlich eines der wirksamsten Werkzeuge zur emotionalen Regulierung. Ob Meditation, Malen, ein Instrument spielen oder lange Spaziergänge, bei denen man vorgibt, die Hauptfigur in einem Dokumentarfilm zu sein – Achtsamkeit hilft dabei, das Gehirn zu trainieren, Emotionen zu beobachten, ohne sich in ihnen zu verlieren. Mit regelmäßiger Übung wird das Trennen emotionaler Reaktionen vom rationalen Denken zur zweiten Natur.

Die wahre Geheimwaffe der Weisen ist jedoch die Selbstreflexion. Das ist der Prozess, sich tatsächlich hinzusetzen und Emotionen zu analysieren, anstatt ihnen blind zu gehorchen. Warum hat dich diese Bemerkung so wütend gemacht? Bezieht sich deine Frustration auf das aktuelle Problem, oder wird eine alte Wunde wieder aufgerissen? Triffst du eine Entscheidung, weil sie richtig ist, oder weil sie sich im Moment gut anfühlt? Das sind die Fragen, die unüberlegte Entscheidungsträger von denen unterscheiden, die mit Weisheit handeln.

Weisheit in Beziehungen

Die Anerkennung des Wertes des Menschen und die Pflege sinnvoller Beziehungen sind untrennbar mit dem Streben nach Weisheit verbunden. Weisheit erfordert ein Gleichgewicht zwischen Emotionen und rationalem Denken. Wir werden nun näher auf die Bedeutung eingehen, den Wert des Einzelnen zu erkennen und sinnvolle Beziehungen zu pflegen, und dabei aufzeigen, wie dies durch emotionale Intelligenz und einfühlsames Handeln mit der Entwicklung von Weisheit zusammenhängt.

Emotionale Intelligenz ist von zentraler Bedeutung für die Entwicklung von Weisheit. Indem wir unsere Emotionen erkennen und verstehen, können wir andere Menschen besser verstehen und uns in sie hineinversetzen, während wir gleichzeitig ein offeneres Umfeld mit echten Verbindungen schaffen. Dies führt auch zur Kraft der Empathie, die vielleicht eine der stärksten Waffen eines weisen Menschen ist.

Die Fähigkeit, die eigenen Emotionen und Prozesse zu verstehen, wird als Weisheit bezeichnet, aber stellen Sie sich vor, dasselbe für einen anderen Menschen zu verstehen; dies wäre der Grundstein für höchste Weisheit. Durch Empathie können Menschen authentische Verbindungen knüpfen und gegenseitiges Verständnis fördern. Ein weiser Anführer, der Empathie zeigt, erkennt beispielsweise die Stärken und Herausforderungen der Menschen in seinem Umfeld, nutzt ihr Potenzial, setzt auf ihre Stärken und schafft ein Umfeld, das Wachstum und Zusammenarbeit fördert. Die Wertschätzung von Menschen und Beziehungen trägt zum kontinuierlichen Lernen und persönlichen Wachstum bei – dem Leitmotiv der Weisheit. Weise Menschen erkennen, dass jeder einzigartiges Wissen, Erfahrungen und Erkenntnisse beizutragen hat.

Der sicherste Weg, Wissen zu erlangen, besteht darin, die Erfahrungen anderer zu studieren. Kluge Menschen hören aufmerksam zu, nehmen Informationen auf und halten sich manchmal mit der Bemerkung „Das wusste ich eigentlich schon" zurück, da sie wissen, dass sie nicht alle Antworten haben. Sie betrachten gegensätzliche Standpunkte nicht als bloßen Lärm, sondern als Quellen aufschlussreicher Kommentare. Wissen ist keine Einbahnstraße; ein großartiger Mentor weiß, dass sogar seine Mentees ihm etwas beibringen können.

Menschen mit Würde zu behandeln, sollte kein bahnbrechendes Konzept sein, doch irgendwie ist es das immer noch. Den Wert eines anderen anzuerkennen, ist nicht nur anständig; es ist unerlässlich, um Beziehungen aufrechtzuerhalten, die sich nicht wie transaktionale Albträume anfühlen. Menschen, die andere respektieren, erhalten in der Regel dasselbe zurück, während diejenigen, die sich wie die Hauptfigur durch das Leben pflügen, sich oft fragen, warum ihre Beziehungen auf mysteriöse Weise zerbrechen.

Bei Weisheit geht es nicht nur darum, kluge Entscheidungen zu treffen. Es geht darum zu verstehen, dass jede Interaktion Spuren hinterlässt und so den Ruf und die Beziehungen prägt. Letztendlich läuft der Unterschied zwischen einer weisen Person und einer abschreckenden Geschichte oft auf eine Sache hinaus – nämlich darauf, ob sie Menschen wie echte Menschen behandelt oder nicht.

Ein Mensch kann mit der oben genannten Würde behandelt werden, wenn er respektiert wird und sein Wert anerkannt wird. Dies erfordert, seine individuellen Eigenschaften, Standpunkte und Leistungen wahrzunehmen und zu würdigen. Weise Menschen bemühen sich, den innewohnenden Wert anderer anzuerkennen und zu respektieren, weil sie wissen, dass jeder etwas Wichtiges beizutragen hat.

Dies fördert die individuelle Entwicklung, indem es den Menschen die Freiheit gibt, sie selbst zu sein. Weise Menschen helfen anderen, ihr volles Potenzial zu entfalten, indem sie für sie da sind, ermutigende Worte sprechen und Türen öffnen. Aufmerksames Zuhören und Einfühlungsvermögen gegenüber anderen tragen dazu bei, den Respekt in Beziehungen aufrechtzuerhalten. Das Kennzeichen eines weisen Menschen ist die Fähigkeit, zuzuhören, um die Gefühle, Gedanken und Lebensumstände eines anderen zu verstehen. Durch Einfühlungsvermögen sind sie in der Lage, die Erfahrungen anderer aus deren Perspektive zu begreifen.

Beziehungen aufrechtzuerhalten ist nicht gerade Quantenphysik, doch irgendwie schaffen es die Menschen, es wie eine unlösbare Gleichung aussehen zu lassen. Der Schlüssel? Zuhören, tatsächlich aufmerksam sein, anstatt nur darauf zu warten, dass man selbst an der Reihe ist. Wenn Menschen sich gehört, bestätigt und verstanden fühlen, bleiben sie eher dabei, anstatt mitten im Gespräch mental ihre Ausstiegsstrategie zu entwerfen.

Nun ist es eine Fähigkeit, Menschen mit Würde zu behandeln, und nicht jeder hat dieses Niveau bereits erreicht. Konflikte sind in jeder Beziehung unvermeidlich, aber kluge Menschen behandeln sie nicht wie einen Kampf, den es zu gewinnen gilt. Anstatt Gräben zu ziehen und sich auf einen emotionalen Krieg vorzubereiten, gehen sie Meinungsverschiedenheiten mit Empathie, Geduld und dem ehrlichen Versuch an, eine gemeinsame Basis zu finden – denn nichts zeugt mehr von „funktionaler Reife" als Probleme zu lösen, ohne sie zu einem dramatischen Showdown zu machen.

Sie verstehen auch, dass Kommunikation offen und respektvoll sein sollte, was bedeutet: keine kryptischen Ein-Wort-Antworten oder so tun, als wäre alles in Ordnung, während man Schranktüren zuschlägt. Kluge Menschen suchen tatsächlich nach Lösungen, bei denen beide Parteien ihre Würde bewahren können, anstatt das Gefühl zu haben, gerade eine Partie emotionales Schach verloren zu haben.

Hinzu kommt der Faktor Vergebung, der heimliche Held nachhaltiger Beziehungen. Weise Menschen wissen, dass das Festhalten an Groll wie das Tragen eines Rucksacks voller Ziegelsteine ist: anstrengend und letztlich sinnlos. Bei Vergebung geht es nicht darum, Menschen ungestraft davonkommen zu lassen, sondern darum, zu verhindern, dass vergangene Fehler zu dauerhaften Barrieren werden. Es ist ein strategischer Schachzug, der Heilung, Wachstum und vor allem die Fähigkeit ermöglicht, voranzukommen, ohne emotionales Gepäck wie einen überladenen Koffer mitzuschleppen.

Empathie ist wie die geheime Zutat im Rezept dafür, kein schrecklicher Mensch zu sein. Es ist die Fähigkeit, für fünf Minuten aus dem eigenen Kopf herauszutreten und sich tatsächlich vorzustellen, was jemand anderes durchmacht. Weise Menschen beherrschen dies nicht, weil sie Freude an emotionaler Schwerstarbeit haben, sondern weil sie verstehen, dass Beziehungen ohne sie zerfallen. Bei Empathie geht es nicht nur darum, dramatisch zu nicken und zu sagen: „Ich verstehe das total." Es geht darum, wirklich zuzuhören, Gefühle anzuerkennen und dem Drang zu widerstehen, mit „Nun, das ist mir auch einmal passiert, und ich kann dir sagen, das war viel schlimmer" zu antworten.

Das aktive Zuhören geht noch einen Schritt weiter. Es geht nicht nur darum, Worte zu hören. Es geht darum, wirklich aufmerksam zu sein, anstatt im Kopf die Einkaufsliste zu erstellen, während jemand sein Herz ausschüttet. Weise Menschen warten nicht einfach darauf, dass sie an der Reihe sind zu sprechen. Sie bringen sich ein, beobachten und nehmen all die kleinen Hinweise wahr – Körpersprache, Tonfalländerungen, das subtile „Mir geht es gut", das absolut nicht bedeutet, dass es ihnen gut geht. Sie halten sich mit Urteilen zurück, schaffen Raum für echte Gespräche und versuchen vor allem nicht, das Leid eines anderen mit ihrer eigenen dramatischen Geschichte zu übertrumpfen.

Menschen, die Empathie und aktives Zuhören beherrschen, schaffen Umgebungen, in denen echte Gespräche stattfinden, Vertrauen wächst und niemand eine Unterhaltung mit dem Gefühl verlässt, gerade gegen eine Wand gesprochen zu haben. Die

Wahrheit ist, dass Weisheit nicht nur darin besteht, Dinge zu wissen. Es geht darum, zu wissen, wann man den Mund hält und tatsächlich zuhört. Es geht darum, im richtigen Moment Brücken zu bauen, anstatt sie zur Unterhaltung niederzubrennen.

Effektive Kommunikation in Beziehungen ist wie ein perfekt abgestimmtes Duett. Beide Parteien müssen ihre Töne treffen, sonst wird das Ganze zu einem verstimmten Desaster. Weise Menschen verstehen, dass es bei Kommunikation nicht nur darum geht, Worte ins Leere zu werfen und auf das Beste zu hoffen. Es ist eine wechselseitige Angelegenheit, die sowohl klaren Ausdruck als auch echtes Zuhören erfordert – nicht nur Nicken, während man im Kopf schon den nächsten Punkt einstudiert.

Nehmen wir zum Beispiel eine klassische Paarsituation: „Wo möchtest du essen gehen?" Nun werden die Unklugen unter uns sagen: „Ist mir egal", während sie insgeheim hoffen, dass ihr Partner telepathisch ihr Verlangen nach Sushi errät. Die Weisen hingegen werden tatsächlich kommunizieren: „Ich hätte Lust auf Sushi, bin aber offen für andere Vorschläge. Worauf hast du Lust?" Siehst du? Artikulation. Klarheit. Eine seltene, aber wunderbare Sache.

Was das Zuhören angeht, wissen wirklich kluge Menschen, dass Zuhören nicht nur bedeutet, darauf zu warten, dass man selbst an der Reihe ist, sondern tatsächlich aufzunehmen, was der andere sagt. Sie geben sich nicht dem Multitasking hin, hören nicht nur selektiv zu und antworten definitiv nicht mit „Wow, das ist verrückt", nur um das Gespräch am Laufen zu halten. Sie suchen nach Gemeinsamkeiten, im Verständnis, dass Beziehungen nicht von gewonnenen Debatten leben, sondern von gegenseitigem Verständnis (und gelegentlich auch von der demütigen Abgabe der Fernbedienung).

Natürlich wird Kommunikation auf eine harte Probe gestellt, wenn Konflikte wie ungebetene Gäste hereinbrechen. Während manche Menschen Meinungsverschiedenheiten mit der taktischen Präzision eines mittelalterlichen Schlachtplans angehen, wissen die Weisen, dass ego-getriebene Auseinandersetzungen selten zu etwas Produktivem führen. Anstatt verbales Dodgeball zu spielen, führen sie einen echten Dialog, in dem Zuhören, Empathie und Problemlösung Vorrang vor dem Sammeln von Punkten haben. Sie fragen sich: „Will ich Recht haben oder will ich eine funktionierende Beziehung?"

(Und ja, manchmal lautet die Antwort, widerwillig den Frieden zu wählen, anstatt zum ultimativen Sieger unbedeutender Auseinandersetzungen erklärt zu werden.)

Über die Konfliktlösung hinaus zeigt sich Weisheit auch darin, Umgebungen zu schaffen, in denen Menschen tatsächlich sein wollen. Weise Menschen werfen nicht nur gelegentlich ein „Gut gemacht!" wie einen Trostpreis in die Runde; sie bauen andere aufrichtig auf und geben ihnen das Gefühl, sich sicher äußern zu können, ohne Angst vor Urteilen zu haben. Sie wissen, dass Menschen aufblühen, wenn sie ermutigt, bestätigt und gelegentlich daran erinnert werden, dass ihre Ideen tatsächlich nicht das Schlimmste sind, was seit ungesalzenen Pommes passiert ist.

Letztendlich schaffen weise Menschen Räume, in denen persönliches Wachstum und Verbundenheit gedeihen – vor allem, indem sie die Art von Mensch sind, mit der man tatsächlich gerne zusammen ist.

Menschen mit Würde behandeln

Menschen mit Würde zu behandeln, umfasst die Prinzipien von Respekt, Anerkennung und Selbstermächtigung in Beziehungen und schafft ein Umfeld, in dem nachhaltige und erfüllende Verbindungen gedeihen können. Indem wir uns mit praktischen Ratschlägen zum Umgang mit Würde im täglichen Miteinander befassen und die Dynamiken von Macht, Gleichberechtigung und Inklusion untersuchen, können wir beleuchten, wie Weisheit unsere Beziehungen prägt und zu deren Beständigkeit und Erfüllung beiträgt. Respekt dient als tragende Säule beim Umgang mit Menschen in Würde. Er beinhaltet das Anerkennen und Würdigen des jedem Menschen innewohnenden Wertes, unabhängig von seinem Hintergrund, Status oder seinen Überzeugungen. Weise Menschen verstehen, dass Respekt keine passive Anerkennung ist, sondern eine aktive Praxis, die ihre Interaktionen durchdringt. Sie zeigen begeisterte Wertschätzung und würdigen die einzigartigen Beiträge und Perspektiven, die jede Person einbringt. Das Zeigen von Respekt durch Worte, Taten und Einstellungen schafft ein Umfeld, in dem sich jeder gesehen, gehört und geschätzt fühlt.

Anerkennung ist ein weiterer wesentlicher Aspekt, um Menschen mit Würde zu behandeln. Kluge Menschen gehen über die bloße Anerkennung hinaus und bekräftigen aktiv die Fähigkeiten, Qualitäten und Leistungen anderer. Sie schaffen Räume, in denen Menschen glänzen können, feiern ihre Erfolge und fördern ihr Wachstum.

Durch Bestätigung und Ermutigung fördern sie eine Atmosphäre der Positivität und Unterstützung und befähigen andere, ihr Potenzial zu entfalten und ihre Ziele zu verfolgen. Indem sie eine Kultur der Anerkennung pflegen, bauen kluge Menschen nachhaltige Beziehungen auf, die auf gegenseitigem Respekt und persönlicher Entwicklung basieren.

Wenn es eine historische Persönlichkeit gibt, die sich mit Empowerment auskannte, dann war es Nelson Mandela. Der Mann verließ nach 27 Jahren das Gefängnis, und anstatt lebenslangen Groll zu hegen (was, seien wir ehrlich, verständlich gewesen wäre), konzentrierte er sich darauf, eine ganze Nation zu vereinen. Das ist Weisheit: zu wissen, dass wahre Macht nicht aus Rache entsteht, sondern daraus, andere zu stärken und etwas zu schaffen, das größer ist als man selbst.

Weise Menschen wie Mandela verstehen, dass der beste Weg, die Menschenwürde zu wahren, darin besteht, den Menschen die Werkzeuge, Möglichkeiten und den Respekt zu geben, die sie brauchen, um sich zu entfalten. Man stärkt Menschen nicht, indem man Macht hortet wie ein Drache, der auf einem Haufen Gold sitzt. Man tut es, indem man Räume schafft, in denen jeder eine Stimme hat. Mandela marschierte nicht einfach an die Macht und diktierte; er förderte Zusammenarbeit, Versöhnung und Inklusion. Und wissen Sie was? Es hat funktioniert. Südafrika versank nicht in endlosem Chaos. Es begann sich wieder aufzubauen, denn wenn Menschen sich gesehen, gehört und wertgeschätzt fühlen, wollen sie tatsächlich zu etwas beitragen, das größer ist als sie selbst.

Um Machtdynamiken vollständig zu verstehen, müssen wir begreifen, dass in jeder Beziehung – sei es zwischen Nationen, Kollegen oder einem Freund, der immer das Restaurant aussucht – Macht eine Rolle spielt. Kluge Menschen erkennen dieses Ungleichgewicht und arbeiten daran, gleiche Voraussetzungen zu schaffen. Mandela hätte die Machtstruktur leicht umkehren und die Unterdrückten zu Unterdrückern machen können. Stattdessen konzentrierte er sich auf Gleichheit und erkannte, dass Würde nichts bedeutet, wenn sie nicht auf alle ausgedehnt wird – selbst auf diejenigen, die einst die gesamte Macht innehatten. Das ist die Art von Führung, die Geschichtsbücher zu Bestsellern macht.

Vergessen wir nicht die Inklusivität, das, was die Welt interessant macht, anstatt nur ein endloser Echoraum mit immer denselben alten Meinungen zu sein. Mandela tolerierte Vielfalt nicht nur wie jemand, der bei einem Familientreffen ein höfliches Lächeln aufzwingt. Er setzte sich dafür ein. Er verstand, dass der Wiederaufbau einer Nation auf der Grundlage von Ressentiments und Ausgrenzung ungefähr so effektiv war wie der Versuch, ein zerbrochenes Fenster mit Klebeband zu reparieren. Also setzte er sich für Räume ein, in denen alle Perspektiven zählten, denn echter Fortschritt entsteht nicht dadurch, dass man sich mit Klonen umgibt, die allem zustimmen, was man sagt. Er entsteht dadurch, dass man unterschiedliche Stimmen annimmt, selbst jene, die einen herausfordern.

Wenn du dich jemals in einer Machtposition befindest, nimm dir einen Moment Zeit zum Nachdenken. Gehst du damit um wie Mandela, oder kanalisierst du die Energie eines Tyrannen aus dem 15. Jahrhundert, der Ressourcen hortet und Strafen wie Partygeschenke verteilt? Die Geschichte hat eines ganz deutlich gemacht.

Andere zu stärken, Menschen mit Würde zu behandeln und Inklusivität zu fördern, schafft nicht nur bessere Beziehungen. Es bewahrt Ihren Namen auch davor, in zukünftigen Geschichtsbüchern unter der Rubrik „Was man nicht tun sollte" zu landen.

Kapitel 4
Glaube

Welche Rolle spielt der Glaube tatsächlich für die Weisheit? Man könnte leicht annehmen, dass der Glaube nur zur Religion gehört, zu Glaubenssystemen und spirituellen Traditionen. Die Wahrheit ist jedoch viel tiefgründiger. Beim Glauben geht es nicht nur um Religion. Es geht um Vertrauen, Überzeugung und die Fähigkeit, voranzuschreiten, selbst wenn alle logischen Wegweiser sagen: „Keine klaren Antworten in Sicht." Er ermöglicht es dem Einzelnen, Entscheidungen ohne Erfolgsgarantie zu treffen, sich Idealen zu verpflichten, die vielleicht nie vollständig bewiesen werden, und eine Welt anzunehmen, die ebenso ungewiss wie geheimnisvoll ist.

Glaube steht nicht im Widerspruch zur Vernunft. Er war schon immer ein Teil davon. Denken Sie einmal darüber nach. Wie viele der größten Entscheidungen im Leben gehen mit absoluter Gewissheit einher? Keine. Von Beziehungen bis hin zu Berufsentscheidungen, von wissenschaftlichen Entdeckungen bis hin zu philosophischen Fragestellungen – Menschen verlassen sich mehr auf den Glauben, als ihnen bewusst ist. Selbst die rationalsten Denker müssen sich darauf stützen, wenn die Logik allein nicht genügend Halt bietet. Ohne Glauben wären die Menschen in Unentschlossenheit gefangen und würden auf einen absoluten Beweis warten, bevor sie auch nur einen einzigen Schritt vorwärts machen.

Hier kommt die Philosophie ins Spiel. Einige der größten Denker der Geschichte haben über den Glauben debattiert. Sie sahen ihn nicht als blinde Akzeptanz, sondern als notwendigen Teil des Verständnisses der Realität. Blaise Pascal, ein Mathematiker und Philosoph, setzte sich in seinem Werk „Pensées" mit diesem Thema auseinander. Er argumentierte, dass der Glaube selbst dann die logischste Wahl sei, wenn die Vernunft Gottes Existenz nicht bestätigen könne. Dies wurde als Pascals Wette bekannt, die Idee, dass der Glaube an etwas jenseits der greifbaren Welt die klügste Wette sei. Wenn Gott existierte, würde der Glaube unendlichen Gewinn bringen. Wenn Gott nicht existierte, wäre das schlimmste Ergebnis der Verlust einiger irdischer Freuden. Pascal war nicht daran interessiert, irgendetwas zu beweisen. Er wies darauf hin, dass der Glaube die rationalste Antwort auf Unsicherheit sei.

Dieses Gleichgewicht zwischen Glauben und Vernunft war nicht nur bei Pascal zu finden. Thomas von Aquin, ein mittelalterlicher Philosoph und Theologe, führte diesen Gedanken weiter. Er argumentierte, dass Vernunft und Glaube keine Feinde, sondern Verbündete seien. Sein Werk „Summa Theologica" verband beide und zeigte, dass die Vernunft Teile des Glaubens erklären könne, während der Glaube Antworten liefern könne, die jenseits der Reichweite der Logik lägen. Aquin erkannte etwas, das bis heute Gültigkeit hat: Der Glaube lehnt die Logik nicht ab. Er füllt die Lücken, wo die Logik an ihre Grenzen stößt.

Kein Wissenschaftler beginnt eine Forschung ohne Vertrauen in den Prozess. Kein Künstler schafft etwas ohne Vertrauen in das unsichtbare Potenzial seines Werks. Kein Führer trifft mutige Entscheidungen ohne ein gewisses Maß an Vertrauen, dass das Ergebnis das Risiko rechtfertigen wird. Glaube ist im weitesten Sinne nicht die Abwesenheit von Wissen, sondern das Selbstvertrauen, trotz Unsicherheit zu handeln.

Wenn es bei der Weisheit darum geht, tiefere Wahrheiten zu verstehen, gute Entscheidungen zu treffen und über die unmittelbaren Umstände hinauszusehen, dann ist der Glaube ihr stiller, oft unausgesprochener Partner. Die Weisen erkennen, dass Gewissheit ein seltener Luxus ist und dass das Warten auf einen absoluten Beweis, bevor man eine Entscheidung trifft, oft der beste Weg ist, nichts zu erreichen. Der Glaube in seiner reinsten Form ist die Bereitschaft, auf etwas zu vertrauen, das größer ist als die Summe der unmittelbaren Beweise. Er ist die Brücke zwischen Wissen und Handeln, zwischen Zweifel und Verständnis.

Wenn Pascal und Thomas von Aquin Recht hatten, dann ist der Glaube nicht nur etwas, worauf sich Menschen besinnen, wenn die Vernunft versagt. Er ist ein grundlegender Bestandteil des menschlichen Denkens. Die Frage ist nicht, ob der Glaube einen Platz in der Weisheit hat. Die Frage ist, ob Weisheit ohne ihn existieren kann.

Wenn wir uns in die intellektuellen Landschaften der Geschichte begeben, stoßen wir auf den faszinierenden Fall von Al-Farabi, einem islamischen Philosophen, der sich nicht nur mit Philosophie, sondern auch mit Politikwissenschaft und Musiktheorie beschäftigte. Offenbar reichte es ihm nicht, nur ein Fachgebiet zu beherrschen. Er schrieb ausführlich über die Beziehung zwischen Glauben und Vernunft, insbesondere im Rahmen des islamischen Denkens.

Al-Farabi argumentierte, dass Glaube und Vernunft keine Rivalen seien, die in einem endlosen Kampf miteinander verwickelt seien. Stattdessen sah er sie als zwei Seiten derselben Medaille. Er glaubte, dass Philosophie und Religion, wenn sie richtig verstanden würden, einander ergänzten. Seiner Ansicht nach dient der Glaube als Ausgangspunkt für philosophisches Forschen, während die Vernunft als Werkzeug dient, um dieses Verständnis zu erweitern und zu verfeinern. Eine kühne Perspektive, besonders in einer Zeit, in der religiöse Dogmen oft die Grenzen intellektueller Erkundung diktierten.

Der Einfluss des Glaubens beschränkt sich nicht auf eine Kultur oder ein Glaubenssystem. Er erstreckt sich über Europa, Afrika und Asien, prägt Zivilisationen und befeuert sowohl Aufklärung als auch Chaos. Der Glaube, sei er nun mit Religion, Philosophie oder schlichtem hartnäckigem Optimismus verbunden, war schon immer die treibende Kraft hinter den größten Errungenschaften der Menschheit und gelegentlich auch hinter ihren größten Fehlern. Im Kern ist es der Glaube an etwas, das größer ist als man selbst, sei es eine göttliche Macht, ein philosophisches Ideal oder die einfache Überzeugung, dass alles gut werden wird, trotz überwältigender Beweise für das Gegenteil.

Der Glaube dient vielen Menschen als Leitstern, als Inspiration und als emotionale Stütze, wenn die Dinge nicht nach Plan laufen. Er hilft ihnen, stark zu bleiben, gibt ihnen Orientierung und spornt sie an, weiterzumachen, selbst wenn die Vernunft ihnen sagt, sie sollten umkehren. Nachdem wir nun die Grundlagen behandelt haben, wollen wir uns genauer ansehen, wie Glaube und Weisheit zusammenwirken. Glaube beeinflusst unsere Entscheidungen, macht uns widerstandsfähiger und kann uns sogar dazu bringen, das Unmögliche zu erreichen, einfach weil wir an seine Kraft glauben.

Die Kraft des Optimismus:

Menschen haben eine bemerkenswerte Fähigkeit, Hoffnung zu nähren, was faszinierend ist, wenn man bedenkt, wie oft wir uns in Situationen wiederfinden, die schreien: „Gib doch endlich auf." Hoffnung ist ein mysteriöser, fast irrationaler Teil unserer Natur, der eng mit unseren Überzeugungen verbunden ist. Das Leben wirft uns, wie es das so gerne tut, gerne unerwartete Herausforderungen in den Weg, wie finanzielle Katastrophen, existenzielle Krisen oder einfach nur den Schrecken, wenn man merkt, dass man eine peinliche SMS an die falsche Person geschickt hat. In solchen Momenten wird der Geist zum Schlachtfeld der Emotionen, und plötzlich fühlt sich Hoffnung wie ein Luxusgut an, das nur denen vorbehalten ist, die noch nie echte Verzweiflung erlebt haben.

Doch wenn alles im Chaos versinkt, hat der Glaube die Kühnheit, wie ein ungebetener Motivationsredner dazwischenzufallen und darauf zu bestehen, dass alles besser wird. Er befasst sich nicht mit Logik, Beweisen oder Tabellen voller wahrscheinlicher Ergebnisse. Stattdessen wirkt er wie ein hartnäckiges Licht in der Dunkelheit und flüstert: „Du hast schon Schlimmeres überstanden." Hier wird der Glaube zum stillen Helden der menschlichen Widerstandsfähigkeit, der Menschen mit nichts als blankem Vertrauen durch die schlimmsten Zeiten schleppt. Er lässt sie weitergehen, wenn jeder rationale Teil in ihnen schreit, sich einfach hinzusetzen und aufzugeben.

Glaube ist als psychologischer Mechanismus trügerisch mächtig. Er überzeugt Menschen davon, durchzuhalten, selbst wenn alle äußeren Anzeichen dagegen sprechen. Er spendet Trost in Momenten der Not und gibt Sinn, wo die Logik versagt. Ob es nun blinder Optimismus, religiöse Überzeugung oder die schlichte Weigerung ist, das Scheitern zu akzeptieren – Glaube nährt die Hoffnung. Lassen Sie uns nun, während wir diese Erkundung fortsetzen, untersuchen, warum Glaube nicht nur eine tröstliche Illusion ist, sondern eine tatsächliche Kraft, die Individuen, Gesellschaften und möglicherweise den gesamten Verlauf des menschlichen Fortschritts geprägt hat.

Als facettenreiches Konstrukt umfasst er den Glauben an eine höhere Macht, eine kosmische Ordnung oder eine spirituelle Kraft, die über menschliche Grenzen hinausgeht. Dieses Glaubenssystem erfüllt den Einzelnen mit Zuversicht, da er weiß, dass er die Herausforderungen des Lebens nicht allein bewältigen muss. Stattdessen schöpft er Trost aus der Vorstellung, dass er von einer unsichtbaren, wohlwollenden Kraft unterstützt und geleitet wird, was die Hoffnung auf ein besseres Ergebnis weckt. Im Rahmen des Glaubens wird Frieden zu einer kraftvollen und transformativen Erfahrung. Inmitten der Stürme des Lebens finden Menschen Zuflucht in ihrem Glauben, der als Anker wirkt, der emotionale Turbulenzen stabilisieren kann.

Dieser Frieden kann religiöse Kontexte ergänzen und verschiedene Facetten der menschlichen Existenz durchdringen. Studien haben gezeigt, dass selbst diejenigen, die sich als nicht-religiös bezeichnen, durch spirituelle Praktiken wie Meditation und Achtsamkeit ein Gefühl des Trostes erfahren können, was die universelle Anziehungskraft des Glaubens bei der Pflege von Hoffnung unterstreicht.

Glaube gibt Menschen einen Sinn. Er ist wie das mentale WLAN-Signal, das sie verbunden hält, wenn Logik allein die Seite nicht laden kann. Menschen mit Glauben ertragen schwierige Zeiten nicht einfach nur. Sie kämpfen sich durch sie hindurch wie die Protagonisten in einem Underdog-Sportfilm. Sie sehen Misserfolge nicht als Sackgassen. Sie sehen sie als Lernprozesse. Den Job zu verlieren, Liebeskummer zu erleben oder eine Krise zu bewältigen, sind keine Enden, sondern Wendungen in der Geschichte, die das eigene Wachstum prägen.

Bei diesem Glauben geht es nicht darum, die Realität zu ignorieren. Es geht darum, den Mut zu haben, der Realität ins Auge zu sehen und zu sagen: „Netter Versuch, aber ich gebe nicht auf." Der Glaube gibt den Menschen einen unerschütterlichen Antrieb, weiter voranzukommen, selbst wenn der gesunde Menschenverstand ihnen zuruft, sich hinzulegen und aufzugeben. Es ist das psychologische Äquivalent zu jemandem, der an einem alten Laptop festhält, überzeugt davon, dass alles wieder funktionieren wird, wenn er nur noch einmal gegen die Seite schlägt.

Der Clou dabei ist, dass das tatsächlich funktioniert. Der Glaube hat Revolutionen beflügelt, wissenschaftliche Durchbrüche vorangetrieben und Menschen dazu gebracht, aufzustehen, wenn jeder Teil von ihnen am liebsten die Schlummertaste des Lebens gedrückt hätte. Er bringt Menschen dazu, auf sich selbst zu setzen, Risiken einzugehen und Grenzen zu verschieben. Nicht weil sie Beweise für den Erfolg haben, sondern weil sie an dessen Möglichkeit glauben. Das ist die Geheimwaffe jedes Menschen, der jemals etwas Unmögliches vollbracht hat.

Ein faszinierender Aspekt des Glaubens liegt in seiner Rolle als Katalysator für Resilienz. Die Verbindung zwischen Religion und Hoffnung stattet den Einzelnen mit einem einzigartigen Bewältigungsmechanismus aus. Studien haben gezeigt, dass Menschen mit starken religiösen oder spirituellen Überzeugungen bei traumatischen Ereignissen eine größere Resilienz und Anpassungsfähigkeit zeigen. Der Glaube wird zu einer Quelle der Kraft, die es dem Einzelnen ermöglicht, die dunkelsten Momente zu überwinden und eine Zukunft voller Möglichkeiten anzunehmen. Der Glaube erfüllt den Einzelnen mit einem Gefühl der Erwartung, einer vorausschauenden Haltung, die über unmittelbare Herausforderungen hinausgeht. Diese gesteigerte Sehnsucht fördert den Optimismus und belebt den menschlichen Geist mit dem Glauben, dass eine bessere Zukunft vor uns liegt. Dieses Gefühl des Optimismus treibt den Einzelnen dazu an, durchzuhalten, mutige Schritte in Richtung seiner Ziele zu unternehmen und einen von Hoffnung erleuchteten Weg zu beschreiten.

Gut gegen Böse

In unserem unermüdlichen Bestreben, das kosmische Rätsel von Gut und Böse zu enträtseln, befinden wir uns tief in einem Labyrinth der Gedanken, angetrieben von unserem Glauben an Gott und die Geheimnisse der Existenz. Je tiefer wir graben, desto komplexer werden die Fragen. Es ist fast so, als würde das Universum es genießen, uns dabei zuzusehen, wie wir Antworten jagen, wie eine Katze, die nach einem Laserpointer schlägt.

Die Existenz des Bösen hat Philosophen, Theologen und jeden gequält, der sich jemals den Zeh an einem Couchtisch gestoßen hat. Gut und Böse sind, wie die Kräfte der Schwerkraft und der Trägheit, Teil eines miteinander verwobenen Systems. So wie die Erde in ihrer Umlaufbahn bleibt, weil gegensätzliche Kräfte sie davon abhalten, in die Sonne zu stürzen oder ins Leere zu rasen, schaffen Gut und Böse das empfindliche Gleichgewicht, das die moralische und existenzielle Erfahrung definiert.

Das Leben funktioniert wie ein Ökosystem, in dem selbst die frustrierendsten Elemente einen Zweck erfüllen. Raubtiere und Beute koexistieren, wobei jedes eine Rolle bei der Aufrechterhaltung des natürlichen Gleichgewichts spielt. Widrigkeiten definieren das Gute durch den Kontrast. Ohne Kampf gäbe es keinen Grund, Güte, Mut oder Gerechtigkeit anzuerkennen. Not verleiht der Widerstandsfähigkeit Bedeutung und prägt die Tiefe des menschlichen Charakters.

Dieses Konzept spielt sich sogar auf mikroskopischer Ebene ab. Das Atom, die Grundlage der Existenz, wird von Kräften beherrscht, die gleichermaßen ziehen und stoßen. Elektronen umkreisen einen Kern und spiegeln so das Gleichgewicht wider, das in Himmelskörpern zu beobachten ist. Die Natur bewahrt die Harmonie vom großen Maßstab der Galaxien bis hin zu den kleinsten Teilchen. Dualität – sei es in der Physik, der Moral oder der menschlichen Natur – ist kein Makel, sondern ein grundlegendes Merkmal der Realität.

Das Vorhandensein von Gut und Böse ermöglicht freien Willen, Wachstum und die Struktur der Existenz selbst. Ohne Dunkelheit würde das Licht nicht wahrgenommen werden. Ohne Kampf würde Weisheit niemals entstehen.

Kein Mensch ist gänzlich gut oder gänzlich böse. Niemand wandelt als Leuchtfeuer reiner Tugend auf der Erde, noch existiert jemand in absoluter Bosheit (außer vielleicht jene eine Person, die in der Öffentlichkeit laut über die Freisprechanlage telefoniert). Jeder Mensch trägt die Fähigkeit zu beidem in sich, geprägt von Entscheidungen, Handlungen und Perspektiven.

Die Kräfte, die den Ausschlag geben, sind klar. Gier, Eifersucht, Angst und Ego führen zur Zerstörung. Mitgefühl, Liebe und Selbstbewusstsein erheben die Seele. Dieser innere Kampf findet täglich statt und beeinflusst jede Entscheidung.

Diese Erkenntnis ist kein Grund zur Angst. Sie ist ein Grund zur Selbstermächtigung. Die Existenz des Bösen ist nicht zwangsläufig ein Zeichen des Scheiterns. Sie bietet die Gelegenheit, kluge Entscheidungen zu treffen, die Geschichte in eine bessere Richtung zu lenken und die Seele zu verfeinern.

Um es ganz klar zu sagen: Das Erkennen dieses Gleichgewichts rechtfertigt nicht, das Böse zu umarmen. Das ist ein Fehler, den Menschen niemals begehen sollten. Das Böse existiert, aber Menschen müssen stets danach streben, Gutes zu tun. Diese Sichtweise ist eine theoretische Betrachtung des Gleichgewichts, keine praktische Billigung von Fehlverhalten. Nur weil Stürme in der Natur eine Rolle spielen, bedeutet das nicht, dass Menschen während eines Tornados nach draußen gehen und auf das Beste hoffen sollten. Im Alltag ist Moral eine Entscheidung. Die Tatsache, dass das Böse existiert, macht es umso wichtiger, ihm zu widerstehen.

Das Böse selbst ist keine eigenständige Kraft, die ohne Grund gedeiht. Es entsteht durch menschliches Handeln, Entscheidungen und deren Folgen. Schwierigkeiten und Widrigkeiten sind zwar schmerzhaft, dienen jedoch oft als Katalysatoren für Wachstum. Ein Sturm mag einen Baum entwurzeln, aber er formt auch die Landschaft neu und schafft Raum für neues Leben. Kämpfe zwingen die Menschen dazu, sich weiterzuentwickeln, Widerstandsfähigkeit aufzubauen und Weisheit zu entwickeln.

Jedes Ereignis, selbst das Chaos, hat seinen Platz im großen Ganzen. Diese Wahrheit zu akzeptieren bedeutet nicht, sich dem Bösen zu ergeben. Es bedeutet zu verstehen, dass sich alles innerhalb eines größeren, göttlichen Plans entfaltet. Weisheit bedeutet nicht, das Schicksal passiv zu akzeptieren, sondern aktiv nach Ausgewogenheit zu streben und trotz aller Schwierigkeiten das Gute zu wählen.

Der Schmerz über den Verlust eines geliebten Menschen fühlt sich oft wie die Verkörperung des Bösen an. Er bringt Leid und Trauer mit sich. Der Tod ist jedoch nicht das Ende der Existenz, sondern eine Verwandlung. Das Leben wechselt von einer Form in eine andere und erhält so den ewigen Kreislauf der Schöpfung aufrecht. Diese Perspektive geht über oberflächliche Trauer hinaus und bietet einen tieferen Einblick in die Bedeutung der Existenz.

Beim Gleichgewicht von Gut und Böse geht es nicht um Trennung, sondern um die Einbindung in einen größeren Plan.

Diese Kräfte prägen menschliche Erfahrungen und bieten Lektionen und Herausforderungen, die Wachstum und Verständnis fördern. Jede Begegnung trägt zum großen Gewebe der Existenz bei und verbindet einzelne Seelen mit dem unermesslichen Rhythmus des Universums.

Der Glaube bleibt das leitende Licht durch das Labyrinth des Lebens. Die Suche nach Wissen führt zu tieferer Weisheit und einer klareren Sicht auf den kosmischen Tanz zwischen Gut und Böse. Bei dieser Reise geht es nicht darum, sich dem Schicksal zu ergeben, sondern sich bewusst auf das Gute auszurichten.

Das Universum hat uns freien Willen, Intelligenz und Gewissen geschenkt. Die Verantwortung, diese weise zu nutzen, liegt bei der Menschheit.

Glaube als inspirierende Bestimmung

Im Laufe der Menschheitsgeschichte ist das Zusammenspiel von Glauben und Sinnhaftigkeit ein faszinierendes Forschungsgebiet geblieben, das Gelehrte und Forscher gleichermaßen anzieht. Als grundlegender Aspekt der menschlichen Erfahrung hat der Glaube Menschen immer wieder inspiriert und ihnen ein Gefühl der Überzeugung und Orientierung in ihrem Leben gegeben. Dieses bezaubernde Phänomen, das tief in verschiedenen Kulturen, Religionen und Glaubenssystemen verwurzelt ist, fasziniert die Wissenschaft, da es komplexe Verbindungen zwischen Spiritualität, Ethik und menschlicher Motivation aufdeckt.

Glaube hat die Kraft, Leben zu prägen, sei es, indem er moralische Klarheit bietet, ein Gefühl von Sinnhaftigkeit weckt oder Menschen einfach davor bewahrt, schon vor dem morgendlichen Kaffee in eine existenzielle Krise zu geraten. In verschiedenen Traditionen dienen heilige Texte als

Gebrauchsanweisungen für das Leben, gefüllt mit Richtlinien zu Rechtschaffenheit, Tugend und gelegentlich auch dazu, wie man göttliche Strafe vermeidet. Religionswissenschaftler haben Jahrhunderte damit verbracht, diese ethischen Blaupausen zu analysieren, in der Hoffnung zu verstehen, wie sie das menschliche Verhalten prägen. Das Ziel? Herauszufinden, wie Glaubenssysteme einen Rahmen für Moral, Charakter und das stets schwer fassbare Streben nach einem sinnvollen Leben schaffen.

Aus psychologischer Sicht trägt der Glaube unbestreitbar dazu bei, Werte wie Mitgefühl, Vergebung und Gerechtigkeit zu fördern. Forscher haben Jahre damit verbracht, zu entschlüsseln, wie Glaubenssysteme fest im menschlichen Verhalten verankert werden und die Art und Weise prägen, wie Menschen miteinander umgehen und sich in der Gesellschaft zurechtfinden. Nehmen wir zum Beispiel Mitgefühl. Es geht nicht nur darum, Mitleid zu empfinden, wenn jemand sein Sandwich auf den Boden fallen lässt. Es geht darum, eine tiefe, empathische Reaktion zu entwickeln, die über persönliche Unannehmlichkeiten hinausgeht. Glaubensorientierte Menschen erweisen anderen oft Freundlichkeit und Hilfe, weil ihr Glaubenssystem dies als einen grundlegenden Teil des Daseins definiert.

Ähnlich ist das Konzept der Vergebung – wohl eines der Dinge, die am schwersten zu meistern sind – in vielen Glaubenstraditionen tief verwurzelt. Während manche argumentieren mögen, dass Vergebung nur einen Freifahrtschein für erneutes Fehlverhalten darstellt, deuten Forschungsergebnisse darauf hin, dass das Loslassen von Groll tatsächlich Stress reduziert, das allgemeine Glücksempfinden steigert und Menschen davon abhält, ausgeklügelte Rachepläne zu schmieden.

Dann gibt es noch die Philosophie, die sich seit Jahrhunderten in einem intellektuellen Blickduell mit dem Glauben befindet. Philosophen haben lange über den Zusammenhang zwischen Glauben, Sinn und Erfüllung nachgedacht und untersucht, ob der Glaube für ein sinnvolles Dasein notwendig ist oder nur eine tröstliche Illusion, die Menschen davor bewahrt, in existenzielle Angst zu versinken. Thomas von Aquin beispielsweise sah Glauben und Vernunft als beste Freunde, die zusammenarbeiten, um die Geheimnisse des Universums zu entschlüsseln. Skeptiker hingegen argumentieren, dass der Glaube Menschen manchmal in einen Strudel aus Dogmen, Exklusivität und dem stets nervigen „Selbstgerechtigkeitssyndrom" führt.

Soziologen und Anthropologen haben einen anderen Ansatz gewählt und Studien in der realen Welt durchgeführt, um die konkreten Auswirkungen des Glaubens auf das menschliche Verhalten zu messen. Sie haben festgestellt, dass religiöse Gemeinschaften ihren Glauben häufig in philanthropische Aktivitäten, Initiativen für soziale Gerechtigkeit und humanitäre Hilfe einfließen lassen. Im besten Fall dient der Glaube als Katalysator für positive Veränderungen und vereint Menschen unter einer gemeinsamen Mission, die Welt zu einem besseren Ort zu machen. Im schlimmsten Fall kann er jedoch zu einer Waffe werden, mit der Ausgrenzung, Spaltung und unnötige Twitter-Streitereien gerechtfertigt werden. Dieses Paradoxon macht den Glauben zu einer der faszinierendsten, frustrierendsten und letztlich notwendigsten Kräfte der Menschheitsgeschichte.

Der Glaube war schon immer ein zweischneidiges Schwert. Einerseits hat er einige der bemerkenswertesten Taten der Güte, Widerstandsfähigkeit und Innovation beflügelt. Andererseits war er die treibende Kraft hinter Konflikten, Kreuzzügen und gelegentlichen Sekten, die dazu führen, dass Menschen fragwürdige Gewänder tragen. Diese Dualität zwingt Wissenschaftler dazu, den Glauben kritisch zu untersuchen und seine inspirierenden Elemente gegen seine unbestreitbaren Fallstricke abzuwägen.

Glaube stärkt die Widerstandsfähigkeit

In der turbulenten Landschaft unserer Welt, in der Prüfungen und Schwierigkeiten oft an der mentalen Stärke eines Menschen nagen, erweist sich der Glaube als verbindendes Band und als mächtige Waffe, die das Gefühl der Stabilität stärkt und den Menschen vorantreibt. Widrigkeiten, ein unvermeidlicher Begleiter auf der Reise des Lebens, erfordern oft Resilienz. Der Glaube ist ein standhafter Begleiter in dieser Feuerprobe der Herausforderungen und stattet den Einzelnen mit der inneren Stärke aus, die notwendig ist, um durch die dunkelsten Stunden zu navigieren. Er geht über religiöse oder spirituelle Zugehörigkeiten hinaus, umfasst alle, die nach Hoffnung suchen, und bietet einen soliden Rahmen für das Verstehen und Akzeptieren schwieriger Umstände.

Der Glaube spielt eine unersetzliche Rolle in der menschlichen Erfahrung, indem er Trost spendet und den Menschen Kraft verleiht, ihnen Sinn gibt und die Hürden des Lebens in Sprungbretter für Wachstum verwandelt. Im Kern verkörpert der Glaube einen universellen Aspekt des Menschseins, der weit über die Grenzen religiöser Doktrinen hinausreicht. Er ist eine angeborene Neigung, der Glaube daran, dass es etwas Größeres, etwas Sinnvolles gibt, das jenseits des Greifbaren liegt. Ob er sich nun auf eine höhere Macht, einen höheren Zweck oder sogar einen unerschütterlichen Glauben an sich selbst richtet – dieser Glaube nährt die Hoffnung – ein Leuchtfeuer, das selbst in den dunkelsten Zeiten flackert.

Diese Hoffnung wird zu einer Rettungsleine, die den Einzelnen aus dem Abgrund der Verzweiflung zieht und inmitten der Schatten der Ungewissheit einen Funken Optimismus spendet.

Darüber hinaus ist der Glaube eine kraftvolle Quelle der Inspiration, die Sinn stiftet und einer scheinbar chaotischen Existenz eine Richtung gibt. Er erfüllt das Leben mit Bedeutung und veranlasst den Einzelnen, nach höheren Idealen zu streben und ein höheres Ziel anzustreben, das über das bloße Überleben hinausgeht. Für diejenigen, die Frieden in religiösen Überzeugungen finden, bieten heilige Texte und Lehren Orientierung und offenbaren einen moralischen Kompass, der Handlungen und Entscheidungen auf den Weg der Rechtschaffenheit und Tugend lenkt. Dieses Gefühl der Sinnhaftigkeit wird zu einem Anker, der verhindert, dass Menschen in den stürmischen Gewässern des Lebens ziellos treiben, und stattdessen einen Kurs in Richtung Erfüllung und persönliches Wachstum vorzeichnet.

In Zeiten der Not wirkt der Glaube wie eine widerstandsfähige Rüstung, die den Einzelnen davor bewahrt, der Verzweiflung zu erliegen. Das Wissen, dass man nicht allein ist und dass eine göttliche Kraft oder ein Leitprinzip einen durch die dunkelsten Momente trägt, gibt dem Einzelnen die Kraft, durchzuhalten und gestärkt aus den Feuerproben des Lebens hervorzugehen. Durch Gebet, Meditation oder die Teilnahme an religiösen Ritualen schöpfen Menschen aus ihrem Glauben Trost und Sinn inmitten des Chaos, was ihnen ermöglicht, ihren gebrochenen Geist wieder aufzubauen und den Mut aufzubringen, weiterzumachen.

Das Konzept der transformativen Kraft des Glaubens beschränkt sich nicht allein auf das Leben einzelner Menschen, sondern durchdringt ganze Gesellschaften und verleiht ihnen in Zeiten des

Umbruchs kollektive Stärke. Die Geschichte zeugt von zahlreichen Fällen, in denen Glaubensgemeinschaften, verbunden durch gemeinsame Überzeugungen, die Stürme der Widrigkeiten überstanden und angesichts von Prüfungen, die sie andernfalls auseinandergerissen hätten, Widerstandskraft bewiesen haben. Der unerschütterliche Geist glaubensgetriebener Gemeinschaften wirkte als einigende Kraft und förderte gegenseitige Unterstützung, Empathie und die kollektive Entschlossenheit, zerrüttete Gesellschaften aus den Trümmern der Verwüstung wieder aufzubauen.

Mit seiner innewohnenden Kraft und Überzeugung besitzt der Glaube die bemerkenswerte Fähigkeit, transformative Veränderungen im Leben eines Einzelnen voranzutreiben. Da der Glaube seit Anbeginn der Menschheit Teil der menschlichen Geschichte ist, kann man mit Fug und Recht sagen, dass er viele Veränderungen inspiriert und erhebliche Auswirkungen auf die Art und Weise hat, wie wir Entscheidungen treffen.

Glaubenssätze und Werte prägen

Der Glaube, in all seinen Formen, hat eine seltsame Art, Menschen zu formen. Er sitzt nicht einfach still im Hintergrund wie Fahrstuhlmusik. Er beeinflusst Entscheidungen, prägt moralische Ansichten und veranlasst Menschen gelegentlich dazu, sich zu fragen, ob sie wirklich dieses zweite Stück Kuchen essen sollten. Ob er nun in religiösen Lehren, persönlichen Weltanschauungen oder einer vagen Hoffnung darauf verwurzelt ist, dass die Dinge irgendwann einen Sinn ergeben werden – der Glaube dient als moralischer Kompass. Er hilft dem Einzelnen, sich im chaotischen Terrain des Lebens zurechtzufinden, und vermittelt Prinzipien wie Integrität, Mitgefühl und die gelegentliche Fähigkeit, dem Drang zu widerstehen, eine emotional aufgeladene SMS zu verschicken.

Religiöse Texte stehen in diesem Prozess der Wertebildung oft im Mittelpunkt und liefern ethische Leitlinien, die als Referenzhandbuch für die Entscheidungsfindung dienen. Theologen haben Jahrhunderte damit verbracht, diese Texte zu analysieren und zu versuchen, die moralischen Botschaften zu entschlüsseln, die zwischen historischen Erzählungen und göttlichen Verkündigungen verborgen sind. Das Ergebnis? Ein komplexes Glaubensgefüge, das das Verhalten leitet und definiert, was akzeptabel, bewundernswert oder einfach nur fragwürdig ist. Glaube ist jedoch nicht ausschließlich an Religion gebunden. Viele Menschen entwickeln ihre eigenen Leitprinzipien durch persönliche Philosophie und vermischen Existentialismus, Humanismus und einen Hauch von „Ich finde es schon heraus, während ich es tue" in ihrem Moralkodex.

Soziologen und Psychologen lieben es zu erforschen, wie glaubensbasierte Überzeugungen Gesellschaften prägen. Glaube ist nicht nur eine persönliche Angelegenheit; er beeinflusst kulturelle Normen, Rechtssysteme und sogar, ob Menschen „Gesundheit" sagen, wenn jemand niest. Er treibt kollektive Bemühungen um Wohltätigkeit, soziale Gerechtigkeit und Gemeinschaftsbildung an. Gleichzeitig hat die Geschichte gezeigt, dass Glaube, wenn er ohne kritisches Denken ausgeübt wird, Ausgrenzung, Spaltung oder in extremen Fällen sehr unglückliche Modewahlen rechtfertigen kann (ich meine euch, Sektenführer). Die Herausforderung besteht darin, die Kraft des Glaubens anzuerkennen und gleichzeitig sicherzustellen, dass er nicht zu einer unangefochtenen Autorität wird, die Vernunft und individuelles Denken außer Kraft setzt.

Glaube prägt nicht nur Werte. Er spielt auch eine bedeutende Rolle bei der Motivation. Während manche Menschen jeden Morgen, angetrieben von Koffein und purer Entschlossenheit, aufwachen, verlassen sich andere auf ihren Glauben, der sie daran erinnert, dass sie auf etwas hinarbeiten, das größer ist als sie selbst. Glaube, ob spirituell oder philosophisch, gibt Orientierung. Er vermittelt den Menschen, dass ihre Ziele Teil eines größeren Plans sind, und ermutigt sie, Hindernisse zu überwinden, anstatt sich in Resignation zurückzuziehen.

Psychologen haben untersucht, wie Glaube die Resilienz stärkt, und festgestellt, dass Menschen, die an einen höheren Zweck glauben, Rückschläge tendenziell besser bewältigen. Sie geraten weniger leicht in existenzielle Verzweiflung, wenn sie mit Herausforderungen konfrontiert werden. Stattdessen betrachten sie Schwierigkeiten als Teil einer größeren Reise, als kosmische Ausdauerbewährungsprobe oder zumindest als leicht lästige Unebenheit auf dem Weg. Der Glaube beseitigt keine Hindernisse. Er sorgt lediglich dafür, dass sie sich weniger wie Mauerwerk und eher wie lästige Bremsschwellen anfühlen.

Die Geschichte ist voll von Menschen, deren Glaube sie dazu antrieb, das Unmögliche zu erreichen. Große Führungspersönlichkeiten, Erfinder und Aktivisten haben ihre Erfolge oft einem unerschütterlichen Glauben an etwas Größeres zugeschrieben. Ob es sich nun um eine göttliche Berufung, ein tief verwurzeltes Pflichtgefühl oder einfach nur um hartnäckigen Optimismus handelt – Glaube kann persönlichen Ehrgeiz in eine Naturgewalt verwandeln. Allerdings gibt es eine feine Grenze zwischen glaubensgetriebener Motivation und blindem Idealismus. Der Unterschied? Kluge Menschen nutzen den Glauben als Treibstoff, wenden aber Logik, Strategie und eine gesunde Portion gesunden Menschenverstand an.

Vom Glauben getriebene Bestrebungen gehen über individuelle Ziele hinaus. Im Laufe der Geschichte wurden Bewegungen für sozialen Wandel von kollektivem Glauben angetrieben. Der Glaube hat Revolutionen, Bürgerrechtsbewegungen und wissenschaftliche Fortschritte inspiriert, die die Gesellschaft neu geprägt haben. Er hat Menschen dazu bewegt, gegen Ungerechtigkeit zu kämpfen, sich für die Ausgegrenzten einzusetzen und Systeme zu schaffen, die auf Gleichheit abzielen. Natürlich hat der Glaube auch seinen Anteil an fragwürdigen Unternehmungen gehabt, aber wenn er mit Vernunft und einem echten Wunsch nach Fortschritt eingesetzt wird, wird er zum Katalysator für bedeutende Veränderungen.

Glaube hat, wie jede große Kraft, seine Widersprüche. Er ist sowohl Motivator als auch Trost, Wegweiser und gelegentlich Quelle von Sturheit. Während er Menschen befähigt, Risiken einzugehen und große Träume zu haben, kann er sie auch auf Irrwege führen, wenn er unkontrolliert bleibt. Er hat Zivilisationen aufgebaut und sie dem Erdboden gleichgemacht. Er hat das Beste in der Menschheit zum Vorschein gebracht und manchmal auch das Schlimmste.

Das Geheimnis, Glauben weise einzusetzen, liegt in der Ausgewogenheit. Er sollte inspirieren, ohne dogmatisch zu werden, leiten, ohne kritisches Denken einzuschränken, und Ehrgeiz fördern, ohne zu Wahnvorstellungen zu führen. Wer diese Balance beherrscht, erkennt, dass Glaube nicht nur als Glaubenssystem dient. Er wird zu einem Werkzeug für Fortschritt, Widerstandsfähigkeit und die Fähigkeit, weiter voranzukommen, selbst wenn das Leben entschlossen scheint, einem jede nur erdenkliche Herausforderung in den Weg zu stellen.

Letztendlich geht es beim Glauben nicht darum, alles mit Gewissheit zu wissen. Es geht darum, trotz Unsicherheit voranzukommen. Ob es nun der Glaube an eine höhere Macht, der Glaube an die Menschheit oder einfach nur der Glaube daran ist, dass sich die Dinge letztendlich zum Guten wenden werden – er bleibt eine der mächtigsten Kräfte, die den menschlichen Ehrgeiz, die Moral und die Gesellschaft selbst prägen.

Einstellungen und Denkweisen verändern

Das Konzept ist ein metaphysischer Placebo-Effekt, der Menschen davon überzeugt, dass sie das Unmögliche erreichen können, trotz überwältigender empirischer Beweise für das Gegenteil. Lassen Sie uns dies mit der Präzision eines Teilchenphysikers analysieren, der Quark-Wechselwirkungen untersucht – wenn auch zugegebenermaßen mit etwas weniger wissenschaftlicher Strenge und deutlich mehr menschlicher Irrationalität.

Wie sich herausstellt, ist Glaube nicht nur das, was Menschen davon überzeugt, dass ihre Fußballmannschaft trotz einer negativen Bilanz gewinnen wird. Er ist auch verantwortlich für ein faszinierendes psychologisches Phänomen, bei dem Menschen ihre kognitiven Verzerrungen umprogrammieren, um Verzweiflung herauszufiltern und durch etwas absurd Ehrgeiziges zu ersetzen. Optimismus übernimmt die Oberhand, während der Glaube in den durchschnittlichen, hoffnungslos fehlerhaften Menschen ein völlig neues Betriebssystem installiert. Rückschläge werden zu Lernchancen, und Misserfolge verwandeln sich in eine Wendung in der großen Erzählung der persönlichen Entwicklung. Das ist faszinierend. Wenn meine Kollegen aus der Wissenschaft diese wahnhafte Resilienz nutzen könnten, hätten die Menschen den Mars vielleicht schon kolonisiert.

Die Idee der Transformation der Denkweise fügt dem noch eine weitere Ebene hinzu. Der Glaube täuscht den Menschen im Grunde vor, dass sie zu mehr fähig sind, als ihre vergangenen Erfahrungen vermuten lassen. Sie wachen eines Morgens auf und beschließen, dass Grenzen nur Einbildung sind, obwohl es klare Beweise dafür gibt, dass beispielsweise ihre sportlichen Fähigkeiten eine sehr reale und beobachtbare Obergrenze haben. Das hält sie nicht davon ab, Marathons zu laufen. Es hält Menschen nicht davon ab, trotz wiederholter wirtschaftlicher Abschwünge unternehmerische Vorhaben zu verfolgen. Der Glaube überzeugt die Menschen davon, dass Wahrscheinlichkeit lediglich ein Vorschlag ist.

Das auffälligste Merkmal des Glaubens ist seine Fähigkeit, Selbstzweifel mit der Intensität eines überkoffeinierten Physikers auszulöschen, der eine falsche Gleichung an einer Tafel angreift. Er zwingt den Einzelnen dazu, selbstlimitierende Überzeugungen beiseite zu schieben und ein beunruhigend hohes Maß an Vertrauen in die eigenen Fähigkeiten zu entwickeln. Dies führt zu absurdem menschlichen Verhalten, wie zum Beispiel vor einem überfüllten Auditorium zu stehen und zu verkünden: „Ich kann alles tun, was ich mir vornehme." Diese Aussage ist objektiv falsch. Ich kann zum Beispiel nicht mit den Armen flattern und abheben, trotz meines umfangreichen Wissens über Aerodynamik.

Es führt zudem zu Anpassungsfähigkeit, Ausdauer und einer ungewöhnlichen Bereitschaft, Unsicherheit anzunehmen. Menschen mit Glauben verhalten sich, als sei das Leben ein wissenschaftliches Experiment, bei dem jede Hypothese zu einem unvermeidlichen Durchbruch führt. Sie scheitern und beschließen sofort, dass sie dem Erfolg einen Schritt näher gekommen sind. Das ist die wissenschaftliche Methode mit deutlich mehr Motivationspostern.

Die Idee des Glaubens ist wie ein neurologischer Cheat-Code. Sie verdrahtet menschliche Denkprozesse neu, um statistischen Pessimismus abzulehnen und ihn durch einen völlig unverhältnismäßigen Glauben an den persönlichen Erfolg zu ersetzen. Das Verblüffendste daran ist, dass es tatsächlich funktioniert. Das wusste ich bereits. Nun, wenn Sie mich bitte entschuldigen, ich habe echte Wissenschaft zu betreiben.

Glaube prägt Einstellungen und Denkweisen, indem er das Leben mit Hoffnung und Positivität erfüllt. Psychologische Studien zeigen, dass der Glaube an eine höhere Macht oder eine kosmische Ordnung dauerhaften Optimismus fördert und dem Einzelnen hilft, in schwierigen Zeiten Kraft, Dankbarkeit und Frieden zu finden. Dieser Wandel vom Pessimismus zum Optimismus wirkt wie ein Leitstern und verleiht Resilienz im Angesicht von Widrigkeiten.

Der Zusammenhang zwischen Glauben und einer Veränderung der Denkweise wird deutlich, wenn Menschen beginnen, Herausforderungen als Chancen für persönliches Wachstum statt als unüberwindbare Hindernisse zu betrachten. Der Glaube ermutigt dazu, die eigene Komfortzone zu verlassen, Risiken einzugehen und Ziele mit Begeisterung zu verfolgen. Er wird zu einer treibenden Kraft, die den Einzelnen zu neuen Möglichkeiten und zur Selbstverbesserung antreibt.

Selbstlimitierende Gedanken sind nicht das Einzige, was der Glaube vertreibt. Sie werden aufgegriffen, belächelt und dann in Vergessenheit geraten. Diese Gedanken, die durch soziale Prägung und vergangene Misserfolge sorgfältig gepflegt wurden, fungieren gerne als Hindernisse für das eigene Potenzial. Auf der anderen Seite stürmt der Glaube herein wie ein übermütiger Lebensberater und verkündet: „Damit machen wir jetzt Schluss." Er ersetzt Zweifel und Unsicherheit durch ein unerschütterliches Gefühl der Gewissheit, als wäre das Leben mit einem Erfolgsplan in der Hand angekommen.

Diese Verwandlung macht nicht bei Selbstvertrauen Halt. Sie macht Menschen zu Meistern der Anpassungsfähigkeit und lässt sie die Wendungen des Lebens mit fast schon unheimlicher

Gelassenheit meistern. Glaube fördert Resilienz, jene Art, die es Menschen ermöglicht, inmitten absoluten Chaos zu lächeln und dabei zu flüstern: „Das ist in Ordnung." Studien zeigen sogar, dass Glaubensgemeinschaften eine höhere Akzeptanz für Veränderungen aufweisen, wahrscheinlich weil sie die Kunst beherrschen, Frieden mit dem Unvorhersehbaren zu schließen. Ob das nun tiefe Weisheit oder nur ein kosmischer Bewältigungsmechanismus ist – es funktioniert.

Förderung persönlicher Beziehungen

Der Einfluss des Glaubens auf zwischenmenschliche Beziehungen ist Gegenstand umfangreicher Untersuchungen und fasziniert Wissenschaftler aus verschiedenen Disziplinen. Religion, eine allgegenwärtige Kraft in Gesellschaften auf der ganzen Welt, wirkt als Katalysator für die Pflege bedeutungsvoller und mitfühlender Verbindungen zwischen Individuen. In dieser faszinierenden Erkundung begeben wir uns auf eine Reise, um zu entschlüsseln, wie der Glaube Menschen dazu ermutigt, anderen Liebe, Vergebung und Verständnis entgegenzubringen, harmonische Bindungen zu schmieden und ein Gefühl der Verbundenheit zu fördern.

Diese Gemeinschaften funktionieren oft wie jene seltsam hingebungsvollen Fandoms, in denen Unterstützungsnetzwerke und gemeinsame Werte zum ultimativen Nährboden für persönliches Wachstum, verdächtig erfolgreiche Gruppenprojekte und gelegentliche epische Potluck-Showdowns werden. Unter dem großen Mikroskop des Glaubens finden die Menschen auf magische Weise heraus, wie sie Empathie kultivieren, Vergebung hervorzaubern und so enge Verbindungen schmieden können, dass sie gemeinsam eine Zombie-Apokalypse überstehen könnten. Das Ergebnis ist eine Ansammlung von Beziehungen, die so seltsam erfüllend und verbunden sind, dass sie Glaubensbarrieren mühelos überwinden und sich über Chili-Rezepte und die gemeinsame Hoffnung, dass jemand daran gedacht hat, den Nachtisch mitzubringen, zusammenschließen.

Im Kern der Wirkung des Glaubens auf persönliche Beziehungen liegt seine Fähigkeit, Mitgefühl zu wecken. Unabhängig von religiösen oder spirituellen Zugehörigkeiten vermittelt Religion dem Einzelnen ein Gefühl von Empathie und Verständnis für andere.

Psychologische Studien, die den Zusammenhang zwischen Glauben und Mitgefühl untersuchen, zeigen, wie der Glaube an eine höhere Macht oder universelle Verbundenheit Menschen dazu motiviert, Freundlichkeit und Altruismus zu zeigen. Empathie, die Fähigkeit, sich emotional in die Erfahrungen anderer hineinzuversetzen, erweist sich als entscheidender Faktor für den Aufbau bedeutungsvoller Beziehungen zu Mitmenschen. Der Glaube ermutigt Anhänger, sich in die Lage anderer zu versetzen, was eine echte Sorge um deren Wohlergehen fördert und eine Kultur der Fürsorge und des Mitgefühls schafft.

Vergebung, ein weiterer wesentlicher Aspekt des Einflusses des Glaubens auf Beziehungen, steht im Fokus von Wissenschaftlern, die die Dynamik menschlicher Versöhnung zu verstehen suchen. Religiöse Lehren betonen oft die Vergebung und ermutigen Gläubige, vergangene Verfehlungen loszulassen und die transformative Kraft der Versöhnung anzunehmen.

Die Erforschung der Vergebung im religiösen Kontext deckt die psychologischen und emotionalen Vorteile auf, die sich aus dem Akt des Vergebens ergeben. Wenn Menschen lernen, Vergebung zu gewähren, erleben sie ein Gefühl der Befreiung und emotionalen Heilung und legen den Grundstein für gesündere und dauerhaftere

Beziehungen. Verschiedene Untersuchungen zu den Mechanismen, durch die der Glaube die Vergebung erleichtert, zeigen, wie religiöse Überzeugungen als Puffer gegen Groll und Hass wirken und das Gefüge zwischenmenschlicher Beziehungen stärken können.

Glaubensgemeinschaften dienen als fesselnde und unterstützende Ökosysteme, die bei der Erforschung des Einflusses des Glaubens auf persönliche Beziehungen große Beachtung verdienen. Die Soziologie hat Untersuchungen zu den komplexen Dynamiken glaubensbasierter Gruppen aufgenommen und deckt auf, wie diese Gemeinschaften ein Gefühl der Zugehörigkeit, Kameradschaft und gemeinsame Werte unter ihren Mitgliedern fördern. Durch gemeinsamen Gottesdienst, Rituale und soziale Aktivitäten knüpfen die Mitglieder dieser Glaubensgemeinschaften Bindungen zu Gleichgesinnten und überwinden dabei die Grenzen sozialer, kultureller und ethnischer Unterschiede. Das fördernde Gemeinschaftsumfeld innerhalb dieser Glaubensgemeinschaften legt den Grundstein für starke Beziehungen, die auf gegenseitigem Vertrauen und Verständnis beruhen. Auf dem Glauben fundiert, werden diese Verbindungen zu unschätzbaren Quellen emotionaler Unterstützung, die die Resilienz und die Bewältigungsmechanismen des Einzelnen in schwierigen Zeiten stärken.

Glaubensgemeinschaften werden oft zu Inkubatoren für die persönliche Entwicklung und bieten ein Umfeld, das den Einzelnen ermutigt, sein Potenzial zu erkunden. Lehren über Demut, Ausdauer und Dienst am Nächsten inspirieren zur Selbstverbesserung und fördern gleichzeitig das Verantwortungsbewusstsein gegenüber der Gemeinschaft. Ob durch religiöse Praktiken wie Gebet und Meditation oder durch Momente der Besinnung – der Glaube hilft dem Einzelnen,

Selbstbewusstsein zu entwickeln und seine Beziehungen durch die Förderung von Empathie und Verständnis zu stärken.

Über persönliche Interaktionen hinaus spielt der Glaube eine Rolle dabei, Menschen für gemeinsame Anstrengungen zu vereinen. Soziales Engagement, das von gemeinsamen Überzeugungen und Werten angetrieben wird, hat religiöse Gemeinschaften mobilisiert, um wichtige soziale Probleme anzugehen. Glaubensgemeinschaften finden oft eine gemeinsame Basis und legen Differenzen beiseite, um sich für Gerechtigkeit, Gleichheit und humanitäre Hilfe einzusetzen. Diese Einheit verdeutlicht, wie der Glaube Menschen im Streben nach einem gemeinsamen Ziel zusammenbringen und starke, miteinander verbundene Gemeinschaften schaffen kann.

Der Einfluss des Glaubens auf Beziehungen ist jedoch nicht ohne Komplikationen. Unterschiede in religiösen Überzeugungen können manchmal eher zu Spaltung als zu Einheit führen. Forscher, die sich mit der Komplexität glaubensbasierter Interaktionen befassen, erkennen an, dass Exklusivität und starre Weltanschauungen Konflikte begünstigen können. Dies macht Dialog und Inklusivität innerhalb und zwischen Glaubensgemeinschaften unerlässlich, um gegenseitiges Verständnis in einer zunehmend vielfältigen Welt zu fördern. Der Glaube spielt eine zentrale Rolle bei der Suche nach Sinn und leitet den Einzelnen über materiellen Erfolg hinaus zu tieferer Erfüllung. Viele, die sich dem Glauben zuwenden, suchen nach transzendenten Erfahrungen, die sie mit etwas Größerem verbinden, sei es eine göttliche Präsenz, eine universelle Wahrheit oder ein persönliches Gefühl von Spiritualität. Der Glaube öffnet die Tür zu einem tieferen Verständnis der Existenz und liefert Antworten auf die großen Fragen des Lebens.

Das Streben nach Sinn ist eine universelle menschliche Erfahrung. Glaubenstraditionen helfen dem Einzelnen, seinen Platz im Universum zu finden, seine Werte zu formen und sein Handeln zu leiten. In der Religionswissenschaft zeigt die Erforschung transzendenter Erfahrungen, wie der Glaube als Kanal zu Momenten der Offenbarung und des spirituellen Erwachens dient. Diese Erfahrungen, ob zutiefst persönlich oder Teil einer gemeinschaftlichen Praxis, erhellen den Weg zu einem sinnerfüllten und zufriedenen Leben.

Glaube fördert zudem ein tiefes Gefühl der Verbundenheit. Er löst die Grenzen zwischen dem Selbst und dem größeren Ganzen auf und schafft ein Gefühl der Zugehörigkeit innerhalb des größeren Gefüges der Existenz. Psychologische Studien haben gezeigt, dass Glaube das emotionale Wohlbefinden steigert, indem er in Krisenzeiten Trost, Sicherheit und Resilienz bietet. Diejenigen, die ihr Handeln an ihren Überzeugungen ausrichten, finden oft ein Gefühl von Harmonie, Erfüllung und Freude darin, anderen zu dienen, Altruismus zu praktizieren und im Einklang mit ihren Werten zu leben.

Der Glaube, Gott sei Dank, hat offenbar das Leben unzähliger Menschen geprägt, vor allem, indem er ihnen etwas gab, dem sie für alles die Schuld geben oder dem sie dafür danken konnten. Untersuchungen von Menschen, die definitiv nicht voreingenommen sind, zeigen, dass diejenigen, die in ihren Überzeugungen einen „tiefen Sinn" finden, eine „größere Lebenszufriedenheit" und „weniger Ängste" erleben. Was, ich meine, wenn man fest genug daran glaubt, dass ein kosmischer Automat das eigene Schicksal ausgibt, klar, warum nicht? Der Glaube beseitigt Schwierigkeiten nicht, sondern benennt sie lediglich um in „göttliche Prüfungen" oder „Charakter bildende Gelegenheiten", was eine viel nettere Art ist zu sagen: „Du machst eine schreckliche Zeit durch, aber zumindest bist du in deinem Elend nicht allein."

Wir tauchen ein in die spannende Welt der Glaubenswandlungen von Prominenten! Machen Sie sich bereit für Geschichten darüber, wie namhafte Persönlichkeiten entdeckten, dass Glaube und Weisheit im Grunde wie ein magischer „Neustart"-Knopf für ihr Leben sind. Diese Geschichten, die definitiv nicht gezielt für maximale inspirierende Wirkung ausgewählt wurden, dienen als eindringliche Erinnerung daran, dass Glaube mehr ist als ein abstraktes Konzept. Er ist ein praktisches erzählerisches Mittel, um zu erklären, warum jemand vom „epischen Versager" zum „inspirierenden Guru" wurde. Ja, der Glaube hat Leben, Gemeinschaften und die Geschichte selbst neu geformt – vor allem, indem er den Menschen etwas gab, worüber sie bei Familientreffen streiten können.

Augustinus von Hippo (354–430 n. Chr.)

Augustinus wurde im heutigen Algerien geboren und war ein bedeutender frühchristlicher Theologe und Philosoph. In jungen Jahren führte Augustinus ein hedonistisches Leben, in dem er sich vielen Vergnügungen hingab, während er nach einem Sinn suchte. Nach einer tiefgreifenden spirituellen Bekehrung

wechselte er seine Religion und erlangte unter den Christen große Bekanntheit.[1]

---

[1] *Augustinus (Stanford Encyclopedia of Philosophy). (25. September 2019). https://plato.stanford.edu/entries/augustine/*

Ein Wendepunkt auf seiner Suche nach Erleuchtung war, als er Christ wurde. Er strebte durch seine Religion nach einem besseren Verständnis des Wesens Gottes, seiner Existenz und der menschlichen Situation, zusätzlich zum Wissen. Seine Schriften spiegelten seine Suche nach Wissen wider, während er theoretische Fragen, die Komplexität menschlicher Bestrebungen und das Wesen der göttlichen Wahrheit erörterte. Augustinus' Weg dient als Beispiel dafür, wie wahre Weisheit sowohl spirituelle Einsichten als auch intellektuelle Anstrengungen umfassen kann.

Malcolm X (1925–1965)

Malcolm X, eine Symbolfigur der amerikanischen Bürgerrechtsbewegung und eine führende Stimme in der Nation of Islam, wurde ursprünglich als Malcolm Little am 19. Mai 1925 in Omaha, Nebraska, geboren. In seinen frühen Jahren war Malcolms Leben geprägt von den Widrigkeiten und rassistischen Vorurteilen, die in einem stark segregierten Amerika allgegenwärtig waren. Das Gespenst der weißen Vorherrschaft warf einen langen Schatten auf seine Kindheit, da seine Familie häufig Ziel von Drohungen und Gewalt durch weiße supremacistische Gruppen war, was seine Weltanschauung tiefgreifend prägte.

Als junger Mann gipfelten Malcolms Konflikte mit dem Gesetz in seiner Inhaftierung – ein entscheidendes Kapitel, das den Verlauf seines Lebens drastisch veränderte. Hinter Gittern begegnete Malcolm den Lehren des Islam, wie sie von Elijah Muhammad und der Nation of Islam, einer afroamerikanischen politischen und religiösen Bewegung, vertreten wurden. Die Prinzipien der

Selbstständigkeit, des schwarzen Stolzes und der transformativen Kraft des Glaubens fanden bei Malcolm tiefen Anklang, was zu seiner Konversion und der anschließenden Annahme des Namens Malcolm X führte, womit er seine Ablehnung des Nachnamens „Little" zum Ausdruck brachte, den er als Überbleibsel der Sklaverei betrachtete.

Nach seiner Entlassung aus dem Gefängnis gab Malcolm X sein Leben als Kleinkrimineller auf und widmete sich der Sache der Stärkung der Schwarzen. Als Geistlicher und nationaler Sprecher der Nation of Islam setzte er sich für die Selbstständigkeit der Afroamerikaner, den Stolz auf die eigene Hautfarbe und den kompromisslosen Widerstand gegen die Unterdrückung durch Weiße ein. Seine scharfsinnige Redekunst und sein unerbittliches Streben nach Rassengerechtigkeit machten ihn zu einer einflussreichen und für manche umstrittenen Figur im Kampf gegen rassische Ungleichheit.

In seinem unermüdlichen Streben nach Wissen vertiefte sich Malcolm X in intensive Studien, um die historischen Wurzeln des Rassismus und die systemischen Ungerechtigkeiten zu verstehen, denen Afroamerikaner ausgesetzt waren. Er erweiterte seinen Horizont durch Reisen, darunter eine prägende Pilgerreise nach Mekka, die zu einer bedeutenden Veränderung seiner Weltanschauung führte. Die Begegnung mit Muslimen aller Rassen, die in Einheit lebten, prägte sein Verständnis von Rasse und Spiritualität. Diese Erfahrung führte dazu, dass er zum sunnitischen Islam konvertierte und den neuen Namen El-Hajj Malik El-Shabazz annahm, während er begann, sich für Rassengleichheit und Menschenrechte in den Vereinigten Staaten und weltweit einzusetzen.

Die spätere Phase von Malcolm X' Leben war geprägt von einer philosophischen Entwicklung, die eine umfassendere Vision von Bürgerrechten annahm, eine, die über die zuvor von ihm vertretene separatistische Ideologie hinausging. Trotz seiner Ermordung am 21. Februar 1965 bleibt sein Vermächtnis als Zeugnis für die Kraft der Transformation und den unnachgiebigen Kampf für soziale Gerechtigkeit bestehen.

Sein Leben und Werk unterstreichen die Vorstellung, dass wahre Weisheit nicht statisch ist, sondern eine fortwährende Reise, geprägt vom unermüdlichen Streben nach Gerechtigkeit, der Erweiterung des Verständnisses, echtem Mitgefühl für die Menschheit und der unaufhörlichen Suche nach persönlicher und gemeinschaftlicher Erleuchtung.[2]

Aung San Suu Kyi (1945–heute)

Aung San Suu Kyi, eine Leitfigur des friedlichen Widerstands und der demokratischen Bestrebungen in Myanmar, auch bekannt als Burma, wurde am 19. Juni 1945 in eine Familie hineingeboren, die tief in der Politik des Landes verwurzelt war.

Ihr Vater, General Aung San, war ein verehrter Architekt der Unabhängigkeit Burmas von der britischen Kolonialherrschaft, und ihre Mutter, Daw Khin Kyi, war eine prominente Persönlichkeit des öffentlichen Lebens. Aufgewachsen inmitten des turbulenten politischen Klimas nach der Ermordung ihres Vaters, als sie gerade zwei Jahre alt war, war sich Suu Kyi der politischen Unruhen und der Unterdrückung durch die aufeinanderfolgenden Militärregime

---

[2] Redaktion von Biography.com. (12. September 2023). Malcolm X. *Biography*.https://www.biography.com/activists/malcolm-x

in Myanmar sehr bewusst. Ihre prägenden Jahre waren zwar von den Unruhen ihres Landes überschattet, aber auch tief durchdrungen von den buddhistischen Traditionen, die die burmesische Kultur prägen. Diese Lehren sollten ihren Ansatz im Aktivismus tiefgreifend beeinflussen. Die buddhistischen Konzepte von Metta (liebevolle Güte) und Ahimsa (Gewaltlosigkeit) wurden zum Fundament ihrer Philosophie und leiteten ihr Handeln und ihre Kampagnen für Demokratie.

Suu Kyis Aufstieg zur Ikone des friedlichen Protests war fast schon ein Zufall. Nachdem sie einen Großteil ihres frühen Erwachsenenlebens im Ausland verbracht hatte, fiel ihre Rückkehr nach Myanmar im Jahr 1988, um ihre kranke Mutter zu pflegen, mit einem Massenaufstand gegen die Militärdiktatur zusammen. Ihr Einstieg in die Politik war eher von einem ausgeprägten Pflichtgefühl als von Machtstreben getrieben. Sie fand sich an die Spitze der prodemokratischen Bewegung katapultiert und kanalisierte ihre moralische Empörung in einen besonnenen und doch leidenschaftlichen Aufruf zu friedlichen demokratischen Reformen.

Ihre Verbundenheit mit buddhistischen Prinzipien zeigte sich in ihrem Auftreten und ihren Reden, in denen sie gewaltfreien Widerstand und zivilen Ungehorsam als wirksame Mittel gegen Unterdrückung hervorhob. Aung San Suu Kyis spirituelle Praxis, insbesondere die Betonung von Meditation und Selbstreflexion, gab ihr die innere Stärke, die persönlichen Opfer zu ertragen, die mit ihrem politischen Kampf einhergingen, darunter lange Zeiträume unter Hausarrest, die sich auf insgesamt 15 Jahre beliefen.

Ihr unerschütterliches Bekenntnis zur Gewaltlosigkeit und ihr ethisches Streben nach politischem Wandel fanden internationale

Anerkennung und gipfelten 1991 in der Verleihung des Friedensnobelpreises. Das Nobelkomitee würdigte ihren gewaltlosen Kampf für Demokratie und Menschenrechte, und sie wurde zu einem globalen Symbol des Widerstands gegen die Tyrannei.

Trotz ihrer langjährigen Isolation von der Welt und der Trennung von ihrer Familie schwankte Suu Kyis Entschlossenheit nicht. Ihr politisches Leben ist ein Zeugnis ihres Glaubens, dass beständige Weisheit und wahre Führungsstärke eine Verschmelzung von politischer Einsicht, moralischer Klarheit und tiefem Mitgefühl für das Leiden anderer erfordern. Sie hat immer wieder betont, dass das Streben nach Weisheit kein einsames intellektuelles Unterfangen ist, sondern eine kollektive Reise hin zu einer gerechten und gleichberechtigten Gesellschaft, die auf dem grundlegenden Verständnis der gemeinsamen Menschlichkeit und des Gemeinwohls beruht.

Aung San Suu Kyis Weg unterstreicht, dass das Wesen der Weisheit nicht nur im Streben nach persönlicher Erleuchtung liegt, sondern auch im unermüdlichen Eintreten für die Würde und die Rechte anderer – ein Weg, den sie mit Anmut und Beharrlichkeit beschritten hat, trotz der vielen Herausforderungen, die sie und den demokratischen Weg ihres Landes begleitet haben.[3]

Marian Croak (1955–heute)

Marian Croak gilt als Leuchtturm der Innovation und Leistung in der Welt der Technologie und Telekommunikation. Als afroamerikanische Frau, geboren 1955, hat sie

---

3 3 Pletcher, K. (15. Oktober 2023). *Aung San Suu Kyi | Biografie, Nobelpreis & Fakten. Encyclopedia Britannica.*
https://www.britannica.com/biography/Aung-San-Suu-Kyi

stets eine felsenfeste Überzeugung an den Tag gelegt, die Grenzen ihres Fachgebiets zu erweitern. Als amerikanische Ingenieurin hat Croak bahnbrechende Beiträge geleistet, die die Art und Weise, wie die Welt kommuniziert, grundlegend geprägt und gestaltet haben.

Obwohl Frauen in ihren prägenden Jahren nur begrenzte Möglichkeiten im Ingenieurwesen hatten, ließ Croak sich niemals von gesellschaftlichen Normen in ihrem Potenzial einschränken. Angetrieben von ihrem tiefen Interesse an Technologie und einem ausgeprägten Zielbewusstsein absolvierte sie ein weiterführendes Studium und erwarb einen Doktortitel in Sozialpsychologie und quantitativer Analyse an der University of Southern California. Croaks glanzvolle Karriere ist geprägt von einer Reihe bahnbrechender Innovationen, insbesondere im Bereich der Voice-over-Internet-Protocol-Technologie (VoIP). Dies war nicht nur ein technologischer Durchbruch, sondern eine epochale Veränderung in der Art und Weise, wie die Welt miteinander verbunden ist. Ihre Vision und ihr technisches Gespür spielten eine entscheidende Rolle bei der Verbreitung und Zugänglichkeit von VoIP. Unter ihren unzähligen Errungenschaften sticht eine aufgrund ihrer bedeutenden gesellschaftlichen Auswirkungen besonders hervor: die Entwicklung von Notrufdiensten für VoIP. Diese Innovation verkörperte Croaks Weitsicht und ihr Engagement für das Gemeinwohl. Sie erkannte den Wandel hin zur digitalen Kommunikation und stellte sicher, dass in Notfällen die Art der Kommunikation kein Hindernis für den Zugang zu lebenswichtiger Hilfe darstellen würde.

Als eine der wenigen afroamerikanischen Frauen in ihrer Branche wurde Croak zudem zu einem Symbol für den Triumph über rassistische und geschlechtsspezifische Vorurteile. Ihr Werdegang ist ein Beweis dafür, was durch Beharrlichkeit, Weitsicht und den Mut, den Status quo in Frage zu stellen, erreicht werden kann. Im Laufe ihrer Karriere erhielt Marian Croak zahlreiche Auszeichnungen, die sowohl eine Anerkennung ihrer Beiträge als auch eine Inspiration für diejenigen darstellen, die in der Welt der Technologie ihre Spuren hinterlassen wollen.

Ihr Vermächtnis besteht aus mehr als nur ihren Innovationen – es sind die Wege, die sie für künftige Generationen geebnet hat, und die Inspiration, die sie weiterhin all jenen gibt, die in ihren jeweiligen Bereichen Grenzen verschieben wollen. Als wahre Koryphäe der Telekommunikation wird Marian Croaks Geschichte noch Jahrzehnte lang nachhallen und inspirieren.[4] Aus diesen Beispielen ergibt sich ein ganz klares Muster. In schwierigen Zeiten entwickelten diese inspirierenden Persönlichkeiten ihr Verständnis und ihr Streben nach Weisheit, das akademische, moralische und spirituelle Aspekte umfasste. Sie erinnern uns daran, dass Weisheit ein ganzheitliches Unterfangen ist, das Wissen, Werte und die Suche nach Wahrheit in den unterschiedlichsten Lebenssituationen vereint. Ihre prägenden Erfahrungen zeigen, dass Glaube und Weisheit, ebenso wie Philosophie und Weisheit, Freunde sind.

Glaube kann dich deinen Werten treu halten:

Der Glaube, oft als unerschütterlicher Glaube an das Unsichtbare bezeichnet, besitzt eine angeborene Kraft, den Menschen an seinen Werten zu verankern, und dient als unerschütterlicher Kompass in den stürmischen Gewässern des Lebens. So wie ein Leuchtturm Schiffe durch die Dunkelheit führt, erhellt der Glaube den Weg zu den eigenen Prinzipien und

---

[4] Jbkatz. (5. Januar 2023). *Croak, Dr. Marian Rogers – Erfinderin von VOIP Amazing Black History*.
https://amazingblackhistory.com/2023/01/05/croak-dr-marian-rogers-inventor-of-voip/

ermöglicht so die Bewahrung moralischer Integrität und das Streben nach Tugend.

Dies lässt sich verinnerlichen, wenn man die Kämpfe betrachtet, die viele Ikonen der Menschheitsgeschichte durchlebt haben. Doch die Frage ist, wie sie diese scheinbar unlösbaren Probleme bewältigen. Sie hatten Glauben. Von Augustinus von Hippo bis Aung San Suu Kyi gibt es zahlreiche Beispiele.

Komplexe Menschen durchleben komplexe Probleme, entdecken dabei jedoch die Kraft des Glaubens und wenden das Blatt zu ihren Gunsten.

Im Kern fördert der Glaube eine Verbindung zwischen dem Einzelnen und seinen Grundwerten. Indem sie ihr Vertrauen in einen höheren Zweck oder eine göttliche Kraft setzen, werden Menschen befähigt, trotz äußeren Drucks ihren Überzeugungen treu zu bleiben. Dieses unerschütterliche Bekenntnis entspringt der Gewissheit, dass ihre Werte keine persönlichen Konstrukte sind, sondern in etwas Größerem und Zeitlosem verwurzelt sind. Diese Gewissheit dient als solides Fundament, das es dem Einzelnen ermöglicht, die unzähligen Herausforderungen und Versuchungen zu meistern, die das Leben bereithält. Der Glaube verleiht dem Einzelnen Widerstandsfähigkeit und gibt ihm den Mut, Widrigkeiten zu trotzen, ohne seine Werte zu kompromittieren. Der Glaube dient als moralischer Anker, wenn man mit ethischen Dilemmata oder gesellschaftlichen Normen konfrontiert ist, die den eigenen Überzeugungen widersprechen. Er verleiht die Kraft, sich der Konformität mit der Masse zu widersetzen, und ermöglicht es dem Einzelnen, angesichts moralischer Unklarheiten aufrecht zu stehen.

Glaube ist wie dieser überaus enthusiastische Personal Trainer, der immer wieder ruft: **„Du schaffst das!"**, selbst wenn man kurz davor ist, ohnmächtig zu werden. Er überzeugt Menschen davon, weiterzumachen, selbst wenn das Leben eine Reihe von Hindernissen in den Weg legt, die das Aufgeben als die beste Option erscheinen lassen. Der unerschütterliche Glaube, dass es einen höheren Sinn gibt, verleiht dem Einzelnen eine Art übermenschliche Ausdauer – sei es, um einen brutalen Montagmorgen zu überstehen, mit Verwandten umzugehen, die sich am Esstisch *immer noch* über Politik streiten, oder existenzielle Krisen des Lebens zu meistern, ohne völlig durchzudrehen.

Der Glaube wirkt auch wie ein eingebautes Alarmsystem für Selbstreflexion. Er erinnert die Menschen daran, dass ihre Entscheidungen nicht nur von der Gesellschaft beurteilt werden, sondern möglicherweise auch von einer allwissenden Instanz, die – seien wir ehrlich – alles sieht – einschließlich des zusätzlichen Desserts, das man sich geschworen hatte, nicht zu essen. Diese kosmische Rechenschaftspflicht zwingt die Menschen dazu, zweimal nachzudenken, bevor sie fragwürdige Entscheidungen treffen, und ermutigt sie, ihr Handeln an etwas auszurichten, das größer ist als momentane Befriedigung. Schließlich sagt nichts so deutlich *„Überdenk deine Lebensentscheidungen“* wie die Möglichkeit eines göttlichen Seitenblicks.

Über seine Fähigkeit hinaus, Menschen zu bestem Verhalten anzuhalten, hat der Glaube eine hinterhältige Art, selbst die zynischsten Individuen in Menschen zu verwandeln, denen andere wirklich am Herzen liegen. Er schafft ein seltsames Phänomen, bei dem Menschen beginnen, Fremden mit Freundlichkeit zu begegnen, Unterstützung anzubieten und – wenn wir das so sagen dürfen – **zu anständigen Menschen zu werden.** Das gemeinsame Gefühl der Sinnhaftigkeit nährt einen unerklärlichen Drang, einen positiven Beitrag zur Welt zu leisten, selbst wenn das bedeutet, die Tür für jemanden offenzuhalten, der noch sechs Meter entfernt ist.

Letztendlich ist der Glaube dieser eine Freund, der darauf besteht, motivierende Reden zu halten, wenn man eigentlich nur im Bett bleiben und seine Pflichten ignorieren möchte. Er weigert sich, Menschen in das Chaos abgleiten zu lassen, und flüstert einem ständig von Integrität, Widerstandsfähigkeit und Sinnhaftigkeit zu. Ist das manchmal nervig? Sicher. Funktioniert es? Auf jeden Fall. Wie ein gut dirigiertes Orchester hält der Glaube alles im Einklang und sorgt dafür, dass das chaotische Durcheinander des Lebens immer noch wie eine halbwegs anständige Symphonie klingt.

Kapitel 5
Finanzielle Sicherheit

Finanzielle Weisheit ist ein Grundprinzip für jeden, der das Glück hat, durch das moderne Leben zu stolpern, ohne versehentlich eine Toilette aus massivem Gold zu kaufen. Sie steht in Zusammenhang mit den früheren Kapiteln über Weisheit und Philosophie, denn nichts drückt „Erleuchtung" so sehr aus wie ein ausgeglichener Haushalt.

Lassen Sie uns zunächst in die tiefgründigen Tiefen der Finanzen eintauchen. Der Begriff bezeichnet die finanziellen Ressourcen und Angelegenheiten eines Staates, einer Organisation oder einer Person. Das Wort stammt aus dem Altfranzösischen, was nichts anderes ist als eine vornehme Umschreibung für „Leute, die viel Lösegeld verlangen". Später bezeichnete es Steuern und Einnahmen, weil sich daran nichts geändert hatte. Die heutigen Bedeutungen stammen aus dem 18. Jahrhundert, als die Menschen begannen zu erkennen, dass sie für Dinge noch mehr verlangen konnten.

In diesem Kapitel werden wir untersuchen, was Finanzen beinhalten und wie sie mit Weisheit verbunden sind, wenn wir uns eine Gruppe von Mönchen vorstellen, die der Armut geschworen haben und es dennoch irgendwie schaffen, in das antike Äquivalent eines Hedgefonds zu investieren. Sie singen Mantras und handeln gleichzeitig mit seltenen Gewürzen. Ihre Finanzstrategie ist weniger „Wall Street" als vielmehr „Mauer der stillen Kontemplation". Sie verstehen, dass wahrer Reichtum nicht darin besteht, Gold zu horten. Es geht darum, genug Linsen zu haben, um das nächste Meditationsretreat zu überstehen.

Um diese Diskussion zu beginnen, müssen wir zunächst verstehen, was Finanzen sind. Im Grunde genommen handelt es sich dabei um die Dinge, die man verwalten muss, damit man am Ende nicht seine Sandalen gegen eine Tasse Tee eintauschen muss.

Finanzen sind ein entscheidendes Konzept, das die Verwaltung von Geld und Ressourcen umfasst und sowohl für Einzelpersonen als auch für Organisationen von grundlegender Bedeutung ist. Es umfasst verschiedene Aspekte wie Budgetierung, Investitionen, Sparen, Kreditaufnahme und Zukunftsplanung. Während Finanzen in erster Linie mit Geldangelegenheiten in Verbindung gebracht werden, liegt ihr Zusammenhang mit Weisheit in der verantwortungsvollen und fundierten Entscheidungsfindung. Sie ist erforderlich, um finanziellen Erfolg und Sicherheit zu erlangen.

Da wir bereits ausführlich über Weisheit gesprochen haben, werden wir kurz zusammenfassen, was sie beinhaltet, um sicherzustellen, dass es keine Unstimmigkeiten gibt, während wir untersuchen, wie die beiden miteinander verflochten sind. Wie Sie wissen, ist Weisheit im Kern die Fähigkeit, Wissen, Erfahrung und Urteilsvermögen einzusetzen, um zu fundierten Entscheidungen und positiven Ergebnissen zu gelangen. Im Finanzkontext geht Weisheit über Finanzwissen hinaus. Sie umfasst das Verständnis der weiterreichenden Auswirkungen finanzieller Entscheidungen, das Erkennen von Risiken und die Berücksichtigung langfristiger Konsequenzen.

Ein Aspekt der Weisheit in der Finanzwelt ist die Fähigkeit, finanzielle Ziele und Prioritäten zu setzen. Die Zuweisung von Ressourcen zur Deckung sowohl kurzfristiger Bedürfnisse als auch langfristiger Ziele erfordert sorgfältige Überlegungen zu persönlichen Umständen, Marktbedingungen und potenziellen Unsicherheiten. Umsicht bei der Unterscheidung zwischen

Bedürfnissen und Wünschen sowie der Verzicht auf impulsive Ausgaben veranschaulichen den Einfluss von Weisheit auf finanzielle Entscheidungen. Es ist klug, vorausschauend zu planen, indem man vergangene Erfahrungen analysiert, um zukünftige Entscheidungen zu leiten.

Ein weiterer wichtiger Bereich ist das Investieren. Kluge Anleger führen gründliche Recherchen durch, verstehen die Marktdynamik, bewerten ihre Risikotoleranz und stimmen ihre Investitionen auf ihre Ziele ab. Ein ausgewogener Ansatz, der eine Diversifizierung des Portfolios beinhaltet, trägt dazu bei, Risiken zu reduzieren und Renditen zu optimieren.

Weisheit in Finanzangelegenheiten beinhaltet auch einen verantwortungsvollen Umgang mit Schulden. Es ist strategisch klug, nur so viel zu leihen, wie vernünftigerweise zurückgezahlt werden kann, und hochverzinsliche Schulden zu vermeiden, die zu finanziellen Schwierigkeiten führen. Schulden ohne angemessene Risikobewertung können Einzelpersonen in eine Falle aus wachsenden Zinsverpflichtungen treiben.

Finanzplanung ist für die Altersvorsorge unerlässlich. Faktoren wie Inflation, wirtschaftliche Veränderungen und Lebensstilvorstellungen beeinflussen kluge Entscheidungen über Ersparnisse, Investitionen und Altersvorsorge. Eine durchdachte Planung gewährleistet Komfort und Sicherheit im Alter und bietet ein Sicherheitsnetz für unvorhergesehene Ereignisse.

Weisheit leitet Unternehmen und Regierungen bei nachhaltigen finanziellen Entscheidungen. Unternehmen optimieren ihren Cashflow und lenken Investitionen sorgfältig auf langfristiges Wachstum aus, während Regierungen bestrebt sind, Haushalte auszugleichen, Ressourcen effizient zuzuweisen und wirtschaftliche Stabilität zu wahren.

Vernünftige finanzielle Entscheidungen spiegeln ethische und soziale Verantwortung wider. Das Konzept der nachhaltigen Finanzwirtschaft betont ökologische, soziale und Governance-Aspekte und fördert Investitionen, die verantwortungsvolle Geschäftspraktiken unterstützen.

Bildung und kontinuierliches Lernen fördern finanzielle Weisheit und verringern die Wahrscheinlichkeit, dass man kosmische Theorien heranzieht, um zu erklären, warum das Bankkonto leer ist. Schon in jungen Jahren entwickelt Finanzkompetenz fundierte Entscheidungsfähigkeiten, kritisches Denken und ethisches Bewusstsein – allesamt Fähigkeiten, die Menschen dabei helfen, bedauerliche nächtliche Einkaufstouren zu vermeiden.

Finanzen und Weisheit verbinden sich durch die Anwendung von Wissen, Erfahrung und gewissenhaftem Urteilsvermögen. Fundierte finanzielle Entscheidungen berücksichtigen langfristige Konsequenzen, ethische Überlegungen und die weiterreichenden Auswirkungen auf Einzelpersonen, Organisationen und die Gesellschaft. Die Erweiterung der Finanzkompetenz, die Förderung nachhaltiger Praktiken und die Annahme einer Haltung des kontinuierlichen Lernens tragen zu einer Zukunft bei, die sowohl sicher als auch wohlhabend ist.

Diskussion über finanzielle Sicherheit

Man kann mit ziemlicher Sicherheit sagen, dass die Schaffung finanzieller Sicherheit ein kluges und unverzichtbares Ziel ist, das Einzelpersonen und Haushalten zahlreiche Vorteile und Seelenfrieden bietet. Es geht nicht immer nur um die Zahlen auf einem Bankkonto. Es ist das stille Vertrauen, dass die unerwarteten Stürme des Lebens einen nicht hinwegfegen werden. Es ist die Freiheit, Träume zu verfolgen, ohne ständig von finanziellen

Sorgen überschattet zu werden. Die Sicherung einer soliden finanziellen Grundlage ist nicht nur praktisch, sondern ein kluges und fast schon spirituelles Unterfangen. Schließlich geht es bei wahrem Reichtum nicht nur um Geld. Es geht um die innere Ruhe, die entsteht, wenn man weiß, dass die Überraschungen des Lebens einen nicht dazu zwingen werden, in den Sofakissen nach Kleingeld zu suchen.

Finanzielle Stabilität bietet ein Sicherheitsnetz in Krisen und bei unvorhergesehenen Umständen. Unsicherheiten, darunter Naturkatastrophen, Arbeitsplatzverlust und gesundheitliche Probleme, sind im Leben allgegenwärtig. Mit Ersparnissen und finanziellen Rücklagen können Menschen diese Stürme überstehen, ohne in extreme finanzielle Schwierigkeiten zu geraten. So können sie unmittelbare Bedürfnisse decken und vermeiden, hochverzinsliche Schulden aufzunehmen oder Vermögenswerte zu ungünstigen Konditionen zu verkaufen.

Darüber hinaus fördert finanzielle Sicherheit ein Gefühl der Stabilität und reduziert Stress. Finanzielle Sorgen können eine erhebliche Quelle von Angst und Belastung für die psychische Gesundheit sein. Das Wissen, dass man über ausreichende Mittel verfügt, um wesentliche Ausgaben zu decken, Schulden zu bewältigen und für die Zukunft zu planen, vermittelt ein Gefühl von Zuversicht und innerer Ruhe. Diese Stabilität ermöglicht es dem Einzelnen, sich auf andere Aspekte des Lebens zu konzentrieren, wie persönliche Entwicklung, Beziehungen und das allgemeine Wohlbefinden.

In vielerlei Hinsicht eröffnet finanzielle Sicherheit Möglichkeiten für persönliches und berufliches Wachstum. Eine solide finanzielle Grundlage ermöglicht es dem Einzelnen, in Bildung, Weiterbildung oder die Gründung eines Unternehmens zu investieren. Sie bietet die Freiheit, neue Karrierewege zu erkunden oder kalkulierte Risiken einzugehen, die zu größerem finanziellen Wohlstand und Erfüllung führen können. Finanzielle Sicherheit befähigt Menschen, ihren Leidenschaften nachzugehen und ihre Ziele zu erreichen, ohne durch finanzielle Einschränkungen behindert zu werden.

Finanzielle Sicherheit bedeutet mehr, als nur Geld zu horten, wie ein Drache sein Gold. Es ist ein ausgewogener Ansatz, der es Menschen ermöglicht, wichtige Lebensereignisse zu bewältigen, ohne in Panik zu geraten, wenn eine Rechnung eingeht. Wenn die Finanzen in Ordnung sind, ist es viel stressfreier, ein Haus zu kaufen, die Ausbildung zu finanzieren oder für den Ruhestand vorzusorgen. Der Stress wird verringert, und diese Lebensereignisse verwandeln sich durch richtige Planung von beängstigenden Sprüngen ins Ungewisse in geschickt ausgeführte Züge auf dem großen Schachbrett des Lebens.

Langfristiger Vermögensaufbau ist ein unvermeidliches Nebenprodukt finanzieller Sicherheit. Menschen, die Stabilität priorisieren, entwickeln in der Regel verantwortungsbewusste Gewohnheiten wie regelmäßiges Sparen, Budgetplanung mit der Präzision eines NASA-Ingenieurs und Investitionen mit der Geduld einer weisen alten Schildkröte. In Kombination mit der magischen Kraft des Zinseszinses können diese Gewohnheiten zu beträchtlichem Reichtum anwachsen. Dies sichert nicht nur einen komfortablen Ruhestand, sondern hinterlässt auch ein finanzielles Erbe, das zukünftige Generationen entweder schätzen oder spektakulär verschwenden werden.

Finanzielle Sicherheit spielt auch in Beziehungen eine entscheidende Rolle. Paare, die finanziell stabil sind, verbringen ihre Abende nicht damit, sich über Kreditkartenrechnungen zu streiten oder darüber, ob sie es sich leisten können, im Restaurant Guacamole zu bestellen. Offene Kommunikation über Geld, gemeinsame finanzielle Ziele und gegenseitige Unterstützung schaffen eine Grundlage des Vertrauens und verhindern unnötigen Stress. Ein ausgewogener Finanzplan ist im Grunde eine Beziehungsversicherung ohne Kleingedrucktes und versteckte Gebühren.

Vermögen zu schützen ist genauso wichtig wie es anzuhäufen. Versicherungen und Nachlassplanung fungieren als finanzielle Sicherheitsgurte und sorgen dafür, dass unvorhergesehene Ereignisse nicht alles in eine katastrophale Talfahrt stürzen lassen. Der richtige Versicherungsschutz mindert Risiken, während Nachlassplanung zukünftige Familienstreitigkeiten verhindert, die Tages-Seifenopern harmlos erscheinen lassen. Ein gut durchdachter Plan stellt sicher, dass Vermögen wie beabsichtigt übertragen wird, und vermeidet unnötige juristische Dramen.

Ein faszinierender Nebeneffekt finanzieller Sicherheit ist die Freiheit, einen Beitrag zur Gesellschaft zu leisten. Sobald die existenzielle Panik vor der Mietzahlung aus dem Weg geräumt ist, können sich Menschen auf Philanthropie konzentrieren, sinnvolle Anliegen unterstützen und die Welt ein wenig besser machen. Etwas zurückzugeben ist nicht nur ein Akt der Freundlichkeit. Es ist ein raffinierter Beweis finanzieller Kompetenz. Es beweist, dass der Einzelne die Kunst der Geldverwaltung so gut beherrscht, dass er es sich leisten kann, großzügig zu sein, ohne seine eigene Stabilität zu gefährden.

Der Aufbau finanzieller Sicherheit ist einer der klügsten Schritte, die ein Mensch unternehmen kann. Er fördert langfristige Stabilität, gibt Menschen das Selbstvertrauen, Chancen zu nutzen, und dient als Sicherheitsnetz in Notfällen. Neben der Verbesserung des individuellen Wohlbefindens stärkt eine stabile finanzielle Basis die Bindungen zu anderen und hinterlässt einen bleibenden Eindruck in der Nachbarschaft. Zusammenfassend lässt sich sagen, dass die Schaffung eines Lebens frei von der Last finanzieller Ängste für die finanzielle Sicherheit wichtiger ist als das Anhäufen von Reichtum.

Treffen Sie finanzielle Entscheidungen frühzeitig

Erfolgreiche Menschen haben in der Regel eines gemeinsam: Sie haben früh erkannt, dass Geld nicht nur zum Ausgeben da ist, sondern zum Vermehren. Die Fähigkeit, schon in jungen Jahren kluge finanzielle Entscheidungen zu treffen, bestimmt nicht nur die Höhe des Bankkontos, sondern prägt die gesamte Zukunft eines Menschen. Finanzielle Entscheidungen sind nicht nur langweilige Pflichten für Erwachsene. Sie entscheiden darüber, ob jemand mit vierzig an einem Strand Margaritas schlürft oder immer noch versucht herauszufinden, warum die Miete ständig steigt, während das Gehalt stagniert.

Zeit funktioniert in der Finanzwelt wie ein Zaubertrick. Je früher jemand mit dem Sparen und Investieren beginnt, desto mehr arbeitet sein Geld für ihn. Zinseszinsen sind wie das Pflanzen eines winzigen Geldbaums, der sich schließlich in einen ganzen Wald verwandelt. Ein einziger Dollar, der heute investiert wird, liegt nicht einfach nur da wie ein unmotivierter Teenager. Er bringt Erträge, wird reinvestiert und wächst, und schafft so eine Zukunft, in der Geld mehr Geld macht, anstatt darauf zu bestehen, für überteuerten Kaffee ausgegeben zu werden. Diejenigen, die früh anfangen, sind diejenigen, die sich später zurücklehnen können, während ihr Geld die schwere Arbeit erledigt.

Finanzielle Verantwortung zu ignorieren mag sich im Moment toll anfühlen – bis es nicht mehr so ist. Von Gehaltsscheck zu

Gehaltsscheck zu leben, in Schulden zu versinken und sich zu fragen, warum „Notfallfonds" wie ein Mythos klingen, sind nicht nur unglückliche Zufälle. Oft sind sie die direkte Folge der Einstellung: „Mein zukünftiges Ich wird das schon hinbekommen." Spoiler-Alarm: Dein zukünftiges Ich wird sehr verärgert sein. Bei finanzieller Weisheit geht es nicht darum, reich zu sein.

Es geht darum, Optionen zu haben. Die Wahl, früh in Rente zu gehen, frei zu reisen oder einfach nur den Stress zu vermeiden, ständig Rechnungen ausweichen zu müssen. Reichtum entsteht nicht über Nacht und schon gar nicht, indem man so tut, als würden sich Geldprobleme von selbst lösen. Es erfordert Geduld, Disziplin und vor allem die Fähigkeit, Nein zu Dingen zu sagen, die vorübergehende Freude, aber langfristiges Bedauern bringen, wie zum Beispiel das 300-Dollar-Designer-Sweatshirt, das genau wie das 20-Dollar-Modell aussieht.

Die Bedeutung der Pflege guter finanzieller Gewohnheiten von klein auf kann gar nicht hoch genug eingeschätzt werden. Frühzeitig zu lernen, verantwortungsbewusst zu budgetieren, zu sparen und zu investieren, legt den Grundstein für ein Leben lang umsichtiges Geldmanagement. Diese Fähigkeiten befähigen den Einzelnen, sich mit Selbstvertrauen und Klugheit in den Komplexitäten der persönlichen Finanzen zurechtzufinden.

Früh mit verantwortungsvollem Schuldenmanagement zu beginnen, ist nicht nur eine gute Idee. Es ist der einzige Weg, eine finanzielle Katastrophe zu vermeiden, noch bevor man überhaupt die 30 erreicht hat. Der falsche Umgang mit Studienkrediten, Kreditkarten und anderen Formen der Kreditaufnahme ist wie der Abschluss einer lebenslangen Mitgliedschaft im Stress-Club. Abgesehen davon, dass es unangenehm ist, ist das Anhäufen hochverzinslicher Schulden eine finanzielle Falle.

Je tiefer man hineingerät, desto schwieriger ist es, wieder herauszukommen. Ein kluger Umgang mit Schulden von Anfang an bewahrt einen nicht nur davor, in monatlichen Zahlungen zu versinken, sondern schafft auch eine solide Bonität, die – ob man es nun mag oder nicht – darüber entscheidet, ob Banken einen ernst nehmen oder wie eine finanzielle Belastung in Menschengestalt behandeln.

Langfristige finanzielle Ziele lassen sich nicht in letzter Minute aus dem Ärmel schütteln. Man beschließt nicht über Nacht, ein Haus zu kaufen, sich komfortabel zur Ruhe zu setzen oder eine Ausbildung zu finanzieren. Diese Dinge erfordern Planung, Geduld und ein wenig Disziplin – was, seien wir ehrlich, die meisten Menschen lieber vermeiden würden. Je früher du anfängst, desto mehr Zeit hast du, dein Geld wachsen zu lassen, Rückschläge auszugleichen und den Prozess tatsächlich zu genießen, anstatt in Panik zu geraten, wenn die Realität zuschlägt. Frühzeitig die Grundlagen zu legen bedeutet, ohne unnötigen Stress auf große Meilensteine hinzuarbeiten, statt in letzter Sekunde hektisch zu werden und sich zu fragen, wo dein ganzes Geld geblieben ist.

Ein solider finanzieller Start schafft ein Sicherheitsnetz, was besonders in Zeiten von Arbeitsplatzverlust oder medizinischen Notfällen relevant ist, in denen finanzielle Sicherheit dem Einzelnen hilft, Herausforderungen zu meistern, ohne seinen Gesamtfortschritt zu gefährden.

Frühe finanzielle Weisheit fördert nicht nur das persönliche finanzielle Wachstum, sondern befähigt den Einzelnen auch, Unternehmertum und Investitionen zu erkunden. Menschen sind eher geneigt, kalkulierte Risiken einzugehen, Geschäftsmöglichkeiten zu verfolgen und in Vermögenswerte zu investieren, die ihr Vermögen im Laufe der Zeit vermehren können, wenn sie über ein solides Verständnis von Finanzen verfügen.

Eine solide finanzielle Grundlage sollte schon in jungen Jahren gelegt werden. Der Unterschied zwischen einem komfortablen Leben und einem, in dem man zur Hauptfigur einer eigenen Doku über finanzielle Katastrophen wird, liegt genau darin. Informierte Entscheidungen zu treffen, bevor das Erwachsenenleben einem voll ins Gesicht schlägt, bedeutet, dass man die „aufregende" Erfahrung vermeiden kann, in Schulden zu versinken oder so schlechte Investitionsentscheidungen zu treffen, dass sie als Fallstudie in „Was man mit seinem Geld nicht tun sollte" dienen könnten.

Sicher, aus Fehlern zu lernen formt den Charakter, aber manche Fehler – wie das Ausreizen von Kreditkarten für Designer-Sneaker oder das Investieren der gesamten Ersparnisse in die geniale Idee des Cousins für ein glutenfreies Wasserunternehmen – sollte man am besten ganz vermeiden.

Finanzieller Stress ist eine universelle Horrorgeschichte, und ihn zu ignorieren lässt ihn nicht verschwinden. Es gibt ihm nur Zeit, sich zu einem ausgewachsenen Albtraum zu entwickeln. Diejenigen, die früh den Dreh raus haben, können Luxus wie einen ruhigen Schlaf genießen, während der Rest eine innige Beziehung zum Abschnitt „Mindestzahlungsbetrag" auf ihrem Kontoauszug entwickelt. Geldprobleme machen jeden Aspekt des Lebens stressiger, warum also nicht das selbstverschuldete Chaos vermeiden? Triff frühzeitig ein paar kluge Entscheidungen, und plötzlich fühlt sich das Leben viel weniger wie eine Folge von „Survival: Capitalism Edition" an.

Es geht nicht nur darum, für den Rest deines Lebens auf Ramen-Nudeln zu verzichten. Nein, es geht darum, einen glorreichen, generationenübergreifenden Geldberg aufzubauen. Stell es dir wie ein Pyramidensystem vor, nur legal und mit etwas weniger Druck, deine Oma anzuwerben.

Es geht darum, ein Vermächtnis des Wohlstands zu schaffen, was dazu führt, dass sich zukünftige Generationen darüber streiten, wer den etwas weniger angelaufenen silbernen Löffel bekommt. Das wirkt sich positiv auf Familienmitglieder und zukünftige Generationen aus, indem es ihnen etwas gibt, wofür sie dir die Schuld geben können – ganz gleich, ob sie am Ende reich sind oder immer noch in deinem Keller wohnen.

Finanzielle Entscheidungen im späteren Leben

Der Zeitpunkt finanzieller Entscheidungen beeinflusst die finanzielle Entwicklung eines Menschen erheblich und prägt dessen langfristige Stabilität. Das Aufschieben dieser Entscheidungen führt zu Komplexitäten, die verschiedene Aspekte des finanziellen Wohlergehens beeinträchtigen. Diese Untersuchung beleuchtet die Gefahren des Aufschiebens und betont den Einfluss der Zeit auf die finanzielle Sicherheit.

Ein großes Risiko beim Aufschieben finanzieller Entscheidungen ist die verkürzte Zeitspanne, die für Sparen und Investitionen zur Verfügung steht. Das Aufschieben finanzieller Verpflichtungen verkürzt das Zeitfenster für den Vermögensaufbau und gefährdet langfristige Ziele wie den Ruhestand. Der Zinseszinseffekt, der für das Vermögenswachstum unerlässlich ist, lebt von der Zeit. Eine frühzeitige Finanzplanung ermöglicht einen exponentiellen Vermögensaufbau, während Verzögerungen das potenzielle Ruhestandsguthaben schmälern und das Risiko finanzieller Not im Alter erhöhen.

Finanzielle Entscheidungen wirken sich auch auf die beruflichen Möglichkeiten aus. Aufgeschobene Planung kann berufliche Wechsel und das Verdienstpotenzial einschränken, während rechtzeitige Entscheidungen Flexibilität bieten, um Chancen zu nutzen und finanzielles Wachstum anzustreben. Der Versicherungsschutz ist ein weiterer Bereich, in dem das Timing entscheidend ist. Das Aufschieben von Lebens- oder Pflegeversicherungen führt zu höheren Prämien und unzureichendem Versicherungsschutz, wodurch Einzelpersonen finanziell anfällig für unerwartete medizinische Ausgaben werden.

Eine wachsende finanzielle Belastung ist häufig die Folge von Aufschub. Mit der Zeit verschärfen sich hochverzinsliche Schulden, wodurch finanzielle Freiheit schwerer zu erreichen ist. Finanzielle Not kann aus schlechtem Schuldenmanagement resultieren, insbesondere im Ruhestand. Verzögerungen bei der Planung führen unweigerlich zu erhöhtem finanziellen Stress, der sich auf die geistige und körperliche Gesundheit auswirkt.

Nicht nur die Superreichen nutzen die Nachlassplanung, um ihr Vermächtnis wie das Finale einer dramatischen Fernsehserie zu gestalten. Sie richtet sich an alle, die keinen Familienkonflikt auslösen wollen, der eines Gerichtsdramas würdig ist, oder ihr hart erarbeitetes Vermögen in einem bürokratischen Sumpf verlieren möchten. Die Finanzplanung aufzuschieben ist eine fantastische Idee, wenn es Ihr Ziel ist, ein wenig Chaos in Ihr Leben zu bringen. Wer liebt nicht die Spannung, sich zu fragen, wohin das eigene Geld fließen wird, wenn man nicht mehr da ist?

Vergessen Sie Steuervorteile oder die Sicherung Ihres Vermögens. Das ist etwas für Menschen, die Seelenfrieden genießen. Lassen Sie stattdessen die Regierung oder einen entfernten Cousin, den Sie noch nie getroffen haben, entscheiden, was mit Ihrem hart erarbeiteten Vermögen geschehen soll.

Vielleicht finanziert Ihr Sparschwein aus Kindertagen die Midlife-Crisis eines anderen. Die Möglichkeiten sind endlos.

Dein eigenes Vermögen ist nicht das Einzige, was durcheinandergerät, wenn du die finanzielle Vorsorge aufschiebst. Es ist auch ein todsicherer Weg, alle großartigen Ideen zu sabotieren, die du hattest, um etwas zurückzugeben. Vielleicht hast du dir vorgestellt, Meeresschildkröten zu retten oder Stipendien für bedürftige Kinder zu finanzieren. Das ist bezaubernd. Ohne einen soliden Plan bleiben diese edlen Ziele in der Fantasiewelt gefangen, während dein Geld in etwas weit weniger Inspirierendes fließt. Anstatt etwas zu bewirken, könnte dein Vermächtnis am Ende die bahnbrechende Idee deines Cousins dritten Grades für einen Automaten finanzieren, der nur Kaugummi verkauft.

Bei der finanziellen Vorsorge geht es nicht nur darum, Stabilität zu gewährleisten. Es geht darum, sicherzustellen, dass Ihr Geld das tut, was Sie tatsächlich beabsichtigen. Andernfalls wird jemand anderes die Entscheidungen für Sie treffen. Wenn das nach einem Risiko klingt, das es wert ist, eingegangen zu werden, dann schieben Sie es ruhig weiter auf. Ihr zukünftiges Ich wird begeistert sein, sich mit den Konsequenzen auseinanderzusetzen.

Auf einen Notfallfonds zu verzichten ist so, als würde man sich weigern, einen Regenschirm mitzunehmen, und dann schockiert tun, wenn man bei einem Regenguss klatschnass wird. Das Leben liebt es, Überraschungen zu bereiten, von Arztrechnungen über plötzliche Reparaturen am Haus bis hin zum unerwarteten Verlust des Arbeitsplatzes. Diese Dinge warten nicht höflich, bis Sie finanziell stabil sind. Ohne ein Sicherheitsnetz werden hochverzinsliche Schulden zur einzigen Option und ziehen Sie in einen Kreislauf finanzieller Reue, der Studentenkredite geradezu großzügig erscheinen lässt.

Menschen, die finanzielle Entscheidungen aufschieben, sind zudem gezwungen, drastische Anpassungen ihres Lebensstils vorzunehmen. Die Veränderungen sind abrupt, unangenehm und voller Kummer. Anstatt plötzliche und schmerzhafte Opfer zu erfordern, ermöglicht ein gut durchdachter Finanzplan schrittweise, überschaubare Verbesserungen. Das Ziel ist es, finanzielle Entscheidungen zu treffen, die langfristige Ziele unterstützen, ohne dass sich das Leben wie eine Strafe anfühlt – und nicht, in Elend zu leben.

Entwickeln Sie eine finanzielle Denkweise

Finanzielle Stabilität frühzeitig im Leben durch strategische Investitionen zu schaffen, erfordert einen durchdachten Ansatz, der Risiko und potenzielle Renditen in Einklang bringt. Die Kunst des Investierens ist eine Reise, die Umsicht, Geduld und ein tiefes Verständnis der Marktdynamik erfordert. In diesem Bereich dienen mehrere Strategien als Säulen, um das angestrebte Ziel der finanziellen Stabilität zu erreichen.

Die Grundlage einer soliden Anlagestrategie liegt in dem Sprichwort „Zeit ist Geld". So früh wie möglich mit dem Investieren zu beginnen, ist vergleichbar mit dem Säen der Samen für finanziellen Wohlstand.

Indem Sie lieber früher als später mit dem Investieren beginnen, öffnen Sie die Tür zu einem mächtigen Phänomen, das als Zinseszins bekannt ist. Ja, genau Sie, die Person, die immer noch ein Sparschwein benutzt. Diese finanzielle Alchemie beinhaltet die Wiederanlage Ihrer Erträge – was, seien wir ehrlich, wahrscheinlich das Kleingeld ist, das Sie unter den Sofakissen gefunden haben –, damit diese im Laufe der Zeit zusätzliche Erträge generieren können. Der Zinseszinseffekt führt, wie ein Schneeball, der den Berg hinunterrollt, zu exponentiellem

Anlagewachstum. Stellen Sie sich das so vor, als würde Ihr Geld endlich beschließen, zur Abwechslung einmal etwas Nützliches zu tun. Regelmäßige Einzahlungen in Ihre Anlagen stärken diesen Wachstumskurs zusätzlich.

Also: Hör auf, diese überteuerten Lattes zu kaufen, und fang an, ein paar Euro in irgendetwas zu stecken – egal was. Die Gewohnheit regelmäßiger Einzahlungen in Gang zu setzen, löst einen positiven Kreislauf aus, der deine finanzielle Stabilität stetig erhöht. Und die brauchst du, ehrlich gesagt, dringend. Das Prinzip, nicht alles auf eine Karte zu setzen, gilt auch im Bereich der Investitionen. So wie du nicht all deine Hoffnungen und Träume darauf setzen solltest, im Lotto zu gewinnen.

Diversifizierung wirkt somit als Schutzwall gegen die launischen Schwankungen des Marktes. Sie ist der Grundpfeiler des Risikomanagements und beinhaltet die Streuung Ihrer Investitionen über verschiedene Anlageklassen. Aktien, Anleihen, Immobilien und Bargeld bilden die verschiedenen Ecken Ihrer Anlage-Leinwand. Das bewahrt Sie vor dem finanziellen Herzschmerz, Ihr gesamtes Geld in eine glänzende Anlage zu stecken, die schneller zusammenbricht als Ihre Begeisterung für einen Neujahrsvorsatz. Indem Sie Ihre Einsätze auf mehrere Vermögenswerte verteilen, müssen Sie nicht in Ihren Kaffee weinen, wenn einer davon abstürzt. Diese Strategie wirkt wie ein finanzielles Sicherheitsnetz, das den Schlag von Marktturbulenzen abfedert und sicherstellt, dass Sie nicht über Nacht vom „zukünftigen Mogul" zur „Warnung" werden.

Die Landschaft der Anlageinstrumente bietet viele Optionen, und zu den leuchtenden Sternen zählen kostengünstige Indexfonds und börsengehandelte Fonds (ETFs).

Diese Finanzinstrumente bilden die Wertentwicklung eines bestimmten Marktindexes ab und bieten Anlegern einen Anteil am breiteren Markt. Was sie auszeichnet, ist ihre Kosteneffizienz. Die mit diesen passiven Anlageinstrumenten verbundenen Gebühren sind in der Regel niedriger als die von aktiv verwalteten Fonds.

Dieser Faktor bedeutet, dass ein größerer Teil Ihres hart verdienten Geldes in das Wachstum Ihrer Anlagen fließt, anstatt in Fondsverwaltungsgebühren. Indexfonds und ETFs richten sich an den langfristigen Anleger und bieten einen stetigen Kurs aus Wachstum und Stabilität. In der Symphonie der finanziellen Stabilität durch Investitionen wird der Taktstock des Dirigenten von Ihren klugen Entscheidungen geschwungen. Eine harmonische Mischung aus frühzeitigem Einstieg, konsequenten Einzahlungen, Diversifizierung Ihres Portfolios und der Nutzung kostengünstiger Anlageinstrumente orchestriert eine Melodie finanzieller Sicherheit.

Wenn Sie sich durch den chaotischen Dschungel der Geldanlage kämpfen, denken Sie daran, dass jede Entscheidung, die Sie treffen, wie das Spielen eines Instruments in einem großen Finanzorchester ist. Spielen Sie es richtig, und Sie haben ein Meisterwerk. Spielen Sie falsch, und es klingt wie ein Drittklässler, der sich an einer Geige versucht. Die Welt der Geldanlage ist eine leere Leinwand, aber wenn Sie ohne Plan mit Farbe um sich werfen, schaffen Sie keine finanzielle Stabilität. Sie verursachen ein teures Chaos. Nehmen Sie den Pinsel also erst mit Bedacht in die Hand, es sei denn, Ihre Vorstellung von Vermögensverwaltung besteht darin, sich mit Fingerfarben in den Bankrott zu malen.

Ziehe arbeitgeberfinanzierte Altersvorsorgekonten in Betracht

Nutzen Sie vom Arbeitgeber finanzierte Altersvorsorgekonten wie 401(k)- oder 403(b)-Pläne. 401(k)-Pläne sind Pläne, die gewinnorientierte Unternehmen anbieten. Man hat nur dann Anspruch auf einen solchen Plan, wenn der Arbeitnehmer als Mitarbeiter gilt, der vorsteuerliches oder nachsteuerliches Geld durch Gehaltsabzüge einzahlt. 403(b)-Pläne werden Mitarbeitern von gemeinnützigen Organisationen und staatlichen Einrichtungen angeboten. Zahlen Sie genug ein, um Anspruch auf etwaige Arbeitgeberzuschüsse zu haben, da dies im Grunde „Gratisgeld" für Ihre Altersvorsorge bedeutet.

Eröffnen Sie ein Roth IRA

Ein Roth IRA ist ein individuelles Altersvorsorgekonto, das steuerfreies Wachstum und steuerfreie Auszahlungen im Ruhestand bietet. Die Regeln für Roth IRAs sehen vor, dass Sie, sofern Sie Ihr Konto seit fünf Jahren besitzen und mindestens 59½ Jahre alt sind, Ihr Geld jederzeit abheben können, ohne dass Sie dafür Bundessteuern zahlen müssen. Wenn Sie die Voraussetzungen erfüllen, sollten Sie die Eröffnung eines Roth IRA in Betracht ziehen. Bei einem Roth IRA zahlen Sie die Steuern im Voraus, sodass Sie in Zukunft keinen Teil Ihrer Altersvorsorge an den Staat abgeben müssen – wie ein reumütiger Spieler, der seine Schulden begleicht. Sie zahlen mit nachsteuerlichem Geld ein, aber wenn es an der Zeit ist, das Geld abzuheben, gehört es ganz Ihnen und ist steuerfrei. Das ist besonders vorteilhaft, wenn Sie vermuten, dass der Staat in Zukunft noch gieriger sein wird. Stellen Sie sich das so vor, als würden Sie jetzt für ein All-you-can-eat-Buffet bezahlen, damit Sie später nicht jeden Bissen einzeln berechnen müssen, wenn Sie einfach nur das Festmahl genießen wollen.

Bleiben Sie informiert und gebildet

Bleiben Sie über Finanzmärkte, Anlagemöglichkeiten und wirtschaftliche Trends auf dem Laufenden. Informieren Sie sich über verschiedene Anlagestrategien und

Risikomanagementtechniken, um fundierte Entscheidungen zu treffen.

Denken Sie daran: Zu viel Wissen ist nie schlecht, besonders wenn Ihr hart verdientes Geld auf dem Spiel steht. Das Einzige, was schlimmer ist als eine schlechte Investition, ist eine schlechte Investition, die man voller Überzeugung tätigt. Bilden Sie sich weiter, es sei denn, Sie genießen den Nervenkitzel des finanziellen Ruins, und erklären Sie Ihrem zukünftigen Ich, warum Sie dachten, in das „geniale" Start-up eines Freundes zu investieren, sei eine gute Idee.

Vermeiden Sie emotionale Investitionen

Anlagen, die auf Emotionen wie Angst oder Gier basieren, können zu impulsiven Entscheidungen führen, die Ihrer finanziellen Stabilität schaden können. Halten Sie sich an Ihren langfristigen Anlageplan und vermeiden Sie reflexartige Reaktionen auf kurzfristige Marktschwankungen.

Ziehen Sie den Durchschnittskosteneffekt in Betracht

Beim Dollar-Cost-Averaging wird in regelmäßigen Abständen ein fester Betrag investiert, unabhängig von den Marktbedingungen. Diese Strategie hilft, die Auswirkungen von Marktvolatilität zu verringern, und ermöglicht es dir, mehr Anteile zu kaufen, wenn die Preise niedrig sind, und weniger, wenn die Preise hoch sind.

Legen Sie einen Notfallfonds an

Manche Anleger legen strategisch einen Notfallfonds in Höhe von drei bis sechs Monatsausgaben an. Dieser Fonds dient als Sicherheitsnetz bei unerwarteten Ereignissen und stellt sicher, dass Sie in Notfällen nicht auf Ihre Anlagen zurückgreifen müssen.

Überprüfen und neu ausrichten

Überprüfen Sie Ihr Anlageportfolio regelmäßig, um sicherzustellen, dass es weiterhin Ihren finanziellen Zielen und Ihrer Risikotoleranz entspricht. Gleichen Sie Ihr Portfolio bei Bedarf neu aus, um die gewünschte Vermögensaufteilung beizubehalten.

Finanzielle Stabilität frühzeitig im Leben aufzubauen, ist nichts, was man überstürzen kann. Sofern Sie nicht vorhaben, zufällig zu einem Vermögen zu kommen, sind Geduld und Disziplin besser für Sie als Wunschdenken. Geld ohne Strategie in Anlagen zu stecken, ist wie der Versuch, einen Kuchen zu backen, ohne etwas abzumessen. Das Ergebnis wird eine teure Katastrophe sein. Ihre Anlagestrategie sollte zu Ihrer finanziellen Situation, Ihrer Risikobereitschaft und Ihren langfristigen Zielen passen. Entscheidungen auf der Grundlage dessen zu treffen, was im Moment spannend klingt, ist ein sicherer Weg, um pleite zu gehen. Professionelle Beratung einzuholen ist wertvoll, besonders am Anfang.

Sofern du deinem finanziellen Fachwissen nicht genauso vertraust wie jenem Impulskauf, der jetzt Staub ansammelt, ist es ratsam, sich beraten zu lassen.

Vermögensaufbau

Beim Vermögensaufbau geht es nicht nur darum, Geld um des Geldes willen anzuhäufen. Es geht darum, eine finanzielle Festung zu errichten, die Sie aufrecht hält, wenn das Leben unweigerlich versucht, Sie zu Fall zu bringen. Wie *„Der reichste Mann von Babylon"* es so treffend formuliert: „Ein Teil von allem, was du verdienst, gehört dir." Diese einfache Wahrheit ist die Grundlage finanzieller Sicherheit. Wer die Kunst des Vermögensaufbaus beherrscht, sichert nicht nur seine Zukunft. Er schafft sich ein

Sicherheitsnetz, das ihn vor wirtschaftlichen Einbrüchen, medizinischen Notfällen und der plötzlichen Erkenntnis schützt, dass das Leben sich nicht um sein Budget schert.

Die Fähigkeit, finanzielle Stürme zu überstehen, ohne sich kopfüber in hochverzinsliche Schulden zu stürzen, ist nicht nur ein Luxus. Sie ist eine Notwendigkeit. Reichtum beseitigt keine Probleme, aber er macht es sicherlich leichter, mit ihnen umzugehen. Betrachten Sie ihn als finanziellen Fallschirm. Ohne einen solchen fühlt sich jeder Rückschlag wie ein freier Fall ins Chaos an. Mit einem solchen bekommen Sie vielleicht immer noch einen Schlag ab, aber zumindest landen Sie mit einiger Würde.

Über die persönliche Stabilität hinaus eröffnet Vermögensaufbau neue Möglichkeiten. Er ermöglicht es den Menschen, Entscheidungen auf der Grundlage ihrer Wünsche und nicht aus Verzweiflung zu treffen. Er verwandelt die Finanzplanung von einem ständigen Kampf ums Überleben in eine Strategie zum Aufbau von etwas Sinnvollem. Wie „Der reichste Mann von Babylon" lehrt, ist Geld ein Werkzeug, kein Herrscher. Wer es klug einsetzt, gestaltet sein Schicksal selbst. Wer es ignoriert, verbringt sein Leben damit, für jemanden zu arbeiten, der dies nicht tut.

Die Altersvorsorge spielt eine zentrale Rolle im großen Gesamtbild des Vermögensaufbaus. Wenn Menschen sich dem Ruhestand nähern, dient das angesammelte Vermögen als Brücke zu einer komfortablen und finanziell abgesicherten Phase nach dem Berufsleben. Es ermöglicht es, den gewünschten Lebensstil aufrechtzuerhalten, bereichernden Aktivitäten nachzugehen und in den goldenen Jahren ein erfülltes Leben zu gestalten – ein greifbarer Beweis dafür, dass umsichtiger Vermögensaufbau den Weg zu einem erfüllten und würdigen Ruhestand ebnet.

Beim Vermögensaufbau geht es nicht nur darum, wie ein finanzversierter Drache auf einem Haufen Geld zu sitzen. Er ist der Schlüssel zu Bildung und Kompetenzentwicklung, im Grunde ein Pass, um Potenziale freizusetzen und Chancen zu ergreifen. Wer das versteht, treibt nicht einfach durch das Leben und hofft auf einen Glücksfall. Er investiert in seine intellektuelle Entwicklung, verschafft sich Zugang zu hochwertiger Bildung und schärft kontinuierlich seine Fähigkeiten.

Dieser Ansatz schafft bessere Karriereaussichten, erhöht das Verdienstpotenzial und führt letztendlich zu beruflichem Erfolg. Die Alternative? Auf gut Glück handeln und hoffen, dass die Gesellschaft Enthusiasmus über Fachwissen belohnt – was, Spoiler-Alarm, sie nicht tut.

Die finanzielle Flexibilität zu haben, um kalkulierte Risiken einzugehen, wie zum Beispiel ein Unternehmen zu gründen oder kluge Investitionen zu tätigen, ist ein weiterer Aspekt des Vermögensaufbaus. Der Unterschied zwischen der Gründung eines eigenen Unternehmens und dem bloßen Tagträumen darüber beim Lesen inspirierender Zitate besteht darin, die richtigen Werkzeuge zur Verfügung zu haben. Nicht alles Geld ist ein Werkzeug. Es dient als Katalysator für Erfindungen und ermöglicht es Menschen, Risiken einzugehen, ohne sich um die unmittelbaren Folgen ihres Handelns sorgen zu müssen. Chancen werden von denen geschaffen, die dieses Prinzip verstehen. Die meisten Menschen, die es ignorieren, enden damit, für sie zu arbeiten.

Über den persönlichen Gewinn hinaus ist Vermögensaufbau eine treibende Kraft, um den Kreislauf der generationenübergreifenden Armut zu durchbrechen. Er ist ein direkter Weg zum sozialen Aufstieg und bietet zukünftigen Generationen eine bessere Lebensqualität. Menschen, die diese

Idee ablehnen, argumentieren meist, dass Geld nicht alles ist. Das ist wahr, aber Armut bietet nicht gerade eine erfüllende Alternative. Bei der Fähigkeit, Vermögen aufzubauen, geht es nicht nur um persönlichen Erfolg. Es geht darum, sicherzustellen, dass die nächste Generation nicht in Not gerät, weil jemand in der Familie Finanzplanung für optional hielt.

Es entsteht eine Resonanz zwischen Vermögensaufbau und den edlen Grundsätzen des Zurückgebens. Der Aufbau von Ressourcen verleiht dem Einzelnen die Fähigkeit, den Bedürftigen eine helfende Hand zu reichen und philanthropische Bestrebungen zu fördern, die Gemeinschaften stärken. Der Kanal der Philanthropie, gestützt durch angesammeltes Vermögen, bewirkt positive Auswirkungen in Bereichen wie Bildung, Gesundheitswesen und sozialen Initiativen und fördert so ein kollektives Geflecht gesellschaftlicher Bereicherung.

Generationsübergreifender Wohlstand nimmt seinen rechtmäßigen Platz als Leuchtfeuer des Vermächtnisses ein. Angehäufter Wohlstand, der umsichtig verwaltet und weitergegeben wird, erzeugt einen Welleneffekt, der Generationen überspannt. Betrachten Sie Vermögensaufbau als den ultimativen Erbe-Hack. Er verschafft Ihren Nachkommen einen Vorsprung, anstatt sie mit Ihren legendären finanziellen Missgeschicken zurückzulassen. Anstatt ein Vermächtnis aus Stress und Ramen-Abendessen weiterzugeben, bieten Sie ihnen eine Startrampe für ihre Träume und sichern eine Zukunft, in der Entscheidungen auf der Grundlage von Bestrebungen getroffen werden und nicht aus der verzweifelten Notwendigkeit, die Rechnungen des letzten Monats zu bezahlen.

Finanzielle Unabhängigkeit bedeutet, dass Sie nicht länger wie eine abschreckende Geschichte leben müssen. Anstatt sich über jede unerwartete Ausgabe Sorgen zu machen, hüllt Sie ein gut gefülltes finanzielles Polster in einen Kokon der Ruhe. Wenn Sie möchten, dass Ihre Nachkommen staunen, wie Sie es geschafft haben, erfolgreich erwachsen zu werden, fangen Sie jetzt an, dieses Vermögen aufzubauen, anstatt sie Ihre finanziellen Katastrophen entschlüsseln zu lassen.

Sparen versus Investieren

Beim Vermögensaufbau geht es nicht nur darum, Reichtümer anzuhäufen. Er ist die Grundlage für finanzielle Sicherheit, der Schlüssel zu Chancen und der Entwurf für ein Leben in Autonomie und Sinnhaftigkeit. Wer seine Bedeutung versteht, erkennt, dass finanzielles Wohlergehen nicht über Nacht entsteht. Es erfordert Disziplin, Strategie und ein Verständnis für die übergeordneten wirtschaftlichen Kräfte, die am Werk sind. Noch wichtiger ist, dass es über den persönlichen Gewinn hinausgeht und den Lebensweg von Einzelpersonen, Familien und ganzen Gesellschaften prägt.

Finanzielle Sicherheit ist einer der überzeugendsten Gründe für den Vermögensaufbau. Ein gut strukturiertes finanzielles Polster ermöglicht es dem Einzelnen, wirtschaftliche Instabilität, medizinische Notfälle und unvorhergesehene finanzielle Herausforderungen zu meistern, ohne sich hochverzinslich zu verschulden oder seine Stabilität zu gefährden. Es geht nicht darum, Geld zu horten, sondern darum, einen verlässlichen Puffer zu schaffen, der Krisen in überschaubare Unannehmlichkeiten statt in katastrophale Rückschläge verwandelt.

Eine wichtige Säule des Vermögensaufbaus ist die Altersvorsorge. Je näher man dem Ruhestand kommt, desto deutlicher wird, dass es riskant ist, sich auf externe Unterstützungssysteme zu verlassen. Ein gut gepflegtes Finanzportfolio stellt sicher, dass der Ruhestand keine Zeit finanzieller Sorgen, sondern von Stabilität und Erfüllung ist. Die Fähigkeit, einen gewählten Lebensstil aufrechtzuerhalten, neue Interessen zu erkunden und die späteren Lebensjahre mit Zuversicht anzunehmen, ist das direkte Ergebnis frühzeitiger Finanzplanung und disziplinierter Vermögensverwaltung.

Finanzielle Stabilität ist eine Schlüsselkomponente für die Förderung von Bildung und Kompetenzentwicklung. Wer über viel Geld verfügt, kann es sich leisten, zur Schule zu gehen, eine gute Ausbildung zu erhalten und spezifische Fähigkeiten zu erwerben, die ihm helfen, einen besseren Job zu finden. Menschen, die dies verstehen, sitzen nicht untätig herum und hoffen auf Chancen; sie schaffen sie selbst. Dieser positive Kreislauf aus beruflicher und intellektueller Entwicklung stärkt die Fähigkeit, mehr Geld zu verdienen und finanzielle Unabhängigkeit zu erlangen.

Die Bedeutung des Vermögensaufbaus in Unternehmen und durch Investitionen reicht weit über die persönliche Entwicklung hinaus. Menschen können Unternehmen gründen, kalkulierte Risiken eingehen und wirtschaftliche Innovationen vorantreiben, wenn sie Zugang zu finanziellen Ressourcen haben. Menschen mit Zugang zu Finanzmitteln sind in einer hervorragenden Position, um die Expansion von Unternehmen voranzutreiben, Arbeitsplätze zu schaffen und zum allgemeinen Wohlstand der Wirtschaft beizutragen. Unternehmertum und finanzieller Erfolg gehen Hand in Hand. Anstatt von wirtschaftlichen Stürmen hinweggefegt zu werden, sind diejenigen, die über eine solide finanzielle Basis verfügen, in der Lage, Chancen zu ergreifen, wenn sie sich bieten, und bei Bedarf den Kurs zu ändern.

Eines der wirksamsten Mittel zur Beendigung generationenübergreifender Armut ist der Aufbau von Vermögen. Eine sichere finanzielle Situation ermöglicht es, auf der sozioökonomischen Leiter aufzusteigen, was mehr ist als nur ein Gefühl der Sicherheit. Menschen, die Reichtum anhäufen, tun mehr, als nur ihre persönliche Situation zu verbessern. Sie legen den Grundstein für eine bessere Welt für kommende Generationen und verschaffen diesen Menschen einen Vorsprung, wenn es um Chancen und Erfolg geht. Finanzielle Stabilität zu besitzen und diese an zukünftige Generationen weitergeben zu können, macht Geld zu mehr als nur einer persönlichen Errungenschaft; es hinterlässt einen bleibenden Eindruck.

Eine weitere Möglichkeit, Reichtum anzuhäufen, ist die Philanthropie. Wenn Menschen in der Lage sind, sich finanziell selbst zu versorgen, sind sie besser in der Lage, durch Gesundheitsversorgung, Bildung und andere soziale Programme einen Beitrag zur Gesellschaft zu leisten. Dies ist mehr als nur eine großzügige Geste. Um die Gesellschaft zu gestalten, Wachstum voranzutreiben und sicherzustellen, dass Einkommen für gute Zwecke genutzt wird, ist dies ein notwendiger Prozess. Weitsichtiges, strategisches Geben stärkt Gemeinschaften und hinterlässt einen bleibenden Eindruck.

Wenn das eigene Vermögen wächst, ist man nicht mehr durch die finanzielle Situation eingeschränkt; stattdessen bestimmen die eigenen Lebensziele und Ambitionen den Kurs. Menschen können ihren Träumen folgen, ihre eigenen Entscheidungen treffen, ohne sich um ihre finanzielle Zukunft zu sorgen, und Sinn im Leben finden, wenn sie diese Freiheit haben. Finanziell unabhängig zu sein bedeutet, die Freiheit zu haben, sein Leben nach den eigenen Prinzipien und Zielen zu gestalten – und nicht, übermäßig viel Geld zu besitzen.

Vermögensaufbau wirkt sich positiv auf die psychische Gesundheit aus, was ein weiterer unbestreitbarer Vorteil ist.

Geldstress ist ein großes Problem, das viele Bereiche des Lebens beeinträchtigt. Die Ruhe, Sicherheit und Zuversicht, die aus dem Wissen um eine solide finanzielle Basis resultieren, sind von unschätzbarem Wert. Selbstvertrauen und die Fähigkeit, sich auf die eigenen Ziele zu konzentrieren, ohne ständig finanzielle Sorgen zu haben, werden gefördert, wenn man weiß, dass Ressourcen zur Bewältigung von Hindernissen zur Verfügung stehen.

Beim Vermögensaufbau geht es nicht nur darum, Geld anzuhäufen wie ein Drache, der seinen Schatz bewacht. Es ist ein komplexer Tanz aus Ehrgeiz, Ethik und sozialer Verantwortung, bei dem man im Idealfall auf dem Weg zum finanziellen Ruhm nicht alle anderen mit Füßen tritt. Entgegen der Meinung einiger macht das sinnlose Horten von Reichtum einen nicht zu einem Genie. Es macht einen lediglich zum finanziellen Äquivalent eines Waschbären, der glänzende Gegenstände hortet. Der wahre Schachzug besteht darin, Reichtum strategisch einzusetzen und sicherzustellen, dass finanzieller Wohlstand mehr als nur der eigenen zukünftigen Yachtsammlung zugutekommt.

Letztendlich geht es beim Vermögensaufbau nicht nur um Geld. Es geht darum, deine Zukunft zu sichern, deine Möglichkeiten zu erweitern und sicherzustellen, dass du dein Leben meistern kannst, ohne dich auf reines Glück oder einen Lottogewinn verlassen zu müssen. Es erfordert Geduld, Wissen und die Fähigkeit, dem Drang zu widerstehen, deine Ersparnisse für jedes neue technische Gadget auszugeben, das verspricht, „die Spielregeln zu ändern". Diejenigen, die es richtig machen, häufen nicht nur Reichtum an. Sie schaffen Stabilität, Macht und ein Leben, in dem finanzieller Stress eine ferne Erinnerung ist, statt ein ständiger Begleiter.

Die Vorteile der Auseinandersetzung mit Finanzen

Finanzielle Weisheit bietet zahlreiche Vorteile, die sich positiv auf kurz- und langfristige finanzielle Entscheidungen auswirken. Lassen Sie uns einen gründlichen Blick auf die Vorteile und Auswirkungen finanzieller Weisheit werfen:

Finanzielle Weisheit, ein unverzichtbarer Kompass im stürmischen Meer der finanziellen Entscheidungen, verleiht dem Einzelnen die Klugheit, sich im komplizierten Labyrinth der persönlichen Finanzen zurechtzufinden. Verwurzelt in einer wohlüberlegten Verbindung aus Wissen und Urteilsvermögen, leitet diese Fähigkeit den Einzelnen dazu an, Entscheidungen von herausragender Umsicht zu treffen. Die Weite der finanziellen Weisheit umfasst ein Panorama von Dimensionen, von denen jede zu einer Symphonie von Vorteilen beiträgt, die im Einklang mit den Grundsätzen finanzieller Stabilität, Wachstum und Gelassenheit stehen. Im Herzen der finanziellen Weisheit liegt die Kunst, fundierte finanzielle Entscheidungen zu treffen.

Diese kognitive Fähigkeit erfordert eine sorgfältige Bewertung vielfältiger Faktoren, eine geschickte Analyse inhärenter Risiken und eine umfassende Einschätzung der weitreichenden Auswirkungen, die jede finanzielle Entscheidung mit sich bringt. Es ist ein Zusammenspiel von Weitsicht und Umsicht, das sich als Schutzwall gegen die Launen impulsiver finanzieller Entscheidungen entfaltet.

Ein zentraler Aspekt der finanziellen Weisheit ist die Beherrschung eines verbesserten Geldmanagements. Diese Kunst dreht sich um die geschickte Gestaltung von Budgets, eine kluge Unterscheidung zwischen Bedürfnissen und Wünschen sowie die geschickte Vermeidung impulsiver Ausgaben. Dieses Urteilsvermögen im Umgang mit Geld gewährleistet eine bessere finanzielle Kontrolle und vermittelt einen unauslöschlichen Scharfsinn, der eine lebenslange finanzielle Effizienz untermauert.

Eng verbunden mit finanzieller Weisheit ist die Tugend des Schuldenabbaus und der Schuldenvermeidung. Anhänger dieser Philosophie sind auf die Kunst des umsichtigen Schuldenmanagements eingestimmt und entwickeln akribisch Strategien für eine systematische Rückzahlung. Die Geschichte entfaltet sich wie ein strategischer Tanz, bei dem die Last der Zinszahlungen schwindet und die Bonität in harmonischer Resonanz mit der finanziellen Disziplin steigt.

Stellen Sie sich vor, die Titanic hätte einen Notfallfonds gehabt. Nein, im Ernst. Hätte jemand gedacht: „Hey, vielleicht sollten wir für den schlimmsten Fall vorsorgen, anstatt davon auszugehen, dass alles glatt läuft", wäre es vielleicht anders gekommen. Das gleiche Prinzip gilt für finanzielle Weisheit. Klug zu sparen und zu investieren ist so, als würde man sicherstellen, dass das eigene metaphorische Finanzschiff über genügend Rettungsboote verfügt. Wer dieses Konzept ignoriert, schreit im Grunde genommen: „Eisberge sind nur ein Mythos!", während sein Bankkonto langsam in den Abgrund sinkt.

Finanzielle Weisheit beginnt damit, Geld für Notfälle zu sparen, anstatt sich auf den „Hoffnung und gute Laune"-Ansatz im Leben zu verlassen. Ein gut gefüllter Notfallfonds bewahrt Sie davor, tief in Schulden zu versinken, wenn das Leben Ihnen einen finanziellen Schlag versetzt, wie eine unerwartete Autoreparatur, eine Arztrechnung oder den Verlust des Arbeitsplatzes.

Dann gibt es noch die langfristige finanzielle Sicherheit, das ultimative große Finale dieser finanziellen Symphonie. Stellen Sie sich das wie eine Altersvorsorge vor, aber anstatt sich auf das Schicksal oder einen Lottogewinn in letzter Minute zu verlassen, geht es um kluge Investitionen, gut gewählte Versicherungen und gelegentliche verantwortungsvolle finanzielle Entscheidungen. Wer das beherrscht, verbringt seine goldenen Jahre nicht damit, sich über Rechnungen zu ärgern. Stattdessen lehnt er sich zurück und genießt das Leben, während alle anderen verzweifelt versuchen herauszufinden, warum ein Leben von Gehaltsscheck zu Gehaltsscheck ein furchtbarer Plan für den Ruhestand ist.

Kurz gesagt: Finanzielle Weisheit zu ignorieren ist gleichbedeutend damit, mit der Zuversicht eines Neulings, der gerade erst gelernt hat, was ein Budget ist, mit Vollgas in die Katastrophe zu steuern. Der kluge Schachzug besteht darin, sich vorzubereiten, zu investieren und zu sparen – es sei denn, man hat Spaß daran, die finanzielle Version von „Werde ich das überleben oder nicht?" zu spielen.

Die Samen des Vermögensaufbaus gedeihen auf dem fruchtbaren Boden der finanziellen Weisheit. Diese Landschaft zeugt von einer Blüte umsichtiger Investitionen, der Nutzung des exponentiellen Wachstumspotenzials des Zinseszinses und einer klugen Ausnutzung von Marktchancen. Der Höhepunkt ist ein Reichtum, der mit der Zeit wächst und das Wachstum des finanziellen Scharfsinns des Einzelnen widerspiegelt.

Finanzielle Weisheit ist nicht nur ein Konzept für Ökonomen und Tabellenkalkulations-Enthusiasten. Sie ist das Geheimrezept, um Stress abzubauen und die Illusion aufrechtzuerhalten, dass das Leben einigermaßen unter Kontrolle ist. Ein solides Verständnis der persönlichen Finanzen und ein konkreter Plan sind wie der Bau eines finanziellen Panikraums. Sie schützen dich vor dem endlosen Kreislauf unerwarteter Rechnungen, schlechter Geldentscheidungen und dieser allzu vertrauten Angst beim Überprüfen deines Bankkontos.

Ein gut geführtes Finanzleben bedeutet auch Freiheit – oder zumindest die Fähigkeit, Entscheidungen zu treffen, ohne einen magischen Achtball zu befragen. Menschen, die nicht in Schulden versinken, gehen tendenziell mit weniger Einschränkungen durchs Leben und treffen Entscheidungen auf der Grundlage ihrer tatsächlichen Ziele, anstatt sich nach dem zu richten, was ihr Kontostand widerwillig zulässt. Wenn die Finanzen in Ordnung sind, fühlt sich das Leben weniger wie ein endloses Spiel von „Finanz-Whack-a-Mole" an, sondern eher wie eine kontrollierte, bewusste Reise.

Mit Geld klug umzugehen, kommt nicht nur der Person zugute, die den Geldbeutel in der Hand hält. Es mündet auch in die großartige, tugendhafte Tat des Zurückgebens. Eine Person mit finanzieller Weisheit ist viel besser in der Lage, für wichtige Zwecke zu spenden, anstatt so zu tun, als würde sie „irgendwann einmal" einen Beitrag leisten, wenn sich ihre Finanzen auf magische Weise von selbst regeln. Über zusätzliche Mittel zu verfügen bedeutet, tatsächlich Stipendien finanzieren, Wohltätigkeitsorganisationen unterstützen oder in etwas Sinnvolleres investieren zu können als in überteuerte Abonnementdienste, die nie genutzt werden.

Finanzielle Weisheit findet sogar Eingang in Beziehungen, wo Geldprobleme bekanntermaßen selbst die vielversprechendsten Liebesgeschichten zunichte machen können. Paare, die offen über Geld sprechen, ohne es zu einer passiv-aggressiven Debatte werden zu lassen, neigen dazu, weniger finanzielle Streitigkeiten zu haben. Ein gemeinsames Verständnis von finanziellen Zielen schafft Vertrauen, stärkt Partnerschaften und verringert drastisch die Wahrscheinlichkeit, dass man flüstert: „Das können wir uns nicht leisten", wenn ein Partner etwas leicht Extravagantes sieht.

Den Weg zum finanziellen Erfolg finden

Die Verwaltung Ihrer Finanzen ist wie Frodos Reise zum Schicksalsberg in „Der Herr der Ringe" – herausfordernd, anstrengend und voller schlechter Entscheidungen, die nur darauf warten, getroffen zu werden. Ihre finanziellen Ziele, sei es Schulden abzubezahlen, für den Ruhestand zu sparen oder ein Haus zu kaufen, sind die Berge, die Sie erklimmen müssen. Das Problem? Die meisten Menschen wandern wie ahnungslose Hobbits in ihre finanzielle Zukunft hinein und hoffen, dass sich alles von selbst regelt. Spoiler: Das wird es nicht.

Ein Budget ist Ihre Landkarte. Ohne eines sind Sie finanziell verloren, treffen willkürliche Entscheidungen und fragen sich, warum Ihr Geld schneller verschwindet als Gandalf, wenn es ernst wird. Das Nachverfolgen Ihrer Einnahmen und Ausgaben hilft Ihnen, Geldfallen zu vermeiden und tatsächlich auf Ihre Ziele hinzuarbeiten.

Die Leute erwarten, dass finanzieller Erfolg wie von Zauberhand geschieht. Das tut er nicht. Selbst Frodo musste sich ins Zeug legen. Wenn du keinen Samwise Gamgee hast, der dich vor schrecklichen finanziellen Entscheidungen bewahrt, fang an zu planen, hör auf, impulsiv Geld auszugeben, und übernimm die Kontrolle über deine Reise – bevor dein Bankkonto zu Mordor wird.

So wie ein fleißiges Eichhörnchen Eicheln für den Winter hortet, ist regelmäßiges Sparen die Grundlage für finanziellen Erfolg. Betrachte es als eine Gewohnheit, ähnlich wie die Pflege eines Gartens. Die Automatisierung von Überweisungen auf ein spezielles Sparkonto ist wie das Gießen dieses Gartens: Du pflegst deine finanzielle Zukunft, ohne ständige Aufmerksamkeit aufwenden zu müssen.

Stellen Sie sich Ihre Ersparnisse als einen widerstandsfähigen Schutzschild gegen die unerwarteten Stürme des Lebens vor. Ein Notfallfonds, vergleichbar mit einer Festung finanzieller Widerstandsfähigkeit, schützt Sie vor den unvorhergesehenen Stürmen, die auftreten können. Mit diesem Schutzwall sind Sie gerüstet, um unerwarteten Herausforderungen zu begegnen, ohne auf hochverzinsliche Schulden zurückgreifen zu müssen.

Schulden können wie ein Drache sein, der Feuer auf Ihre finanziellen Ziele spuckt. Dieses Ungeheuer zu zähmen, indem Sie hochverzinsliche Schulden vorrangig abbezahlen, ist wie das Anlegen einer Rüstung zur Vorbereitung auf den Kampf. Während Sie Ihre Schulden Stück für Stück abbauen, ebnen Sie sich den Weg in das Reich der finanziellen Freiheit.

Sich mit Geld auseinanderzusetzen ist wie das Erlernen einer neuen Sprache. Stellen Sie sich Finanzwissen als einen Universalübersetzer vor, der es Ihnen ermöglicht, den komplexen Dialekt der Finanzen zu verstehen. Mit diesem Werkzeug können Sie Investitionsmöglichkeiten entschlüsseln, komplexe Begriffe entziffern und sich sicher durch das verwinkelte Netz der privaten Finanzen navigieren. Investieren ist wie das Säen von Samen in einem magischen Garten, der mit der Zeit wächst. Diversifizierung dient als Zauberspruch, der Ihren Garten vor einem einzigen Fehltritt schützt und sicherstellt, dass, wenn eine Pflanze schwächelt, andere gedeihen. Der Garten wird mit Geduld gepflegt, übersteht Stürme und sonnt sich in der Sonne, was im Laufe der Jahre zu einer reichhaltigen Ernte führt.

Marktschwankungen sind eine direkte Folge makroökonomischer Variablen, der Anlegerstimmung und globaler finanzieller Verflechtungen und schaffen ein dynamisches Umfeld, in dem die Bewertungen von Vermögenswerten einer ständigen

Neukalibrierung unterliegen. Ähnlich wie stochastische Modelle sagen sie probabilistische Ergebnisse voraus. Der Markt folgt keinem absoluten Verlauf. Emotionales Handeln führt irrationale Variablen in eine ohnehin schon komplexe Gleichung ein, was oft zu suboptimalen Entscheidungen führt. Der umsichtige Anleger versteht, ähnlich wie ein Physiker, der Quantenfluktuationen beobachtet, dass kurzfristige Volatilität kein Indikator für die langfristige Wertentwicklung von Vermögenswerten ist. Statistische Regressionen und die Analyse historischer Daten legen nahe, dass Marktkorrekturen nicht nur unvermeidlich, sondern auch notwendig für ein nachhaltiges finanzielles Gleichgewicht sind.

Im wirklichen Leben erfordert die Optimierung der Verbraucherausgaben einen strategischen Ansatz wie die Spieltheorie. Preisverhandlungen sind wie Nash-Gleichgewichts-Situationen, in denen sowohl Käufer als auch Verkäufer versuchen, das Beste aus einem Geschäft herauszuholen, ohne dessen Grenzen zu überschreiten. Fehler bei der Preisgestaltung auszunutzen, um Geld zu verdienen, ähnelt der Risikoarbitrage – genau das machen Cashback-Programme und das Kombinieren von Rabatten. Letztendlich geht es beim Schutz Ihres Vermögens weniger darum, impulsiv zu handeln, sondern vielmehr darum, jeden Austausch wie einen großen wirtschaftlichen Test zu betrachten.

Arbeitgeberleistungen sind wie eine gut gefüllte Waffenkammer, die bereit ist, dich für deine finanzielle Reise auszurüsten. Altersvorsorgepläne, Gesundheitssparkonten und flexible Ausgabenkonten sind die Werkzeuge, die deine finanziellen Abwehrkräfte stärken und es dir ermöglichen, zukünftigen Herausforderungen mit Zuversicht zu begegnen. Versicherungen dienen als Schutzschild gegen unerwartete Katastrophen und sorgen dafür, dass du nicht ohne Regenschirm in einen Regenguss gerätst. Stellen Sie sich das als eine Rüstung vor, die Ihr finanzielles

Wohlergehen schützt und Sie vor den unerwarteten Pfeilen abschirmt, die das Leben auf Sie abschießen könnte.

Wenn Ihr Einkommen wächst, betrachten Sie Ihre Ausgaben als einen Garten, der sorgfältige Pflege benötigt. Anstatt Ihre Ausgaben wie ungezügelte Ranken wuchern zu lassen, pflegen Sie Disziplin und Zurückhaltung, damit Sie mehr Ressourcen für die Verwirklichung Ihrer finanziellen Träume einsetzen können. Stellen Sie sich Ihre finanzielle Reise als ein spannendes Abenteuer mit Kontrollpunkten auf dem Weg vor. Regelmäßige finanzielle Zwischenstopps sind wie eine Rast in einer Oase während einer Wüstenexpedition. Diese Zwischenstopps ermöglichen es Ihnen, Ihren Fortschritt neu zu bewerten, Ihren Kurs anzupassen und sicherzustellen, dass Sie immer noch auf dem richtigen Weg sind, um Ihr Ziel zu erreichen.

Die Altersvorsorge regelt sich nicht von selbst, während Sie rücksichtslos Geld ausgeben und auf das Beste hoffen. Es ist ein langsamer Prozess, der Anstrengung erfordert, ähnlich wie das Zusammenbauen von IKEA-Möbeln – nur dass die fehlenden Schrauben Ihre schlechten finanziellen Entscheidungen sind. Je früher Sie anfangen, desto einfacher ist es. Je später Sie anfangen, desto mehr müssen Sie Dinge zusammenflicken und hoffen, dass Ihre Altersvorsorge nicht unter der Last schlechter Entscheidungen zusammenbricht.

Der Glaube, dass finanzieller Erfolg über Nacht geschieht, ist genau der Grund, warum manche Menschen mit 50 fragen, warum ihr zukünftiges Ich ihre Fehler nicht behoben hat. Jede Entscheidung trägt entweder zur finanziellen Stabilität bei oder gräbt ein tieferes Loch. Wenn du die Altersvorsorge ignorierst, sei nicht überrascht, wenn deine goldenen Jahre weniger wie ein entspanntes Paradies und mehr wie eine finanzielle Einöde aussehen, in der du Kaffee rationierst und darüber debattierst, ob Heizung im Winter wirklich notwendig ist.

Beispiele für finanzielle Weisheit

Auf der Suche nach dem Heiligen Gral der finanziellen Weisheit hilft es, sich Notizen von denen zu machen, die das Spiel gemeistert haben. Manche Menschen stolpern durch das Leben und machen finanzielle Fehler, während andere scheinbar einen geheimen Cheat-Code entschlüsselt haben, der sie an der Spitze hält. Diese Menschen sind nicht nur reich; sie sind wandelnde Fallstudien darüber, wie man Geld verdient, Geld behält und noch mehr Geld verdient, während der Rest von uns darüber debattiert, ob man sich Guacamole gönnen soll.

Warren Buffett, bekannt als das „Orakel von Omaha", hat sein Leben damit verbracht zu beweisen, dass Geduld und kalkuliertes Investieren Kleingeld in ein Imperium verwandeln können. Sein Ansatz ist einfach: Investiere in Unternehmen, die tatsächlich Sinn ergeben, halte an ihnen fest wie ein sturer Großelternteil an veralteten Modetrends, und lass den Zinseszins seine Magie entfalten. Während andere beim Anblick von Markteinbrüchen in Panik geraten, lehnt sich Buffett mit einer Cola zurück und sieht zu, wie sein Vermögen wächst, während er die Welt daran erinnert, dass impulsive Entscheidungen der schnellste Weg in den finanziellen Ruin sind.

Oprah Winfrey schlug einen anderen Weg ein. Sie baute nicht nur eine Marke auf; sie wurde zur Marke. Ihr Weg von der lokalen Nachrichtensprecherin zur Medienmogulin ist der Beweis dafür, dass Authentizität, kluge geschäftliche Schritte und die Fähigkeit, Menschen im nationalen Fernsehen zum Weinen zu bringen, zu finanzieller Vorherrschaft führen können. Sie machte das Geschichtenerzählen zu einem Milliardenunternehmen und zeigte, dass strategisches Branding und das Wissen darum, was beim Publikum Anklang findet, ein persönliches Imperium in ein kulturelles Phänomen verwandeln können.

Elon Musk agiert auf einer ganz anderen Frequenz. Während die meisten Menschen versuchen, sich einen komfortablen Ruhestand zu sichern, setzt er sein Vermögen darauf ein, den Mars bewohnbar zu machen und menschliche Gehirne in Betriebssysteme zu verwandeln. Seine finanzielle Weisheit ist eine risikoreiche Mischung aus Kühnheit, kalkulierten Risiken und einem fast schon rücksichtslosen Engagement für Innovation. Ob bei der Einführung von Elektroautos, wiederverwendbaren Raketen oder kontroversen Tweets – Musk hat gezeigt, dass finanzieller Erfolg nicht nur darin besteht, auf Nummer sicher zu gehen. Manchmal geht es darum, enorme Wetten einzugehen, die Menschen davon zu überzeugen, dass sie unverzichtbar sind, und sie dann irgendwie zum Erfolg zu führen.

Sheryl Sandberg, die treibende Kraft hinter dem Wachstum und der Rentabilität von Facebook, verkörpert finanzielle Weisheit durch strategische Weitsicht und effektive Führung. Ihre Rolle bei der Navigation durch die Tech-Landschaft und der Entwicklung nachhaltiger Geschäftsmodelle unterstreicht die entscheidende Bedeutung visionärer Führung.

George Soros, eine Ikone im Bereich Investitionen und Philanthropie, verbindet finanzielle Weisheit mit seinem Verständnis der globalen Wirtschaft. Seine Fähigkeit, geopolitische Trends zu erkennen und mutige Investitionsentscheidungen zu treffen, ist ein Paradebeispiel dafür, wie man finanzielles Gespür mit einem tiefen Verständnis für Weltgeschehen verbindet. Jeff Bezos, der Architekt des kometenhaften Aufstiegs von Amazon, verkörpert finanzielle Weisheit durch seinen Fokus auf langfristige

Visionen und kundenorientierte Innovation. Sein Bekenntnis zu Anpassungsfähigkeit und Investitionen in die Zukunft dient als Leuchtturm für angehende Unternehmer.

Mary Barra steht an der Spitze von General Motors und steuert eines der weltweit größten Automobilunternehmen wie eine erfahrene Kapitänin durch eine Branche, die sich ständig verändert. Sie verwaltet nicht nur die Finanzen; sie orchestriert Milliarden-Dollar-Transaktionen mit der Präzision einer Schachgroßmeisterin, die zufällig noch fünf weitere Partien gleichzeitig spielt. Jede Entscheidung, die sie trifft – von der Umstellung des Unternehmens auf Elektrofahrzeuge bis hin zur Streichung unrentabler Projekte – ist eine Meisterleistung strategischer Führung. Wenn Sie glauben, die Verwaltung Ihres persönlichen Budgets sei schwierig, versuchen Sie einmal, die Zukunft einer ganzen Branche im Gleichgewicht zu halten, während Investoren Ihnen im Nacken sitzen.

Mark Cuban hingegen ist die lauteste Mahnung der Geschäftswelt, dass kluges Investieren nichts für schwache Nerven ist. Er wirft nicht einfach mit Geld um sich. Er spielt das Spiel mit der Intensität eines Pokerspielers, der die Karten aller anderen bereits kennt. Vom Besitz von Sportteams bis hin zu Investitionen in Start-ups, die vielleicht die Welt erobern oder auch nicht – Cuban behandelt finanzielle Entscheidungen wie einen Vollkontaktsport. Sein Geheimnis? Tatsächlich ist das Wissen um das eigene Handeln ein Konzept, das vielen Menschen mit einem Robinhood-Konto und einem Traum noch immer fremd ist. Während die meisten Investoren beim ersten Anzeichen eines Rückgangs in Panik geraten, setzt er noch mehr ein und beweist damit, dass es bei finanzieller Weisheit weniger um Glück geht, sondern vielmehr darum, zu wissen, wann man halten, wann man aussteigen und wann man den Bluff durchschauen muss.

Jack Ma, der visionäre Mitbegründer der Alibaba Group, verkörpert finanzielle Weisheit durch seinen Weg von bescheidenen Anfängen zu globaler Bekanntheit. Sein Schwerpunkt auf Innovation und Anpassungsfähigkeit findet in der sich ständig weiterentwickelnden digitalen Landschaft großen Anklang.

Abigail Johnson, an der Spitze von Fidelity Investments, verkörpert finanzielle Weisheit durch ihre Führungsrolle im Finanzdienstleistungsbereich. Ihre Unternehmensführung spiegelt die Essenz kundenorientierter Lösungen und nachhaltigen Wachstums wider.

Diese Finanzgenies sind keine magischen Wesen, die zufällig zu Reichtum gelangten, während Sie herum sitzen und sich fragen, warum Ihr Bankkonto immer in Not ist. Sie hatten kein Glück. Sie folgten grundlegenden Finanzprinzipien, während der Rest der Welt diese ignorierte und sich dann darüber beschwerte, pleite zu sein. Sie haben einen klaren Fahrplan hinterlassen, aber seien wir ehrlich: Die meisten Menschen scrollen lieber durch Unsinn im Internet, als ihn tatsächlich zu befolgen.

Finanzielle Weisheit ist nichts, was man überstürzen kann, egal wie sehr man sich wünscht, über Nacht vom Pleitegeier zum Milliardär zu werden. Sie entsteht nicht dadurch, dass man einen Artikel liest und plötzlich glaubt, das Geldwesen gemeistert zu haben. Sie entsteht durch Versuch und Irrtum und schließlich durch das Eingeständnis, dass Ihre Ausgabegewohnheiten die wahren Bösewichte in Ihrer finanziellen Geschichte sind. Jeder Tipp, jede Lektion und jede Strategie braucht Zeit, um zu wirken.

Wenn du sofortige Ergebnisse erwartest, bist du nicht auf dem Weg zum Reichtum. Du bist auf dem Weg zur Enttäuschung.

Kapitel 6
Lebenslange Beziehungen

Wenn es eine Sache gibt, in der Menschen brillieren, dann ist es, Beziehungen zu verkomplizieren. Der Verstand, bei aller angeblichen Brillanz, klammert sich an Verbindungen wie ein Hund, der seinen eigenen Schwanz jagt – verzweifelt, beharrlich und gelegentlich ratlos, warum er überhaupt damit angefangen hat. Beziehungen sind das Chaos, auf das wir uns bereitwillig einlassen, eine komplexe Mischung aus Freude, Frustration und ungebetenen Lebensratschlägen von Menschen, die ihr eigenes Leben kaum im Griff haben.

Psychologen betonen immer wieder, dass Menschen soziale Wesen sind, die biologisch darauf programmiert sind, sich nach Gesellschaft zu sehnen. Lebenslange Beziehungen – jene, die Zeit, persönliche Krisen und bedauerliche Textnachrichten irgendwie überstehen – sind es, die uns prägen. Sie sind der Maßstab für unsere emotionale Intelligenz, die Spiegel, die sowohl unsere besten als auch unsere schlechtesten Eigenschaften widerspiegeln, und die unerwarteten Quellen der Weisheit, die uns wie ein Schlag ins Gesicht treffen, wenn wir es am wenigsten erwarten.

Hier müssen wir verstehen, dass Weisheit nicht im luftleeren Raum entsteht. Sie gärt in den unangenehmen Schweigepausen ungelöster Streitigkeiten, in der demütigenden Erkenntnis, dass jemand anderes vielleicht tatsächlich Recht hat, und in der Selbstbeherrschung, die nötig ist, um nicht zu sagen: „Ich habe es dir doch gesagt." Die Ironie dabei ist: Obwohl Beziehungen oft chaotisch und ärgerlich sind, sind sie auch der Grund, warum wir zu besseren Denkern, selbstbewussteren Menschen und etwas weniger lächerlichen Versionen unserer selbst werden.

Vorteile lebenslanger Beziehungen

Der menschliche Geist hat trotz all seines Genies beim Spalten von Atomen und Erstellen von Katzenvideos einen ziemlich tragischen Makel. Er sehnt sich sowohl nach Vergänglichkeit als auch nach Ewigkeit, manchmal sogar gleichzeitig. Einerseits lieben Menschen den flüchtigen Nervenkitzel des Neuen – neue Jobs, neue Trends, neue existenzielle Krisen. Andererseits sehnen sie sich nach etwas, das sich nicht alle fünf Minuten unter ihren Füßen verschiebt. Lebenslange Beziehungen befinden sich genau an dieser heiklen Schnittstelle und bieten ein seltenes Gefühl von Stabilität in einer Welt, die ihre Meinung öfter ändert als ein Kleinkind, das Gemüse verweigert.

In einer Zeit, in der alles wegwerfbar ist – Fast Food, Fast Fashion und leider auch schnelle Freundschaften –, wirken echte, langanhaltende Beziehungen wie etwas aus der Vergangenheit. Die moderne Gesellschaft ist besessen von Bequemlichkeit, und das Aufrechterhalten tiefer Verbindungen erfordert Anstrengung, Geduld und echte Aufmerksamkeitsspanne – allesamt Eigenschaften, die offenbar auf der Liste der vom Aussterben bedrohten Arten stehen. Die Welt ist voll von Menschen, die glauben, emotionale Bindungen könnten durch sporadische SMS und Instagram-Likes aufgebaut werden. Spoiler-Alarm: Das geht nicht. Lebenslange Beziehungen, die echten, erfordern mehr als ein paar digitale Interaktionen und ein gemeinsames WLAN-Passwort. Sie erfordern echte Investition, und aus irgendeinem Grund macht das den Menschen mehr Angst als ihre Studienkredite.

Das Absurde daran ist, dass diese Beziehungen in Wirklichkeit das Geheimnis des Überlebens sind. Niemand kommt unbeschadet durchs Leben. Schlechte Tage, existenzielle Krisen und finanzielle Katastrophen sind unvermeidlich, und ein starkes Unterstützungsnetzwerk kann den Unterschied ausmachen zwischen einem Neuanfang und der Hauptrolle in der eigenen persönlichen Tragödie. Lebenslange Beziehungen, sei es zu Freunden, zur Familie oder zu jenem einen Kollegen, der irgendwie all deine peinlichen Geheimnisse kennt, fungieren als emotionale Versicherungen. Es sind die Menschen, die abheben, wenn du um 2 Uhr morgens anrufst, diejenigen, die dich daran erinnern, wer du bist, wenn du es völlig vergessen hast.

Es gibt auch die reizvolle Ironie, dass Beziehungen die besten Werkzeuge zur Selbstverbesserung sind, die je erfunden wurden. Sie zwingen Menschen dazu, ihre schlimmsten Eigenschaften anzuerkennen – Sturheit, schlechte Kommunikationsfähigkeiten und die Unfähigkeit, sich wie ein funktionierender Erwachsener zu entschuldigen. Beziehungen, in ihrer frustrierenden, erschöpfenden Brillanz, verlangen Wachstum. Sie sind die Realitätschecks, nach denen niemand fragt, die man aber dringend braucht. Jede tiefe Verbindung hält einen Spiegel vor, der sowohl Stärken als auch eklatante Schwächen offenbart und eine Chance für echte Veränderung bietet.

Auf einer breiteren Ebene sind diese Verbindungen der Klebstoff, der Gesellschaften zusammenhält. Gemeinschaften, die auf gemeinsamen Werten und generationsübergreifender Weisheit beruhen, schaffen nicht nur Stabilität; sie bewahren Kulturen, Traditionen und das eine oder andere Familienrezept, das niemand zu ändern wagt. Ohne langfristige Beziehungen verwandelt sich alles in ein großes, unzusammenhängendes Durcheinander, in dem Menschen von einer oberflächlichen Verbindung zur nächsten treiben und sich fragen, warum sie sich unzufrieden fühlen.

Auch wenn das moderne Leben voller Ablenkungen ist, sind lebenslange Bindungen nach wie vor stark. Sie zeigen, dass die Verbindung zu anderen Menschen nicht nur eine nette Idee ist, sondern ein Grundbedürfnis. Die Herausforderung besteht natürlich darin, den Menschen verständlich zu machen, dass die Investition in diese Beziehungen keine veraltete Vorstellung aus einer Zeit vor dem Smartphone ist. Es ist genau das, was dem Leben seinen Sinn, seine Tiefe und eine Chance gibt, dem Chaos einen Sinn abzugewinnen.

Lifelong Connections

Auch wenn es die Schaltzentrale für alles ist – vom Atmen bis zum Grübeln um 3 Uhr morgens –, ist dein Gehirn ein breiiges, von Elektrizität angetriebenes Organ, das von Verbindungen lebt. Jedes Mal, wenn du etwas lernst, etwas fühlst oder deinen Ex in den sozialen Medien stalkst, feuern deine Neuronen winzige elektrische Funken ab und bauen Verbindungen auf, die man Synapsen nennt. Das sind die Wi-Fi-Signale des Gehirns, die komplexe Netzwerke bilden, die bestimmen, wer du bist, woran du glaubst und ob du dich daran erinnerst, wo du deine Schlüssel hingelegt hast.

Je häufiger eine Verbindung genutzt wird, desto stärker wird sie. Deshalb kannst du auch nach Jahren, in denen du kein Fahrrad mehr gefahren bist, wieder darauf fahren, vergisst aber den Namen deines Nachbarn Sekunden, nachdem er sich vorgestellt hat. Dein Gehirn priorisiert das, was es für wichtig hält, basierend auf Wiederholungen. Beziehungen funktionieren genau so. Die Bindungen, die du zu Menschen aufbaust, sind wie Nervenbahnen; je mehr du dich einbringst, desto tiefer und stabiler werden sie. Ignorierst du sie zu lange, werden sie schwächer. Schließlich verschwinden sie, ähnlich wie deine Willenskraft beim Anblick von Desserts.

Lebenslange Beziehungen sind nicht nur sentimentaler Unsinn. Sie sind grundlegend dafür, wie das menschliche Gehirn Verbundenheit, Sicherheit und Sinn verarbeitet. Das Gehirn sehnt sich nach Vertrautheit, weshalb alte Freundschaften tröstlich wirken und warum dein Elternhaus immer noch nach Nostalgie und fragwürdigen Tapetenentscheidungen riecht. In langfristige Beziehungen zu investieren stärkt die emotionale Widerstandsfähigkeit, bietet einen Puffer gegen Stress und – wissenschaftlich belegt – hilft dir, länger zu leben. Dein Gehirn versteht in all seiner biologischen Weisheit, dass Isolation Gefahr bedeutet und Verbindung Überleben. Deshalb sehnen sich Menschen trotz der Illusion von Selbstgenügsamkeit immer noch nach Gesellschaft, so wie Motten von einer Straßenlaterne angezogen werden.

Und doch leben wir in einer Welt, die von sofortiger Befriedigung besessen ist, in der Menschen durch potenzielle Beziehungen wischen, als würden sie eine Netflix-Serie auswählen, die sie nicht zu Ende schauen werden. Soziale Interaktionen sind auf Emojis und halbherzige „Likes" reduziert worden, während echte Verbundenheit den radikalen Akt der Aufmerksamkeit erfordert. Lebenslange Beziehungen gedeihen nicht durch Bequemlichkeit. Sie erfordern Beständigkeit, Geduld und, leider, Anstrengung. Ähnlich wie beim Sport will niemand wirklich die Arbeit leisten, aber diejenigen, die es tun, ernten die Früchte, während sich alle anderen fragen, warum sie sich ständig unzufrieden fühlen.

Diese Beziehungen sind nicht nur gut für den Einzelnen. Sie sind der Klebstoff, der ganze Gesellschaften zusammenhält. Gemeinschaften, die langfristige Bindungen betonen, weisen tendenziell stärkere soziale Strukturen, tiefere kulturelle Kontinuität und deutlich weniger existenzielle Ängste auf. Das

Wissen, das durch diese Verbindungen geteilt wird, gleicht einer kollektiven Intelligenz, die verhindert, dass jede neue Generation bei Null anfangen muss oder – noch schlimmer – dieselben Fehler macht, die andere bereits begangen haben.

Warum also wehren sich so viele Menschen gegen tiefe Verbindungen, obwohl Ihr Gehirn weiß, dass sie wichtig sind, und die Geschichte zeigt, dass sie Gemeinschaften stabil halten? Die Antwort ist einfach. Verbindlichkeit ist beängstigend. Sie bedeutet, präsent zu sein, Verantwortung zu übernehmen und anzuerkennen, dass Beziehungen, ähnlich wie Pflanzen, gegossen werden müssen, wenn man nicht will, dass sie verwelken und sterben.

Im großen Schema der menschlichen Existenz liegt die Entscheidung bei dir. Du kannst dem flüchtigen Rausch der Neuheit nachjagen oder die Weisheit annehmen, etwas aufzubauen, das Bestand hat. Denk nur daran: Dein Gehirn hat seine Entscheidung bereits getroffen.

Es ist auf Verbindung programmiert, ob es dir gefällt oder nicht.

Dauerhafte Beziehungen

Lebenslange Freundschaften aufzubauen ist wie sich auf einen nie endenden Abonnementdienst einzulassen, den man nicht kündigen kann, egal wie oft man es versucht. Es erfordert Geduld, Ausdauer und die Fähigkeit, Begeisterung vorzutäuschen, wenn dein Freund zum fünfzigsten Mal dieselbe Geschichte erzählt. Von dir wird erwartet, dass du dich um ihre Probleme kümmerst, selbst wenn sie selbstverschuldet sind, und rund um die Uhr emotionale Unterstützung leistest wie ein unbezahlter Therapeut. Es ist ein Vollzeitjob ohne Gehalt und ohne Sozialleistungen, und doch melden wir uns aus irgendeinem Grund immer wieder dafür an.

Wenn wir unsere Beziehungen auf Ehrlichkeit, gute Kommunikation und Respekt für die Sichtweisen und Lebensumstände des anderen gründen, schlagen wir Wurzeln, die jedem Sturm standhalten. Diese Wurzeln werden stärker, wenn wir gemeinsam schöne Erinnerungen schaffen. Denkt an diese spontanen Ausflüge, an das Erkunden neuer Orte oder einfach daran, wie wir uns zurücklehnen und eine gute Zeit mit den Menschen verbringen, die uns nahestehen. Diese Momente sind mehr als nur Spaß; sie sind die Fäden, die unser Leben miteinander verweben.

Indem wir diese Erinnerungen sammeln, schaffen wir eine Geschichte, die uns verbindet, eine Erzählung, die mit der Zeit nicht verblasst. Offen miteinander zu reden ist wie diesen Garten zu gießen, denn es hält Beziehungen gesund. Manchmal ist es wichtig, unsere Gedanken und Gefühle zu teilen und zuzuhören, wenn andere dasselbe tun. Vertrauen entsteht, wenn wir wissen, dass wir über alles reden können, sogar über dunkle Geheimnisse und verrückte Träume, ohne Angst zu haben, verurteilt zu werden.

Zuhören bedeutet nicht nur, darauf zu warten, dass man selbst an der Reihe ist. Schockierend, oder? Aktives Zuhören erfordert die revolutionäre Fähigkeit, tatsächlich darauf zu achten, was die andere Person sagt, anstatt die Zeit zu nutzen, um die eigene Antwort zu formulieren oder im Kopf vom Abendessen zu träumen. Es ist der Klebstoff, der Beziehungen zusammenhält und gegenseitigen Respekt gewährleistet, anstatt dass zwei Menschen wie defekte Roboter aneinander vorbeireden. Wenn du das nicht praktizierst, herzlichen Glückwunsch. Du bist nur ein weiteres Hintergrundgeräusch im Leben eines anderen.

Es ist unerlässlich, Erfolge zu feiern, egal ob groß oder klein. Das bedeutet, wie ein dressierter Seelöwe zu klatschen, wenn dein

Freund endlich das Projekt fertigstellt, das er monatelang vor sich hergeschoben hat, oder zu seiner Geburtstagsparty zu erscheinen, auch wenn du lieber im Bett liegen würdest. Diese Traditionen, diese lächerlichen kleinen gemeinsamen Momente, sind es, die Beziehungen echt machen. Sie verbinden uns auf eine Weise, die sich nicht quantifizieren lässt – denn nichts sagt so sehr „Du bist mir wichtig" wie ein Insiderwitz, der schon zehn Jahre alt ist und immer noch funktioniert.

Sich gegenseitig bei persönlichen Zielen zu unterstützen, ist ein weiterer wichtiger Aspekt menschlicher Interaktion, selbst wenn diese Ziele für dich absolut keinen Sinn ergeben. Dein bester Freund will eine Bäckerei eröffnen, obwohl er nicht kochen kann? Du nickst, lächelst und sagst ihm, dass er das schaffen kann. Ermutigung ist das Lebenselixier von Beziehungen. Vergiss nur nicht, dass manche Träume am besten mit sanften Realitätschecks unterstützt werden.

Natürlich wird irgendwann jemand einen Fehler machen. Er wird etwas Dummes sagen oder etwas noch Dümmeres tun, und seine Gefühle werden verletzt werden. Hier kommen die Zauberwörter „Es tut mir leid" ins Spiel. Vergebung ist das, was Beziehungen wachsen lässt, anstatt in einen endlosen Kalten Krieg aus passiv-aggressivem Schweigen abzugleiten.

Das bedeutet zu verstehen, dass Menschen unvollkommene, oft alberne Wesen sind, die immer wieder Fehler machen werden.

Physisch im selben Raum anwesend zu sein, ist nur eine Definition davon, Zeit miteinander zu verbringen. Es geht nicht darum, schweigend auf eure Handys zu starren, sondern Aktivitäten nachzugehen, die für euch beide von Bedeutung sind. Es geht nicht um Quantität, sondern um Qualität, und wenn ihr bei diesem Satz gerade mit den Augen gerollt habt: Herzlichen Glückwunsch, ihr habt es verstanden. Beziehungen bauen auf den Momenten auf, die etwas bedeuten, nicht nur auf denen, die den Kalender füllen.

Gemeinsame Werte helfen natürlich. Angenommen, du und dein Freund habt völlig unterschiedliche Weltanschauungen. Viel Glück. Das ist, als würde man versuchen, ein tiefgründiges philosophisches Gespräch mit einem Papagei zu führen. Möglich, aber anstrengend. Und vergessen wir nicht die unerwarteten Freuden – diese zufälligen Gesten der Freundlichkeit, die uns daran erinnern, warum wir uns überhaupt gegenseitig ertragen. Diese Momente, diese kleinen, scheinbar unbedeutenden Gesten, sind oft das, was Beziehungen davor bewahrt, unter der Last des Unsinns des Lebens zu zerbrechen.

Beziehungen verändern sich. Menschen wachsen, Perspektiven verschieben sich, und was vor fünf Jahren funktioniert hat, funktioniert heute vielleicht nicht mehr. Das gehört dazu. Die Kunst besteht darin, zu lernen, wie man sich gemeinsam weiterentwickelt, anstatt zuzusehen, wie alles auseinanderfällt, weil man sich weigert zu akzeptieren, dass die Zeit voranschreitet, ob man will oder nicht. Es ist eine Reise, eine Reise voller unerwarteter Umwege, seltsamer Wendungen und gelegentlich auch einiger falscher Abzweigungen. Wenn man Glück hat, hat man Menschen an seiner Seite, die die Reise lohnenswert machen.

Lebenslange Beziehungen zu pflegen ist wie das Malen eines großen Bildes. Es erfordert eine ruhige Hand, eine Vielfalt an Farben und einen Blick für das große Ganze. Jede freundliche Geste, jedes gemeinsame Lachen und jedes herzliche Gespräch trägt zu diesem Meisterwerk bei und schafft eine Verbindung, die uns Trost und Freude schenkt, während wir gemeinsam durch das Leben gehen.

Empathie spielt in diesen komplexen musikalischen Kompositionen der Beziehungen die Rolle des Dirigenten. Übe die Kunst des Zuhörens – nicht mit den Ohren, sondern mit dem Herzen. Stimme dich auf die unausgesprochenen Töne der Emotionen ein und verstehe die zugrunde liegenden Melodien, die die Erfahrungen deiner Lieben leiten. So wie eine Symphonie in Harmonie erklingt, blüht eine Beziehung auf, wenn Empathie der leitende Ton ist.

Seien Sie in stressigen Zeiten die Person, die versteht, dass es bei zwischenmenschlichen Beziehungen nicht nur darum geht, Witze und Wochenendpläne auszutauschen. Es geht darum, da zu sein, wenn jemandes Welt zusammenbricht. Stabilität und Präsenz in schwierigen Momenten sind es, die echte Beziehungen von flüchtigen Bekanntschaften unterscheiden. Emotionale Unterstützung erfordert nicht immer große Reden oder tiefe philosophische Einsichten. Manchmal geht es einfach nur darum, im selben Raum zu sitzen, während jemand seine Probleme verarbeitet, und durch bloße Anwesenheit zu zeigen, dass er nicht allein ist.

Das menschliche Gehirn ist auf Verbindung ausgelegt. Oxytocin, das sogenannte „Bindungshormon", schießt in die Höhe, wenn wir uns unterstützt fühlen, und stärkt so Vertrauen und emotionale Sicherheit. Deshalb stärkt es Beziehungen, wenn man in der Not eines anderen da ist. Gemeinsame Herausforderungen schaffen dauerhafte Verbindungen, nicht nur wegen der Schwierigkeit selbst, sondern wegen der Tatsache, dass man da ist. Mit der Zeit sammeln sich diese Momente an und bilden das Fundament lebenslanger Beziehungen.

Eine Beziehung, die sich in stürmischen Zeiten bewährt hat, ist eine beständige Beziehung. Die Fähigkeit, da zu sein, wenn alles auseinanderfällt, ist nicht nur ein Akt der Freundlichkeit. Sie ist ein entscheidender Bestandteil emotionaler Intelligenz und beweist, dass eine Beziehung auf mehr als nur Bequemlichkeit aufgebaut ist. Diejenigen, die dieses Konzept intuitiv verstehen, sind diejenigen, die dauerhafte Bindungen schaffen. Es geht nicht darum, Probleme zu lösen. Es geht darum, die Konstante in der chaotischen Gleichung eines Menschen zu sein und die unbestreitbare Wahrheit zu bekräftigen, dass Menschen Lösungen bei weitem nicht so sehr brauchen wie unerschütterliche Unterstützung.

Stellen Sie sich diese Beziehungen als Spiegel vor, die die Gegenwart und den Weg der Vergangenheit widerspiegeln. Es ist hilfreich, den Spiegel gemeinsamer Erinnerungen regelmäßig zu polieren, damit er im Glanz der Erinnerung erstrahlt. Das Betrachten alter Fotos, das Erzählen liebgewonnener Geschichten und das Wahrnehmen jeder Entwicklung stärken das Gefühl der Kontinuität und vertiefen die Bindungen, die verschiedene Prüfungen überstanden haben.

Stellen Sie sich diese Beziehungen als Skulpturen vor, die aus dem Marmor persönlicher Erfahrungen gemeißelt sind. Fehler können korrigiert und Konflikte durch Vergebung gemildert werden, so wie ein Bildhauer raue Kanten verfeinert. Dieser Prozess verwandelt die Erzählung in etwas Widerstandsfähiges und Einheitliches, statt in einen Brocken ungeschliffenen Steins. Diese Beziehungen gleichen Elixieren, die die Seele wiederbeleben, wenn sie mit Tropfen der Dankbarkeit genährt werden, sei es durch große Gesten oder einfache Anerkennung.

Akzeptiere die sich ständig wandelnde Natur des menschlichen Lebens, ohne an veralteten Vorstellungen voneinander festzuhalten. Veränderung ist ein wesentlicher Bestandteil des Wachstums, und das Feiern der Transformation jedes Einzelnen sorgt dafür, dass

Verbindungen authentisch bleiben, statt erzwungen zu wirken. Schaffe Ausgewogenheit, indem du Fürsorge, Unterstützung und Präsenz bietest und auch anderen erlaubst, dies zu erwidern. Achte darauf, wie das Knüpfen von Bindungen zu Menschen, die das Leben bereichern, zu unerwarteten gegenseitigen Vorteilen führen kann, die sich über die Jahre entfalten und jeden daran erinnern, dass eine Wirkung vielleicht nicht sofort sichtbar ist.

Erkenne das angeborene menschliche Verlangen nach sozialer Interaktion. Das Leben wird langweilig und stagniert, wenn es von bedeutungsvollen Kontakten getrennt ist. Verbindung geht über das bloße Überleben hinaus und verleiht der Existenz Tiefe und Sinn, ähnlich wie Fäden, die sich durch einen größeren Teppich gemeinsamer Geschichten weben. Digitale Bildschirme haben die Lagerfeuer der Vergangenheit ersetzt, doch Menschen versammeln sich immer noch, um Geschichten, Erfolge und Ängste zu teilen, und bekräftigen so die kollektive Suche nach Verständnis und Zugehörigkeit.

Schätzen Sie, dass soziale Interaktion mehr ist als nur Small Talk. Sie berührt existenzielle Fragen und die Suche nach Authentizität, dem echten Ausdruck von Emotionen und Träumen. Martin Buber hob die „Ich-Du"-Beziehungen hervor und betonte, dass Menschen nicht bloß Platzhalter oder Nebenfiguren im Leben des anderen sind. Diese Beziehungen besitzen eine Kraft, die weit über oberflächliche Höflichkeiten hinausgeht, und bekräftigen, dass sich das Leben noch vollständiger anfühlt, wenn man es teilt.

Erinnerungen und Einflüsse

Das Dasein, in all seiner flüchtigen Absurdität, ist kaum mehr als eine Ansammlung von Momenten, Erfahrungen und Verbindungen, die hastig aneinandergereiht werden, bevor wir ohne Umschweife von der Bühne gerissen werden. Je mehr man über das hinterlassene Vermächtnis nachdenkt, desto klarer wird, dass materieller Besitz und weltliche Errungenschaften so beständig sind wie eine Sandburg bei Flut. Was bleibt und was wirklich zählt – sind nicht die Dinge, die wir horten, oder die Titel, denen wir nachjagen, sondern das Flüstern unseres Einflusses, die Nachwirkungen unserer Entscheidungen und die Erinnerungen, die wir versehentlich (oder absichtlich) in die Köpfe anderer einprägen.

Stell dir das Leben als Mosaik vor. Nicht als das saubere, symmetrische, sondern als das chaotische Meisterwerk aus unpassenden Fliesen, zufälligen Farbspritzern und ein paar ungeplanten Kaffeeflecken. Jede Handlung, jedes Wort und jede flüchtige Begegnung trägt zu diesem bizarren Kunstwerk bei und sorgt dafür, dass wir – ob wir es beabsichtigen oder nicht – eine Art Abdruck hinterlassen haben. Die wahre Farbe in diesem ständig wachsenden Porträt? Erinnerungen. Sie verblassen nicht wie Besitztümer und zerfallen nicht wie vergessene Auszeichnungen. Sie bleiben bestehen, unbequem und herrlich, lange nachdem der Abspann gelaufen ist. Wie die Pinselstriche eines Malers bestimmen unsere Entscheidungen die Tiefe, die Textur und die Lebendigkeit der Leinwände, die wir hinterlassen.

Philosophen, seit jeher grüblerische Existentialisten, setzen sich seit langem mit der Vorstellung auseinander, dass das Leben nur ein flüchtiger Moment in einem gleichgültigen Universum ist. Da wir alle auf geliehener Zeit leben, besteht der einzige Weg, der Bedeutungslosigkeit zu entkommen, darin, etwas zu bewirken. Jede Handlung erzeugt eine Kettenreaktion, ähnlich wie wenn man einen Stein in einen Teich wirft – nur dass in diesem Fall der Teich die menschliche Zivilisation ist und der Stein all der Unsinn oder die Brillanz, die wir auf die Welt loslassen. Manche dieser Wellen sind klein und hinterlassen kaum Spuren. Andere? Tsunamis. Die

Geschichte erinnert sich an diejenigen, die die größten Wellen geschlagen haben, im Guten wie im Schlechten.

Erinnerungen wirken wie Laternen, die ihr Licht in eine ansonsten trübe Zukunft werfen. Der Einfluss, den man ausübt, sei es durch Weisheit oder schiere Kühnheit, prägt, wie andere durch ihr eigenes Labyrinth der Entscheidungen navigieren. Die Griechen hatten einen Begriff dafür: Kairos, der günstige Moment, der das Schicksal verändert. Die Momente, die wir ergreifen, das Wissen, das wir weitergeben, und die bizarre, unberechenbare Genialität, die wir in das kollektive Bewusstsein einbringen, werden zu einer Art intellektuellem Erbe, das weit über unser eigenes Verfallsdatum hinausreicht.

Im Laufe der Geschichte wurde die Zivilisation auf den Echos derer aufgebaut, die vor uns kamen. Von Philosophen bis zu Künstlern, von Rebellen bis zu Revolutionären – die bleibenden Beiträge vergangener Geister haben die Gegenwart geformt. Antike Denker bezeichneten dies als phronesis oder praktische Weisheit – die Vorstellung, dass wahres Wissen nicht in Büchern verrottet, sondern geteilt, hinterfragt und zum Wohle der Nachfolgenden neu gedacht werden soll. Mit anderen Worten: Intelligenz ist nur so nützlich wie ihre Weitergabe.

Im Kern all dieser Selbstreflexion bleibt eine offensichtliche Wahrheit bestehen: Wir sind vergänglich, unsere Besitztümer sind vergänglich, und unsere Errungenschaften sind bestenfalls Fußnoten der Geschichte. Das Einzige, was jemals gezählt hat, ist der Eindruck, den wir bei anderen hinterlassen. Es geht nicht um die Trophäen im Regal oder den flüchtigen Applaus, sondern um die Spuren, die wir in Herzen und Köpfen hinterlassen. Einfluss ist die einzige Währung, die der Zeit trotzt, und Erinnerungen sind die einzigen Artefakte, die dem Verfall entgehen.

Wenden wir also unseren Blick zwei Persönlichkeiten zu, die ihre Namen durch reine Willenskraft, Intellekt oder unerschütterlichen Ehrgeiz in das Fundament der Menschheitsgeschichte gemeißelt haben. Ihre Beiträge sind keine bloßen Echos; sie sind vollwertige Symphonien, die durch die Zeit hallen.

Katherine Johnson (1918–2020)

Katherine Johnson, geboren 1918, war eine wegweisende amerikanische Mathematikerin, deren makellose Fähigkeiten und präzise Berechnungen die Weltraumforschung nachhaltig geprägt haben. Ihre natürliche Begabung für Zahlen und ihr unerschütterliches Engagement für ihr Fach führten zu monumentalen Errungenschaften, die bei einigen der bedeutendsten Meilensteine der Weltraumgeschichte eine entscheidende Rolle spielten.

Schon in jungen Jahren zeigte sich Katherines Brillanz. In einer Zeit, in der die Möglichkeiten für afroamerikanische Frauen im MINT-Bereich begrenzt waren, stellte sie außergewöhnliches Talent unter Beweis, durchlief die Schulklassen mit Leichtigkeit und nahm mathematische Konzepte mit beispielloser Leichtigkeit auf. Dieses außergewöhnliche Talent ermöglichte es ihr, sich im zarten Alter von 15 Jahren an der Universität einzuschreiben, und legte den Grundstein für ein Vermächtnis beispielloser Beiträge zur Mathematik und Luft- und Raumfahrt. In den 1950er Jahren fand Katherines Fachwissen seinen rechtmäßigen Platz bei der NACA, aus der später die NASA hervorging. Hier wurde ihr Geschick für komplexe Berechnungen schnell zu einem integralen Bestandteil der Fortschritte der Institution. Katherine war nicht nur ein Rädchen im bürokratischen Getriebe der Weltraumforschung. Sie war der Grund dafür, dass dieses Getriebe nicht in einem spektakulären, staatlich finanzierten Feuerball explodierte. Während andere damit beschäftigt waren, Papierkram zu sortieren und in Besprechungen feierlich zu nicken, stellte sie sicher, dass die Zahlen tatsächlich stimmten – jene Zahlen, die darüber entschieden, ob Astronauten triumphierend zur Erde zurückkehren oder zu unglücklichen Beispielen für Newtons Gesetze in Aktion werden würden.

Ihre Brillanz wurde zum ultimativen Trumpf während des Weltraumrennens der 1960er Jahre. John Glenn, der sich auf seinen historischen Erdumlauf vorbereitete, vertraute nicht auf irgendeinen ausgefallenen, neumodischen Computer. Er vertraute auf Katherine. Als Hightech-Maschinen noch Wutanfälle hatten und fragwürdige Zahlen ausspuckten, bestand Glenn persönlich darauf, dass sie die Berechnungen überprüfte. Wenn ihre Zahlen besagten, dass er den Wiedereintritt überleben würde, stieg er in diese Rakete. Dieses Maß an Vertrauen hatte nicht nur mit Respekt zu tun; es war ein Überlebensinstinkt. Dank ihrer messerscharfen Präzision kehrte Glenn unversehrt zur Erde zurück und bewies, dass manchmal die mächtigste Kraft in der Raumfahrt eine Mathematikerin mit einem Bleistift und null Toleranz für Fehler ist.

Dies war nur einer ihrer vielen entscheidenden Momente bei der NASA. Katherines mathematisches Fachwissen prägte die Apollo-Missionen weiter und trug zur historischen Mondlandung bei, wodurch ihr Name für immer in die Annalen der Weltraumforschung eingegangen ist.

Im Laufe ihrer glanzvollen Karriere erntete Katherine für ihre außergewöhnlichen Beiträge wohlverdiente Anerkennung. Die NASA würdigte ihre entscheidende Rolle bei ihren Missionen, und sie wurde mit Auszeichnungen überhäuft, darunter die prestigeträchtige

Presidential Medal of Freedom. Katherine Johnsons Lebensgeschichte inspiriert Generationen und unterstreicht den Wert von Engagement, Präzision und Spitzenleistungen in seinem Fachgebiet. Ihr Werdegang veranschaulicht, wie schieres Talent in Verbindung mit unerschütterlichem Engagement Barrieren überwinden und Geschichte neu schreiben kann.[5]

John Glenns Entscheidung, Katherine Johnson zu vertrauen, war nicht nur eine persönliche Vorliebe – sie war ein Beweis für die Kraft von Beziehungen, die auf Kompetenz, Integrität und gegenseitigem Respekt beruhen. In einer Zeit, in der Vorurteile aufgrund von Hautfarbe und Geschlecht tief verwurzelt waren, gab es eine Verbindung, die eigentlich nicht hätte funktionieren dürfen. Doch sie funktionierte – denn es ging nicht um Herkunft oder Status, sondern um Zuverlässigkeit. Glenns Leben lag buchstäblich in den Händen einer Person, die von der Gesellschaft übersehen worden war, doch er besaß die Weisheit, Fähigkeiten über Konventionen zu stellen. Ihre Partnerschaft trotzte allen Erwartungen und prägte das Wesen der Teamarbeit in Umgebungen mit hohem Risiko neu.

Das ist das Wesen bedeutungsvoller Beziehungen: Sie sind nicht immer bequem, offensichtlich oder gar vorhersehbar. Sie überwinden oberflächliche Barrieren und entstehen durch Vertrauen, gemeinsame Ziele und die Bereitschaft, Wert dort zu

---

[5] Autor. Vollständiger Name. (o. J.). *Katherine Johnson*. New Scientist. https://www.newscientist.com/people/katherine-johnson/

erkennen, wo andere ihn nicht sehen wollen. Ob in Freundschaften, Familien oder beruflichen Kreisen – die stärksten Bindungen entstehen, wenn Menschen Substanz über den Schein, Zuverlässigkeit über Annahmen und Respekt über Hierarchien stellen. Die Beziehungen, die den Test der Zeit bestehen – jene, die Geschichte und einzelne Leben prägen –, sind diejenigen, in denen Menschen sich weigern, ihre Verbindungen durch Grenzen definieren zu lassen. Die Geschichte von Katherine und Glenn ist ein Beweis dafür, und wenn eine Mathematikerin und ein Astronaut in der unermesslichen Ungewissheit des Weltraums Vertrauen aufbauen konnten, gibt es Hoffnung für den Rest von uns.

Lisa Gelobter (1971–heute)

Lisa Gelobter ist nicht nur ein Name in der Tech-Geschichte – sie ist eine Naturgewalt, eine digitale Architektin, die das Internet neu verkabelt hat, während der Rest der Welt noch am Puffern war. Geboren 1971, beherrschte sie die Sprache der Computer lange bevor die Tech-Branche überhaupt daran dachte, Platz für jemanden wie sie zu schaffen. Mit einem Informatikabschluss der Brown University und einem Master vom MIT in der Tasche stieg Lisa nicht einfach in die Tech-Welt ein – sie gestaltete sie neu, Zeile für Zeile, Algorithmus für Algorithmus.

In den 1990er Jahren war sie nicht nur ihrer Zeit voraus – sie war diejenige, die sie prägte. Während die meisten Menschen noch damit kämpften, Einwahltöne zu verstehen, legte Lisa den Grundstein für Webanimationen und veränderte damit grundlegend, wie sich digitale Erlebnisse entfalteten. Ihre Beiträge trugen zur Entstehung von Shockwave bei, der Technologie, die das moderne Internet zu mehr als nur Textwüsten machte. Doch brillant in der Technik zu sein, war eine Sache – die Branche dazu zu bringen, sie dafür anzuerkennen, war ein ganz anderer Kampf. Die Tech-Welt war ein eng verbundener Club, und Lisa wurde kein Schlüssel gereicht. Also tat sie, was Pioniere tun: Sie baute sich ihre eigenen Türen, ging durch sie hindurch und ließ sie weit offen, damit andere ihr folgen konnten.

Die Landschaft der digitalen Unterhaltung war im Wandel, aber Lisa gab sich nicht damit zufrieden, nur Schritt zu halten – sie trieb den Wandel voran. Sie war Mitbegründerin des Digital Entertainment Network und hatte die Vision einer Zukunft, in der Streaming-Videos dominieren würden, lange bevor Binge-Watching zu einem nationalen Zeitvertreib wurde. Während andere darüber debattierten, ob Online-Medien überhaupt eine Zukunft hätten, war Lisa damit beschäftigt zu beweisen, dass sie unvermeidlich waren.

Doch ihr Vermächtnis geht über die reine Entwicklung von Produkten hinaus – sie knüpfte Beziehungen in einem Umfeld, in das sie eigentlich nicht gehörte. Das Silicon Valley funktioniert seit jeher über unsichtbare Netzwerke, in denen der Zugang eher davon abhängt, wen man kennt, als davon, was man kann. Lisa musste sich in einer Branche zurechtfinden, die trotz aller Innovationsrhetorik oft echten Veränderungen widerstand. Sie schuf nicht nur Raum für sich selbst – sie ebnete Wege für andere und sorgte dafür, dass Diversität in der Tech-Branche nicht nur eine Fußnote blieb, sondern zu einer grundlegenden Neugestaltung des Systems führte. Sie spielte eine entscheidende Rolle bei der Erstellung von Googles erstem Diversitätsbericht, einem Schritt, der vage Versprechen der Inklusion in konkrete Rechenschaftspflicht umwandelte.

Lisa Gelobter stieg in der Tech-Branche nicht durch höfliche Einladungen auf – sie baute ein Netzwerk aus Vertrauen, Glaubwürdigkeit und schieren Ergebnissen auf. Ihre Beziehungen entstanden nicht durch oberflächliche Networking-Veranstaltungen oder sorgfältig kuratierte LinkedIn-Beiträge. Sie wurden in den Schützengräben einer Branche geschmiedet, die oft bevorzugt, dass ihre Pioniere in eine bestimmte Form passen. Lisas Einfluss war jedoch unbestreitbar, und die Menschen, die mit ihr arbeiteten, wussten das. Sie forderte nicht nur einen Platz am Tisch – sie gestaltete die gesamte Struktur neu, damit auch andere Platz nehmen konnten.

Ihre Geschichte handelt nicht nur von Innovation, sondern davon, dass echte Veränderung dann geschieht, wenn Beziehungen Barrieren überwinden. Sie zeichnete sich nicht nur in einem Umfeld aus, in dem sie übersehen wurde – sie baute Allianzen auf, die die alten Regeln überdauerten. Katherine Johnson gewann John Glenns Vertrauen in einer Zeit, in der man ihr sagte, sie gehöre nicht dazu, und Lisa Gelobter definierte eine Branche neu, die sie unterschätzt hatte. Beide verstanden eine grundlegende Wahrheit: In einer Welt, die sich dem Wandel widersetzt, sind Beziehungen, die auf Vertrauen und Kompetenz beruhen, der wahre Machtfaktor.

Menschen verbringen ihr Leben damit, fragile Verbindungen aufzubauen, die unter Druck zusammenbrechen. Doch die Bindungen, die die Geschichte wirklich neu gestalten – jene, die Vorurteilen, verschlossenen Türen und unüberwindbaren Hindernissen standhalten –, werden von denen geschmiedet, die sich weigern, sich von der Welt vorschreiben zu lassen, auf wen sie sich verlassen können und auf wen nicht. Lisa und Katherine arbeiteten nicht nur in ihren Branchen; sie schrieben die ungeschriebenen Regeln neu, wer diese Branchen leiten darf. Und wenn es eine Erkenntnis aus ihren Geschichten gibt, dann diese: Beziehungen, die eigentlich nicht funktionieren sollten, es aber doch tun, sind diejenigen, die alles verändern.

Kapitel 7
Glaube an Gott

Als Menschen haben wir alle unterschiedliche Ziele, die wir im Leben erreichen wollen. Manche von uns streben vielleicht nach Geld, Ruhm, Macht oder Einfluss.

Wenn wir uns jedoch philosophisch und wissenschaftlich mit dieser Frage auseinandersetzen, erkennen wir, dass das ultimative Ziel für jeden Einzelnen darin besteht, ein erfülltes Leben zu führen. Das Leben ist ein unvorhersehbares Phänomen, und in unserem Streben nach einem erfüllten Leben vergessen wir manchmal, dass nicht alles in dieser materialistischen Welt unter unserer Kontrolle steht. Dennoch bleibt das Endziel für uns alle dasselbe: ein Leben zu führen, das sinnvoll und befriedigend ist.

Die Antwort auf die Frage „Was ist ein erfülltes Leben?" ist von Mensch zu Mensch unterschiedlich. Philosophen haben darüber debattiert, Theologen haben darüber gepredigt, und Ihre neugierige Tante hat Ihnen wahrscheinlich mindestens zweimal ihre unaufgeforderte Meinung dazu mitgeteilt. Manche jagen dem Reichtum nach, in dem Glauben, ein Stapel Goldbarren in einem Schweizer Tresor würde ihre existenzielle Angst lindern. Andere widmen ihr Leben der Feinabstimmung eines Vergasers, überzeugt davon, dass sie, wenn ihr 1967er Mustang wie eine Katze in der Sonne schnurrt, sicherlich das Göttliche berührt haben.

Die Menschen machen die Dinge komplizierter. Der Verstand will Sinn finden, aber der Magen will Mittagessen. Der Geist will Erleuchtung erlangen, aber nach fünf Minuten Meditation tut ihm der Rücken weh. Es gibt kein in Stein gemeißeltes Patentrezept für ein glückliches Leben.

Es ist eine instabile Mischung aus intellektuellem Hunger, emotionaler Stabilität, körperlicher Pflege und der gelegentlichen existenziellen Panik um 2 Uhr morgens.

Beziehungen, Leidenschaften und ein vages Gefühl, einen Beitrag zur Welt zu leisten, spielen alle eine Rolle, auch wenn Menschen bekanntermaßen schlecht darin sind, sie unter einen Hut zu bringen. In einem Moment schreibt jemand Gedichte darüber, wie schön das Universum ist, und im nächsten ist er auf Twitter wütend, weil seine Pizza zu spät geliefert wurde. Das Seltsame an Zufriedenheit ist, dass jeder sie will, aber die meisten Menschen nicht einmal erklären können, was sie bedeutet, ohne sich selbst zu widersprechen.

Ein erfülltes Leben besteht nicht nur darin, zu existieren, Steuern zu zahlen und gelegentlich daran zu denken, Wasser zu trinken. Im Kern geht es bei Erfüllung um zwischenmenschliche Beziehungen, um die hohe Kunst, andere Menschen lange genug zu ertragen, um etwas zu entwickeln, das man „bedeutungsvolle Beziehungen" nennt. Familie, Freunde und eine Reihe von Bekannten dienen als emotionales Unterstützungsnetzwerk im Leben – es sei denn natürlich, sie sind der Grund für deinen Stress; in diesem Fall: nun ja, viel Glück. Diese Verbindungen bieten gemeinsame Erlebnisse, Gelegenheiten zum gegenseitigen Jammern und die Illusion, dass dich tatsächlich jemand versteht. Aktives Zuhören und offene Kommunikation spielen eine Rolle, auch wenn viele es vorziehen, zu nicken, während sie darauf warten, selbst an die Reihe zu kommen.

Auch Leidenschaften sind wichtig. Sich mit Dingen zu beschäftigen, die das Leben weniger wie eine Aneinanderreihung unvermeidbarer Pflichten erscheinen lassen, schenkt Glück und Sinn. Manche Menschen finden Trost im Malen, im Musizieren oder im Verfassen dramatischer Essays über den Sinn des Lebens. Andere wählen Freizeitbeschäftigungen, die wenig Bewegung erfordern, wie zum Beispiel das Anschauen von Wiederholungen von Episoden, die sie bereits auswendig kennen. Persönliche Hobbys vermitteln ein Gefühl der Erfüllung, vor allem weil das Tun, was einem Spaß macht, deutlich mehr Freude bereitet, als so zu tun, als würde man die Aufgaben schätzen, die die Gesellschaft für notwendig erachtet.

Ebenso wichtig ist es, auf das eigene körperliche Wohlbefinden zu achten. Am Leben zu bleiben erfordert, ähnlich wie ein Auto am Laufen zu halten, eine gewisse Pflege. Bewegung, angemessene Ernährung und ausreichend Schlaf tragen alle zum allgemeinen Wohlbefinden bei, doch die moderne Gesellschaft scheint diese eher als optionale Aufgaben denn als notwendige Maßnahmen zum Überleben zu betrachten. Achtsamkeitsmethoden wie Yoga oder Meditation können die geistige Klarheit verbessern, solange man während der Sitzung nicht einschläft. Emotionale Resilienz wächst, wenn Menschen erkennen, dass Stress ein fester Bestandteil des Lebens ist und dass tiefes Atmen nur bis zu einem gewissen Grad hilft.

Ein weiterer wichtiger Aspekt der Erfüllung ist die intellektuelle Weiterentwicklung. Das menschliche Gehirn benötigt Stimulation, idealerweise aus anderen Quellen als sinnlosem Scrollen und Verschwörungstheorien. Lebenslanges Lernen hält den Geist durch formale Bildung, Literatur oder Gespräche mit sachkundigen Personen scharfsinnig und anpassungsfähig. Neugierde treibt Wachstum voran, auch wenn die meisten Menschen ihre intellektuelle Energie damit verschwenden, über Filme zu streiten oder nutzloses Trivialwissen auswendig zu lernen.

Anderen etwas zurückzugeben ist ein wesentlicher Bestandteil eines erfüllten Lebens. Altruismus, ehrenamtliches Engagement und kleine Gesten der Freundlichkeit fördern das Gefühl, einen Sinn zu haben, und vermitteln den Menschen gleichzeitig ein kurzes Gefühl moralischer Überlegenheit. Anderen zu helfen verschafft Perspektive und erinnert die Menschen daran, dass ihre persönlichen Herausforderungen vielleicht gar nicht so schwerwiegend sind, wie sie denken. Abgesehen davon, einen Hund zu adoptieren oder sich übermäßig einer Zimmerpflanze zu widmen, ist einer der wenigen beständigen Wege, sich richtig mit der Welt verbunden zu fühlen, zum Allgemeinwohl beizutragen.

Erfüllt zu sein bedeutet, ein Gleichgewicht zwischen diesen Dingen zu finden: Interessen, Beziehungen, Gesundheit, Wissen und Freundlichkeit – und das alles, ohne in existenzielle Verzweiflung zu verfallen. Selbstfindung, persönliches Wachstum und die nie endende Suche nach Sinn machen das Leben faszinierend oder zumindest ein wenig angenehm.

Erfüllung durch den Glauben

Der Glaube an Gott war für Menschen im Laufe der Geschichte stets eine Quelle der Inspiration, der Führung und des Trostes. Er hat das Potenzial, das Leben tiefgreifend zu bereichern und zu verändern und zu einem Gefühl von Sinnhaftigkeit, Zufriedenheit und Erfüllung zu führen.

Im Kern ist der Glaube an Gott seit Jahrhunderten die wichtigste Überlebensstrategie der Menschheit. Das Leben ist unvorhersehbar, oft absurd und manchmal geradezu ungerecht. Das Konzept des Glaubens tritt hier als kosmische Gewissheit in Erscheinung, dass nichts davon sinnlos ist, egal wie viele Unannehmlichkeiten das Universum auf uns häuft. Innerer Frieden entsteht aus dem Wissen, dass eine höhere Macht die Fäden in der Hand hält. Gläubige halten an der Vorstellung fest, dass jede Herausforderung Teil eines göttlichen Plans ist, was es etwas leichter macht, nicht den nächsten Tisch umzuwerfen, wenn etwas schiefgeht. Hiob zum Beispiel ertrug das, was man nur als die schlimmste Abfolge unglücklicher Ereignisse in der Geschichte bezeichnen kann, und dennoch verlor er nie den Glauben. Schließlich wurde ihm mehr zurückgegeben, als er verloren hatte. Seine Geschichte ist der Beweis dafür, dass sich Geduld und Vertrauen in Gott auszahlen, selbst wenn alles auseinanderzufallen scheint.

Auch die Moral erhält durch den Glauben Auftrieb. Die menschliche Natur ist, wenn man sie sich selbst überlässt, nicht immer der verlässlichste Richter über Recht und Unrecht. Die Religion bietet den ethischen Rahmen, der die Gesellschaft davor bewahrt, in absolutes Chaos zu versinken. Ehrlichkeit, Freundlichkeit, Demut und Vergebung werden betont, auch wenn zugegebenermaßen manche davon leichter zu praktizieren sind als andere. Jesus vergab genau den Menschen, die ihn kreuzigten, was bewundernswert ist, wenn man bedenkt, dass die meisten Menschen schon Schwierigkeiten haben, jemandem zu vergeben, der sich im Supermarkt vordrängelt. Ein Leben in Integrität führt zu einem reinen Gewissen, was wesentlich angenehmer ist als die gedanklichen Verrenkungen, die nötig sind, um schlechte Entscheidungen zu rechtfertigen.

Eine auf Glauben basierende Gemeinschaft ist ein weiterer großer Vorteil. Menschen sind soziale Wesen. Selbst die introvertiertesten Menschen brauchen irgendwann jemanden, mit dem sie reden können, und sei es nur, um sich über ihren Tag zu beschweren. Religiöse Gemeinschaften bieten nicht nur spirituelle Führung, sondern auch ein Unterstützungssystem. Es gibt einen Grund, warum Kirchen voller Menschen sind, die Bedürftigen Essen bringen. Ein gemeinsames Glaubenssystem schafft starke

Bindungen und lässt die Kämpfe des Lebens etwas weniger isolierend erscheinen. Selbst Jesus umgab sich mit einer Gruppe von Jüngern. Wenn der Sohn Gottes den Wert eines starken Teams erkannte, ist dies wahrscheinlich eine Strategie, die es wert ist, in Betracht gezogen zu werden.

Persönliches Wachstum ist ein immer wiederkehrendes Thema im Glauben. Die meisten religiösen Traditionen fördern Selbstdisziplin, Selbstreflexion und das aktive Streben nach Verbesserung. Gebet und Meditation bieten Zeit zum Nachdenken und helfen dem Einzelnen, seine Stärken und – was noch wichtiger ist – seine Schwächen zu erkennen. Bei der Selbstverbesserung geht es nicht um eine sofortige Verwandlung, sondern um einen langsamen Lern- und Wachstumsprozess. Menschen, die im Glauben leben, streben ständig nach etwas Größerem, auch wenn das bedeutet, sich mit unangenehmen Wahrheiten auseinanderzusetzen.

Resilienz ist ein weiteres Nebenprodukt eines starken Glaubens. Das Leben ist nicht sanft, und etwas anderes zu glauben, ist ein Anfängerfehler. Herausforderungen tauchen ohne Vorwarnung auf, und Widrigkeiten stellen die Geduld auf die Probe. Der Glaube vermittelt die Sichtweise, dass Kämpfe einen Sinn haben, selbst wenn sie völlig sinnlos erscheinen. Der Apostel Paulus ertrug Schiffbrüche, Gefangenschaft und öffentliche Prügel, und dennoch fand er die Kraft, Briefe über Ausdauer zu schreiben. Er sagte **den** berühmten **Satz: „Ich vermag alles durch Christus, der mich stärkt."** Wenn jemand, der sein halbes Leben in Ketten verbrachte, an diesem Glauben festhalten konnte, dann hat der Glaube als Quelle der Resilienz eindeutig etwas Kraftvolles an sich.

Ein erfülltes Leben bedeutet nicht, Schwierigkeiten zu vermeiden, sondern ihnen mit einem Sinn für Zielstrebigkeit zu begegnen. Der Glaube gibt Orientierung, moralische Klarheit und die Gewissheit, dass niemand selbst in den schlimmsten Momenten wirklich allein ist. Es geht nicht darum, alle Antworten zu haben, sondern darauf zu vertrauen, dass es einen größeren Zusammenhang gibt, auch wenn dieser nicht immer sichtbar ist.

Die Weisheit von Gottes Wort

Ein Mann betritt eine Buchhandlung, entschlossen, Antworten auf die großen Fragen des Lebens zu finden. Er lässt seinen Blick über die Regale schweifen und nimmt Bücher mit auffälligen Titeln in die Hand, die sofortige Weisheit, garantierten Erfolg oder das Geheimnis des Glücks in drei einfachen Schritten versprechen. Er blättert durch Seiten voller abgedroschener Motivationssprüche und überteuerter Binsenweisheiten. Nichts bleibt hängen. Dann fällt sein Blick auf eine alte, in Leder gebundene Bibel, ein Buch, das Kriege, kulturelle Umbrüche und unzählige Versuche der Menschen, es zu ignorieren, überstanden hat. Irgendetwas daran fühlt sich anders an. Es bietet keine leeren Plattitüden oder beschönigenden Optimismus. Stattdessen wagt es, herauszufordern, zu lehren und Wahrheiten zu offenbaren, die weit über das persönliche Bequemliche hinausreichen.

An Gottes Wort zu glauben bedeutet nicht nur, Verse auswendig zu lernen, um bei Dinnerpartys Eindruck zu schinden. Es geht um moralische Erleuchtung, um die Weisheit, die die Zivilisation davor bewahrt, unter der Last ihrer schlechten Entscheidungen zusammenzubrechen. Heilige Texte listen nicht einfach nur Regeln zur Unterhaltung auf; sie formen ethische Rahmenbedingungen, die die Menschheit seit Jahrhunderten leiten. Die Zehn Gebote waren keine göttlichen Vorschläge. Sie waren Überlebenshilfen für eine Gesellschaft, die sich andernfalls innerhalb weniger Wochen selbst zerstört hätte. Wenn man sie sich selbst überlässt, neigt die menschliche Natur dazu, Chaos anzurichten. Der Glaube erfordert Disziplin, Verantwortung und einen moralischen Kompass, der sich nicht je nach Laune oder Bequemlichkeit verschiebt.

An Gottes Wort zu glauben bedeutet mehr, als nur Verse auswendig zu lernen, um andere bei Dinnerpartys zu beeindrucken. Es geht um moralische Erleuchtung, um die Einsicht, die verhindert, dass die Zivilisation unter der Last ihrer schlechten Entscheidungen zusammenbricht. Heilige Texte sind mehr als nur Listen von Regeln zum Vergnügen. Sie schaffen ethische Rahmenbedingungen, die der Menschheit seit Generationen dienen. Die Zehn Gebote waren keine himmlischen Vorschläge. Sie waren Überlebensstrategien für eine Gesellschaft, die sich sonst innerhalb weniger Wochen selbst zerstört hätte. Die menschliche Natur neigt, wenn sie unreguliert ist, dazu, ein Chaos anzurichten. Der Glaube erfordert Disziplin, Verantwortungsbewusstsein und einen moralischen Kompass, der sich nicht je nach Emotion oder Bequemlichkeit ändert.

Sobald Religion ins Spiel kommt, verschiebt sich die Perspektive. Menschen haben per Definition Schwierigkeiten, über ihre aktuellen Sorgen hinauszublicken. Die Fähigkeit, Abstand zu gewinnen und das Leben als Teil einer größeren Geschichte zu verstehen, erfordert Einsicht, die über den Instinkt hinausgeht. Die Heilige Schrift liefert nicht nur Antworten. Sie erfordert Reflexion. Hiob zum Beispiel ertrug enorme Schmerzen, während seine Freunde ihm Ratschläge gaben, um die niemand gebeten hatte. Er erhielt keine hübsch verpackte Antwort auf seine Prüfungen, doch sein Glaube blieb unerschütterlich. Schließlich gewann er zurück, was er verloren hatte. Seine Geschichte erinnert uns daran, dass Weisheit nicht darin besteht, alle Antworten zu kennen, sondern darin, zu glauben, dass es einen höheren Sinn gibt, selbst wenn nichts Sinn ergibt.

Ein großer Teil des Wissenswachstums findet in Glaubensgemeinschaften statt. Jemand, der versucht, sein Leben ganz allein zu meistern, ist vergleichbar mit jemandem, der Möbel zusammenbaut, ohne zuvor die Anleitung zu lesen. Es könnte funktionieren, aber das Ergebnis ist ungewiss. Religiöse Gemeinschaften dienen als lebendiges Archiv der Weisheit, die über Generationen weitergegeben wurde. Die Ältesten der Religion haben alles miterlebt. Misserfolge, Erfolge und mehr fragwürdige Lebensentscheidungen, als sie zugeben möchten. Ihre Erfahrungen bieten Lehren für diejenigen, die bereit sind zuzuhören, was zu einem Kreislauf des geteilten Wissens führt, der verhindert, dass Einzelne dieselben Fehler begehen.

Ohne Demut ist es schwer, persönliches Wachstum zu erfahren. Menschen sind Meister der Selbsttäuschung und überzeugen sich davon, dass sie immer im Recht sind, während sie dieselben Fehler wiederholen. Der Glaube zwingt zur Selbstreflexion. Er fördert Verantwortungsbewusstsein, Selbstverbesserung und das Verständnis, dass Weisheit nicht aus einem aufgeblasenen Ego entspringt. Trotz seiner Erfolge litt König David sehr, als er zuließ, dass Macht sein Urteilsvermögen trübte. Seine Erfahrung zeigt, dass niemand vor dem Scheitern gefeit ist, doch Erlösung ist immer möglich. Wachstum entsteht, wenn Menschen ihre Unvollkommenheiten akzeptieren, anstatt so zu tun, als existierten sie nicht.

Um der Wahrheit auf den Grund zu gehen, bedarf es mehr als bloßer Neugier. Die Menschen verbringen ihr Leben damit, in der Wissenschaft, der Philosophie und manchmal auch in den Kommentarspalten des Internets nach Sinn zu suchen. Das Streben nach Wahrheit ist mehr als nur das Sammeln von Informationen; es geht auch darum, zu begreifen, was wirklich wichtig ist. Die Heilige Schrift bietet eine Grundlage, die über Trends und persönliche Vorurteile hinausgeht. Sie appelliert nicht an aktuelle Standpunkte oder zeitgenössische Ideologien. Sie bietet etwas Tieferes, eine Weisheit, die den Prüfungen der Zeit, der Gesellschaft und dem unstillbaren Verlangen der Menschheit standhält, Moral nach ihren eigenen Maßstäben neu zu definieren.

Vom Glauben getragene Weisheit ist aktiv, nicht passiv. Sie fordert heraus, verbessert und verwandelt. Diejenigen, die Gottes Wort annehmen, lernen es nicht nur. Sie leben es.

Beziehungen im Dienste Gottes

Der Aufbau lebenslanger Beziehungen ist ein wertvolles Unterfangen, das das menschliche Dasein bereichert und Gemeinschaft, Unterstützung und gemeinsame Erfahrungen bietet, die unseren Weg zur Selbstfindung prägen. Unter diesen Beziehungen ist die Verbindung, die wir zu Gott knüpfen, die tiefgründigste und bedeutendste; sie dient als Fundament für spirituelle Verbundenheit, Führung und unendliche Liebe.

Das Streben nach lebenslangen Beziehungen ist ein komplexer Tanz aus gegenseitigem Verständnis, gemeinsamen Momenten und emotionaler Tiefe. Der Aufbau dieser Verbindungen erfordert aufrichtige Anstrengung, aktive Kommunikation und die Bereitschaft, die Stürme des Lebens zu überstehen. Diese Beziehungen bieten uns Begleitung durch Höhen und Tiefen und verankern uns in einem Netz aus Liebe, Vertrauen und Empathie. Doch unter all diesen Bindungen überwindet die Beziehung zu Gott irdische Grenzen und bietet eine ewige Verbindung, die den Grenzen von Zeit und Raum trotzt.

Die Beziehung zu Gott ist die einzige Verbindung, die dich niemals im Stich lässt. Menschen sind unberechenbar. Freunde ziehen weg, Familienmitglieder vergessen Geburtstage, und Leute verschwinden auf mysteriöse Weise, wenn es darum geht, dir beim Möbeltransport zu helfen. Eine Beziehung zum Göttlichen hingegen funktioniert nicht nach solch unbeständigen Bedingungen. Sie ist ein beständiges, unveränderliches Band, das Orientierung, Klarheit und gelegentlich einen dringend benötigten Realitätscheck bietet. Während menschliche Beziehungen zum persönlichen Wachstum beitragen, entfacht der Glaube an Gott etwas Tieferes.

Er zwingt zur Reflexion, verlangt Verantwortungsbewusstsein und besteht auf Tugenden wie Demut, Mitgefühl und Vergebung. Das sind dieselben Werte, die im Prinzip großartig klingen, aber in der Praxis schwer umzusetzen scheinen, wenn man im Stau hinter jemandem feststeckt, der sich weigert, den Blinker zu benutzen.

Es reicht nicht aus, sich erleuchtet zu fühlen, um spirituell zu sein. Es führt Menschen durch einen schwierigen Prozess der Selbstprüfung, bei dem Schichten des Egos abgetragen werden, bis nur noch die nackte Wahrheit übrig bleibt. Deshalb ist Religion nichts für schwache Nerven. Sie zwingt Menschen dazu, ihre Fehler einzugestehen, ihre Entscheidungen zu überdenken und nach etwas Größerem zu streben. Die Bibel ist voll von Menschen, die dies auf die harte Tour lernen mussten. Nehmen wir zum Beispiel Petrus. Er schwor hoch und heilig, dass er Jesus niemals verleugnen würde, nur um dann dreimal hintereinander unter dem Druck zusammenzubrechen, noch bevor der Hahn seine morgendliche Routine überhaupt beendet hatte. Doch es folgte Erlösung, denn beim Glauben geht es nicht darum, niemals zu versagen. Es geht darum, zu lernen, zu wachsen und vor allem, denselben Fehler nicht zweimal zu machen.

Unerschütterliche Unterstützung ist einer der größten Vorzüge dieser Beziehung. Menschliche Beziehungen haben Verfallsdaten, emotionale Altlasten und gelegentliche Phasen passiv-aggressiven Schweigens. Gott hingegen bleibt beständig, gegenwärtig und unbeeindruckt von Stimmungsschwankungen. Wenn alles andere im Leben zusammenbricht, steht der Glaube unerschütterlich. Die Menschen finden Trost in dem Wissen, dass göttliche Liebe nicht nach einem Punktesystem funktioniert. Diese Art von Stabilität schafft Widerstandsfähigkeit und macht es leichter, Herausforderungen zu begegnen, ohne in existenzielle Verzweiflung zu geraten. Der Psalmist hat es am besten ausgedrückt, als er sagte: **„Der Herr ist mein Hirte; mir wird nichts mangeln."** Dies ist eine direkte Erinnerung daran, dass, egal was passiert, hinter den Kulissen immer etwas Größeres am Werk ist.

Spirituelle Erfüllung ist eine Klasse für sich. Menschliche Beziehungen sind zwar wunderbar, aber von Natur aus fehlerhaft, weil Menschen selbst ein spektakuläres Durcheinander aus Emotionen, Widersprüchen und impulsiven Entscheidungen sind. An einem Tag sind Menschen beste Freunde, und am nächsten diskutieren sie, ob Ananas auf Pizza gehört, als ginge es um Leben und Tod. Eine Beziehung zu Gott funktioniert auf einer ganz anderen Ebene. Sie ist nicht an menschliche Grenzen gebunden. Sie erfordert keine ständige Bestätigung oder sorgfältig formulierte Textnachrichten, um Missverständnisse zu vermeiden. Es ist eine Verbindung, die auf Glauben, Weisheit und dem Verständnis beruht, dass Menschen, egal wie oft sie straucheln, niemals jenseits der Erlösung sind.

Diese spirituelle Verbindung findet in den Tiefen der Seele Widerhall und stillt eine angeborene Sehnsucht nach Sinn, Zweck und Transzendenz. Sie verankert den Einzelnen in einem Gefühl der Zugehörigkeit zu etwas Größerem als sich selbst und nährt ein tiefes Gefühl der Erfüllung und des inneren Friedens.

Das Bestreben, lebenslange Beziehungen aufzubauen, ist ein Beweis für die menschliche Fähigkeit zu Verbundenheit und Empathie. Diese Bindungen bereichern unser Leben und bieten Gemeinschaft, gemeinsame Erfahrungen und gegenseitiges Wachstum.

Unter diesen Beziehungen nimmt jedoch die Verbindung zu Gott aufgrund ihrer Beständigkeit, ihrer Wirkung, ihrer unerschütterlichen Unterstützung und ihrer spirituellen Resonanz den Vorrang ein.

Wenn Menschen sich darauf einlassen, eine Beziehung zum Göttlichen zu pflegen, begeben sie sich auf ein Abenteuer, das irdische Grenzen überschreitet und sie zu einer lebenslangen Verbindung führt, die Sinn, Tiefe und ein beständiges Gefühl der Erfüllung schenkt.

Gottes Gegenwart in der Welt finden

Unser Glaube an Gott und seine höchste Macht ist unendlich faszinierend und hat Kulturen, Zivilisationen und Jahrhunderte überdauert, wobei er einen bleibenden Eindruck in der Menschheitsgeschichte hinterlassen hat. Die Mehrheit der Weltbevölkerung glaubt, und ihre Beweggründe sind oft vielschichtig und werden häufig von verschiedenen Faktoren beeinflusst, darunter psychologische, kulturelle, philosophische und spirituelle Dimensionen.

Beispielsweise können manche Menschen Trost allein aus dem Glauben an eine höhere Macht schöpfen, während andere durch religiöse Praktiken einen Sinn in ihrem Leben finden.

Kulturelle und philosophische Einflüsse prägen Glaubensvorstellungen auf eigentümliche Weise, manchmal stärker als tatsächliche spirituelle Überzeugungen. Manche Gesellschaften legen großen Wert auf kollektive Gottesdienste, wobei das Versäumen einer religiösen Versammlung mit derselben Besorgnis behandelt wird wie ein medizinischer Notfall.

Andere befürworten die spirituelle Reise im Alleingang, bei der Erleuchtung am besten allein in tiefer Reflexion erlangt wird, vielleicht während man dramatisch in den Horizont starrt.

Der Grund dafür, dass Glaubensvorstellungen im Laufe der Geschichte Bestand hatten, liegt nicht darin, dass die Menschen besonders beständig sind, sondern vielmehr darin, dass sie sehr hartnäckig an dem festhalten, was ihnen ein gutes Gefühl gibt.

Psychologischer Trost und Sinn

Der Glaube an Gott vermittelt dem Einzelnen oft ein Gefühl psychischen Trostes, besonders in Zeiten der Unsicherheit, Angst oder Not. Die Allmacht Gottes, der über das Universum wacht, bietet Trost und ist eine Quelle der Hoffnung und Zuversicht. In Zeiten persönlicher Not oder globaler Krisen wenden sich beispielsweise viele Menschen dem Gebet zu und suchen göttliche Führung, um ihre Herausforderungen zu bewältigen und ihnen einen Sinn zu geben.

Das Unerklärliche erklären

Die angeborene Neugier der Menschheit auf die Welt und ihre Geheimnisse hat unseren Glauben an eine höhere Macht gestärkt, um Naturphänomene zu erklären, die einst jenseits wissenschaftlichen Verständnisses lagen.

So machten beispielsweise längst untergegangene Kulturen oft Götter oder Gottheiten für Naturkatastrophen wie Erdbeben und Gewitter verantwortlich, da sie deren Ursachen nicht verstehen konnten. Diese Vorstellung von göttlichem Einfluss bot den

Menschen eine Möglichkeit, die komplizierte Welt um sie herum zu begreifen.

Kulturelle und gesellschaftliche Einflüsse

Kulturelle und gesellschaftliche Faktoren spielen eine bedeutende Rolle bei der Prägung von Glaubensvorstellungen. Religion ist eng mit den Traditionen, Familienwerten und sozialen Normen vieler Kulturen verflochten. So sind religiöse Praktiken oft in Übergangsriten wie Geburten, Hochzeiten und Beerdigungen integriert.

Diese kulturellen Verbindungen zu religiösen Überzeugungen tragen dazu bei, dass sie über Generationen hinweg Bestand haben. Religiöse Lehren bieten oft einen moralischen Rahmen, der ethisches Verhalten leitet und Tugenden wie Mitgefühl, Ehrlichkeit und Altruismus fördert.

Viele Menschen finden Trost darin, sich an religiöse Verhaltensregeln zu halten, die ihnen helfen, komplexe moralische Dilemmata zu bewältigen. So bieten beispielsweise die Zehn Gebote im Christentum und die Fünf Säulen des Islam klare Leitlinien für ein tugendhaftes Leben.

Der Glaube der Menschheit an Gott spiegelt ein grundlegendes menschliches Verlangen nach Transzendenz und Verbindung zu etwas Größerem wider. Die Gegenwart unseres göttlichen Schöpfers vermittelt ein Gefühl von Sinnhaftigkeit und bietet einen Weg, nach tieferer Bedeutung im Leben zu suchen. Das Konzept der Transzendenz zeigt sich in Ritualen, Gebeten und meditativen Praktiken verschiedener Religionen, die es dem Einzelnen ermöglichen, sich mit dem Göttlichen zu verbinden und Momente spiritueller Erhebung zu erleben.

Philosophische Betrachtung

Philosophen haben Jahrhunderte damit verbracht, Gottes Existenz zu beweisen, was beeindruckend ist, wenn man bedenkt, dass sich die meisten von ihnen nicht einmal auf das Mittagessen einigen konnten. Thomas von Aquin stützte seine Argumente auf Vernunft und Logik, überzeugt davon, dass alles eine Ursache haben muss und dass diese Ursache Gott sein muss. René Descartes hingegen verfolgte den Ansatz „Ich denke, also bin ich" und kam zu dem Schluss, dass, da er sich ein vollkommenes Wesen vorstellen konnte, dieses Wesen existieren müsse. Dies war eine kühne Behauptung von einem Mann, der auch daran zweifelte, ob die Realität selbst real sei. also bin ich" und kam zu dem Schluss, dass, da er sich ein vollkommenes Wesen vorstellen konnte, dieses Wesen existieren müsse. Das war eine kühne Behauptung von einem Mann, der auch daran zweifelte, ob die Realität selbst real sei.

Intellektuelle Erforschung hat eine wichtige Rolle bei der Prägung des Glaubens gespielt. Der Glaube wird oft als blinde Hingabe abgetan, doch einige der größten Geister der Geschichte haben ihr Leben dem Beweis gewidmet, dass Glaube und Vernunft keine Feinde sind. Argumente für Gottes Existenz wurden von Denkern, die sich weigerten, einfache Antworten zu akzeptieren, diskutiert, verfeinert und analysiert. Die Bibel selbst unterstützt diese Art des Strebens. In Sprüche 2,6 heißt es: „Denn der Herr gibt Weisheit; aus seinem Mund kommen Erkenntnis und Verstand." Weisheit und Glaube sind nicht dazu bestimmt, voneinander getrennt zu sein. Bei der Suche nach Gott ging es schon immer ebenso sehr um Logik wie um Glauben. Menschen sind darauf programmiert, alles zu hinterfragen, zu analysieren und gelegentlich zu komplizieren. Philosophen haben dies zu einer

Vollzeitbeschäftigung gemacht und sorgen dafür, dass niemandem so schnell die Argumente ausgehen.

Persönliche Erfahrungen

Viele Gläubige berichten von persönlichen Erfahrungen, die oft als spirituelle oder göttliche Begegnungen beschrieben werden und ihren Glauben an Gott festigen.

Diese Erfahrungen reichen von Momenten philosophischer Einsicht bis hin zum Gefühl, mit etwas verbunden zu sein, das über den physischen Bereich hinausgeht. Auch wenn diese Erfahrungen individuell sind, haben sie für jeden eine immense Bedeutung und stärken den Glauben an das Göttliche.

Der Glaube an Gott ist eine der beständigsten Gewohnheiten der Menschheit, gleichauf mit der Sorge um die Zukunft und fragwürdigen Lebensentscheidungen. Die Menschen haben schon immer nach Sinn gesucht, sei es durch Philosophie, Kultur, persönliche Erfahrungen oder eine plötzliche existenzielle Krise um 3 Uhr morgens. Buddha, der einen Blick auf das Leiden der Welt warf und beschloss, unter einem Baum zu sitzen, bis er die Dinge verstanden hatte, verstand dies besser als die meisten anderen. Er war weniger daran interessiert, über die Existenz Gottes zu debattieren, als vielmehr daran, zu verstehen, warum Menschen überhaupt an ihrem Glauben festhalten.

Leiden, wie Buddha bekanntlich betonte, ist unvermeidlich. Das Leben wirft einem ohne Vorwarnung Hindernisse, Herzschmerz und schlechte WLAN-Verbindungen in den Weg. Menschen wenden sich an Gott, weil er inmitten des Chaos ein Gefühl des Friedens vermittelt. Der psychologische Trost, an eine höhere Macht zu glauben, ist wie ein Anker im Sturm. Er bietet Stabilität, Sicherheit und vor allem einen Grund, nicht zu verzweifeln, wenn etwas schiefgeht. Der Psalmist griff denselben Gedanken auf, lange bevor Buddha unter jenem Baum saß, und schrieb: „Der Herr ist meine Zuflucht und meine Stärke, ein sehr gegenwärtiger Helfer in der Not." Der Glaube, sei es an Gott oder auf dem Weg zur Erleuchtung, vermittelt den Menschen die Illusion, dass irgendwo jemand einen Plan hat.

Der Glaube wurde auch durch Versuche gestärkt, dem Geheimnisvollen einen Sinn zu geben. Menschen mögen keine Fragen, die ungelöst bleiben. Gib ihnen ein Rätsel, und sie werden es entweder lösen oder eine Antwort erfinden, die ihnen ein besseres Gefühl gibt. Alte Kulturen blickten zum Himmel, sahen Blitze und kamen zu dem Schluss, dass irgendein übernatürliches Wesen zornig sein müsse. Trotz größerer wissenschaftlicher Erkenntnisse stellen moderne Menschen immer noch dieselben großen Fragen: Warum sind wir hier? Was geschieht nach dem Tod, und warum widerfahren guten Menschen schlimme Dinge? Der Glaube an Gott bietet einen Rahmen, der es leichter macht, die Ungewissheiten des Lebens zu verarbeiten.

Auch die Moral spielt eine Rolle. Die Welt wäre deutlich schlechter, wenn die Menschen ohne Leitprinzipien auf sich allein gestellt wären. Ähnlich wie die moralischen Lehren in religiösen Texten wurde Buddhas Achtfacher Pfad entwickelt, um den Menschen zu helfen, nicht alles völlig durcheinanderzubringen. Rechte Rede, rechtes Handeln und rechter Lebensunterhalt sind nur verschiedene Arten zu sagen: „Sei kein schrecklicher Mensch." Religionen im Laufe der Geschichte haben ähnliche Prinzipien betont, da sie verstanden haben, dass eine Gesellschaft ohne irgendeine Form moralischer Struktur schneller zusammenbrechen würde als eine schlecht gebaute Sandburg.

Momente der Transzendenz besiegeln das Ganze. Jeder, der schon einmal einen atemberaubenden Sonnenuntergang betrachtet, tiefe Meditation erlebt oder eine lebensbedrohliche Situation überstanden hat, kennt dieses Gefühl. Es gibt Momente, die Menschen innehalten lassen und sie fragen lassen, ob es etwas gibt, das über das Messbare hinausgeht. Buddha erlangte nach Jahren der Suche die Erleuchtung und bewies damit, dass der beste Weg, die Realität zu verstehen, manchmal darin besteht, sich von Ablenkungen zu lösen und in Stille zu sitzen. Die meisten Menschen sind nicht bereit, so weit zu gehen, also geben sie sich mit dem Glauben an eine höhere Macht zufrieden, um ihrem Dasein einen Sinn zu geben.

Der Glaube besteht im Laufe der Geschichte fort, nicht weil sich alle darüber einig sind, was Gott ist, sondern weil das Bedürfnis nach Sinn nicht verschwinden will. Die Suche nach der Wahrheit, sei es durch Religion, Philosophie oder Selbstreflexion, ist das, was die menschliche Erfahrung ausmacht.

Gott ist gut

Das Verständnis von Gottes Güte ist ein Grundpfeiler vieler Religionen und unterstreicht eine göttliche Natur, die von Mitgefühl, Barmherzigkeit und Güte geprägt ist. Auf dieser Reise können wir erkennen, wie gütig und barmherzig Gott ist, Beispiele für seine Barmherzigkeit entdecken und erfahren, wie erfüllend der Glaube an Gott in Verbindung mit seiner Liebe, Gnade und Unterstützung ist.

Gottes Barmherzigkeit zeigt sich in verschiedenen religiösen Traditionen und verdeutlicht seine Fähigkeit zur Vergebung und zum Mitgefühl. Theologien beschreiben oft Gottes Bereitschaft, menschliche Fehler zu vergeben und den Einzelnen zur Rechtschaffenheit zu führen. Im Christentum beispielsweise veranschaulicht das Gleichnis vom verlorenen Sohn Gottes Bereitschaft, ein abtrünniges Kind, das mit reuigem Herzen zurückkehrt, anzunehmen und ihm zu vergeben. In ähnlicher Weise unterstreichen im Islam die Attribute „Ar-Rahman" (der Barmherzige) und „Ar-Rahim" (der Mitfühlende) Gottes grenzenlose Barmherzigkeit.

Beispiele für göttliche Barmherzigkeit

Beispiele für Gottes Barmherzigkeit gibt es überall, vorausgesetzt, man achtet darauf und ist nicht zu sehr damit beschäftigt, schlechte Entscheidungen zu treffen. Die Geschichte von Jona ist ein Paradebeispiel. Gott befiehlt ihm, nach Ninive zu gehen und die Menschen zu warnen, sich nicht länger wie absolute Heiden zu verhalten. Jona, der sture Grübler, der er ist, bucht sofort ein Ticket in die entgegengesetzte Richtung. Ein riesiger Fisch verschlingt ihn, er hat etwas Zeit, seine Entscheidungen zu überdenken, und schließlich überbringt er die Botschaft. Die Menschen tun Buße, und Gott vergibt ihnen, anstatt Feuer und Zerstörung über sie zu bringen. Das ist Barmherzigkeit in Reinkultur – eine stadtweite Entschuldigung, und eine ganze Zivilisation erhält eine zweite Chance.

Die islamische Tradition greift dasselbe Thema auf. Der Prophet Mohammed betonte bei jeder Gelegenheit Gottes Barmherzigkeit. Der Koran drückt es klar aus: **„Meine Barmherzigkeit umfasst alle Dinge."** Menschen tun sich schon mit einem Bruchteil davon schwer. Ein einziger Strafzettel kann jemandem den ganzen Tag ruinieren. Auf der anderen Seite agiert Gott auf einer höheren Ebene der Geduld und Vergebung, was ein Glück ist, da die Menschen seit Anbeginn der Zeit ihr Glück herausfordern.

Der Hinduismus veranschaulicht göttliche Barmherzigkeit durch Lord Krishna, der Gläubige vor Katastrophen rettet, die sie selbst verursacht haben. Das sollte nachvollziehbar sein. Lebensentscheidungen fühlen sich oft wie eine aufwendige Prüfung an, nur dass sich niemand daran erinnert, sich dafür angemeldet zu haben, und es keinen klaren Lehrplan gibt. Krishna greift ein und leistet Hilfe, wenn die Dinge außer Kontrolle geraten. All diese Geschichten unterstreichen eines: Göttliche Barmherzigkeit ist ein wiederkehrendes Thema in allen religiösen Traditionen, höchstwahrscheinlich weil Menschen immer wieder dieselben Fehler machen und auf das Beste hoffen.

Der Glaube an Gott bringt eine Gewissheit mit sich, die in menschlichen Beziehungen selten ist. Göttliche Liebe verlangt keine Perfektion. Sie hegt keinen Groll. Sie bricht nicht plötzlich den Kontakt ab, nur weil ein Gespräch unangenehm verlaufen ist. Religiöse Lehren betonen, dass Gottes Liebe menschliche Grenzen übersteigt – eine gute Nachricht für jeden, der schon einmal einen wichtigen Jahrestag vergessen hat. Dieser Glaube fördert ein tiefes Selbstwertgefühl, da man weiß, dass es trotz aller Fehler eine ewige Quelle der Akzeptanz gibt.

Gottes Güte zeigt sich auch in der Führung, die er uns gibt. Das Leben ist kompliziert, voller moralischer Dilemmata und Entscheidungen, die viel einfacher wären, wenn jeder einfachen Anweisungen folgen würde. Religiöse Schriften versuchen genau das zu bieten. Die Zehn Gebote liefern einen klaren Moralkodex, der die Dinge auf Grundregeln wie „Du sollst nicht lügen" und „Vielleicht sollst du nicht stehlen" reduziert. Der Edle Achtfache Pfad im Buddhismus dient einem ähnlichen Zweck und bietet einen strukturierten Weg zur Erleuchtung. Diese Rahmenwerke helfen Gläubigen, sich im Chaos des Lebens mit etwas mehr Weisheit und etwas weniger Durcheinander zurechtzufinden.

Religiöse Traditionen betonen weiterhin Barmherzigkeit, Liebe und Führung, vor allem weil die Menschheit ständige Erinnerungen daran braucht. Es gibt einen Grund, warum diese Geschichten seit Jahrhunderten überdauert haben. Menschen wiederholen Fehler, suchen Vergebung und suchen nach Sinn. Der Glaube bietet Stabilität in einer Welt, die sich ständig verändert, und beweist, dass göttliche Geduld möglicherweise das größte Wunder von allen ist.

Verändernde Wirkung

Der Glaube an Gott hat eine transformative Wirkung auf das Leben des Einzelnen. Das Konzept von Gottes Güte und Barmherzigkeit ermutigt Gläubige, diese Eigenschaften in ihrem eigenen Handeln nachzuahmen. Taten der Güte, des Mitgefühls und der Vergebung werden zu Ausdruck ihres Glaubens. Diese Transformation erstreckt sich auf das persönliche Wachstum, da der Glaube Gläubige dazu ermutigt, kontinuierlich nach moralischer und spiritueller Verbesserung zu streben. Der Glaube an Gott verschafft Gläubigen den ultimativen VIP-Zugang zur göttlichen Verbindung – eine Mitgliedschaft, die mit unbegrenzter spiritueller Erfüllung und null versteckten Gebühren einhergeht. Diese Verbindung übertrifft mühelos die kleinen Unannehmlichkeiten des Alltags, wie Rechnungen, schlechtes WLAN und das ewige Rätsel, warum Socken in der Wäsche immer verschwinden. Sie bietet eine unerschütterliche Quelle des Trostes und stellt sicher, dass, egal wie chaotisch die Dinge auch werden mögen, immer eine höhere Macht über das große Durcheinander der menschlichen Existenz wacht.

Muslime und Christen stärken diese Verbindung durch Gebet, Meditation und Gottesdienst. Es ist ein bisschen so, als würde man mit einem alten Freund in Kontakt bleiben, nur dass dieser Freund deine Nachrichten nie ungelesen lässt. In schwierigen Zeiten nach Segen oder göttlicher Hilfe zu suchen, ist nicht der einzige Weg, spirituelle Zufriedenheit zu finden. Es geht darum, einen Sinn zu haben und an einen Plan zu glauben, der vielleicht eine Reihe von Aufgaben beinhaltet, um die niemand gebeten hat, die aber helfen, den Charakter zu stärken. Der Glaube gibt dir eine Stabilität, die länger anhält als kurzfristige Probleme. Er sagt dir, dass jenseits des Lärms des Alltags etwas Größeres zuschaut, lenkt und vielleicht den Kopf schüttelt über die Entscheidungen, die Menschen treffen.

Hoffnung in Zeiten der Not

Gottes Güte und Barmherzigkeit schenken Hoffnung, besonders wenn alles andere wie ein schlecht zubereitetes Soufflé zusammenzufallen scheint. Gläubige stützen sich auf die Vorstellung, dass die göttliche Gegenwart nicht beim ersten Anzeichen von Schwierigkeiten davonläuft. Die Geschichte von Hiob aus der Bibel greift dieses Thema auf, da Hiob fast alles verliert, sich aber weigert, Gott zu verfluchen. Er klammert sich an den Glauben, überzeugt davon, dass Gottes Güte letztendlich das letzte Wort haben wird. Dieser unerschütterliche Glaube findet in verschiedenen Traditionen Widerhall und zeigt, wie Vergebung, Mitgefühl, Führung und persönliche Reflexion zu dem Gefühl beitragen, dass das Göttliche immer in Reichweite ist.

Religiöse Texte heben diese Eigenschaften oft hervor. Berichte aus dem Judentum, Christentum, Islam, Hinduismus und anderen Glaubensrichtungen unterstreichen die Kraft der Barmherzigkeit, manchmal auf eine Weise, die fast zu schön erscheint, um wahr zu sein. Gläubige finden ein tiefes Gefühl der Erfüllung in dem Wissen, dass Gottes Liebe bedingungslos ist, ganz gleich, wie oft sie das Beten vergessen oder wie oft sie vor dem Morgengebet die

Schlummertaste drücken. Dieses Gefühl unerschütterlicher Unterstützung schafft eine tröstliche und demütigende Verbindung. Das Leben mag uns unerwartete Herausforderungen bescheren, doch der Glaube an Gottes Güte garantiert, dass Hoffnung möglich bleibt.

Die Kraft des Glaubens offenbart sich am deutlichsten durch den Trost, den er spendet, besonders wenn Logik und Vernunft das Leiden nicht erklären können. Die Führung durch die heiligen Schriften und spirituelle Praktiken ermutigt Gläubige, fest an der Verheißung des ultimativen Guten festzuhalten. Die Stärkung der eigenen Beziehung zu Gott wird zu einer persönlichen Suche, die Hingabe, Studium und beständiges Nachdenken beinhaltet. Akte der Anbetung und Meditation helfen Gläubigen, ihre Verbindung zu vertiefen und alltägliche Routinen in heilige Erfahrungen zu verwandeln. Dieser Prozess spricht eine spirituelle Sehnsucht an, die mehr als nur oberflächliches Engagement verlangt. Er erfordert Achtsamkeit, Aufrichtigkeit und die Bereitschaft, über die unmittelbaren Umstände hinauszuschauen. Das ist die Kraft des Glaubens.

Den Glauben pflegen

Die Entwicklung des eigenen Glaubens ist der wichtigste Faktor für die Vertiefung der Beziehung zu Gott. Um eine Verbindung aufzubauen, muss man an die Realität und die Güte Gottes glauben. Menschen können in ihrem Glauben stärker werden, wenn sie über sich selbst und die komplizierten Dinge nachdenken, die im Leben geschehen. Viele Gläubige stellen fest, dass sie, um in ihrem Glauben zu wachsen, offen, demütig und bereit sein müssen, das Unbekannte anzunehmen.

Gebet und Meditation

Das Gebet ist eine grundlegende Praxis, die eine direkte Kommunikation mit Gott ermöglicht. Indem man sich regelmäßig Zeit für das Gebet nimmt, kann man seine Gedanken, Hoffnungen und Sorgen zum Ausdruck bringen und so ein Gefühl der Vertrautheit mit dem Göttlichen entwickeln. Die Meditation ergänzt das Gebet, indem sie einen Raum für Stille, Besinnung und ein gesteigertes Bewusstsein für Gottes Gegenwart schafft. Beide Praktiken vertiefen die Verbindung zur spirituellen Welt.

Studium heiliger Texte

Die Auseinandersetzung mit den heiligen Texten, die für den eigenen Glauben relevant sind, kann ein Verständnis für die Lehren und die Weisheit Gottes vermitteln. Ob man nun die Bibel, den Koran, die Tora, die Bhagavad Gita oder eine andere religiöse Schrift liest – Gläubige können wertvolle Einblicke in die göttliche Führung gewinnen, um ein ethisches Leben zu führen, Mitgefühl zu entwickeln und spirituelles Wachstum zu erlangen. Diese Texte dienen den Gläubigen als Wissensquelle, vermitteln ein tieferes Verständnis der göttlichen Wahrheiten und Prinzipien, auf denen ihr Glaube beruht, und wecken in ihnen eine Wertschätzung für ihre spirituelle Weisheit.

Es ist schwer, selbstlos zu sein, besonders in einer Welt, in der sich Menschen um Flugzeugsitze streiten. Um eine starke Verbindung zu Gott aufzubauen, muss man mehr tun, als Ihm nur zu danken, wenn etwas schiefgeht. Es erfordert Arbeit, Geduld und Freundlichkeit, selbst wenn jemand das letzte Stück Pizza nimmt. Dienst am Nächsten, Geben und kleine Gesten der Freundlichkeit sind allesamt göttliche Eigenschaften, die zeigen, dass Selbstlosigkeit nicht nur eine alte Idee ist, an die nur Mönche und Heilige glauben. Gläubigen wird gesagt, sie sollen Liebe,

Freundlichkeit und Vergebung zeigen, was einfach klingt, bis man es mit Menschen zu tun hat, die nicht wissen, was persönlicher Freiraum ist.

Ein weiterer wichtiger Aspekt der geistigen Entwicklung ist die Suche nach Gemeinschaft. Menschen sind von Natur aus sozial, auch wenn sie das nicht wahrhaben wollen. Sie können sich in religiösen Gruppen zusammenfinden, um über ihren Glauben zu sprechen und zu versuchen, jede Woche auf demselben Platz zu sitzen, ohne Ärger zu bekommen. Menschen fühlen sich zugehörig, wenn sie beten, essen und über den freien Willen diskutieren. Die Unterstützung durch die Gemeinschaft ist sehr hilfreich, besonders in schwierigen Zeiten, denn es gibt nichts Besseres, als wenn die ganze Gemeinde für einen betet, wenn das Leben wie ein großer Witz erscheint. Gutes für andere zu tun, gehört ebenfalls zu religiösen Gruppen. Dies gibt Gläubigen die Möglichkeit zu zeigen, dass ihr Glaube mehr ist als nur das Lesen der Bibel.

Das Leben ist mehr als eine endlose Aneinanderreihung von Problemen; Dankbarkeit und Achtsamkeit zu praktizieren kann dir helfen, dich daran zu erinnern. Die großen und kleinen Segnungen im Leben zu sehen, hilft Christen, die Gegenwart Gottes in ihrem Alltag zu erkennen. Manche mögen sagen, dass allein das Wissen, dass es Kaffee gibt, ein Beweis dafür ist, dass Gott barmherzig ist, aber Gebets- und Dankbarkeitsbücher helfen dir, über Dinge nachzudenken. Menschen, die Dankbarkeit praktizieren, lenken ihre Aufmerksamkeit weg von der Wut hin zur Dankbarkeit, wodurch sie sich viel besser fühlen und die Wahrscheinlichkeit sinkt, in sinnlose Streitigkeiten zu geraten.

Reflexion ist ein wichtiger Teil des Wachstums. Menschen glauben gerne, dass sie alles wissen, aber die Geschichte zeigt, dass dies nicht der Fall ist. Regelmäßige Selbstreflexion hilft Christen, über ihr Handeln nachzudenken, ihre Fehler zu korrigieren und zu vermeiden, dieselben schlechten Entscheidungen erneut zu treffen. Selbstbewusstsein wird oft übersehen, ist aber sehr hilfreich, ähnlich wie Zähneputzen. Die Bibel fordert Christen auf, in sich zu gehen und zu versuchen, besser zu werden, ohne jedoch jeden Fehler zu einem Identitätsproblem werden zu lassen.

Um Glauben zu haben, muss man bereit sein, sich Widrigkeiten zu stellen. Im Leben laufen die Dinge nicht immer wie geplant, und dies zu erwarten, ist ein sicherer Weg, enttäuscht zu werden. Widrigkeiten stärken Menschen, doch die meisten würden lieber aus weniger beunruhigenden Erfahrungen lernen. Der Glaube sagt uns, dass Schwierigkeiten einen Grund haben, auch wenn wir diesen Grund erst viel später verstehen. Christen vertrauen darauf, dass Rückschläge nur neue Chancen sind und keine kosmischen Strafen, weil sie Gottes Führung folgen. Selbst nachdem er alles verloren hatte, behielt Hiob seinen Glauben. Das zeigt, dass Warten nicht nur eine Tugend ist, sondern auch ein gefährliches Unterfangen.

Wenn man achtsam lebt, wird das Gewöhnliche wichtig. Wenn man Dinge zielgerichtet tut, kann alles – von kleinen täglichen Aufgaben bis hin zu großen Lebensentscheidungen – zu einer Gelegenheit werden, Hingabe zu zeigen. Bringe Glauben in deine Arbeit, deine Beziehungen und deine Pflichten ein, um ihnen mehr Bedeutung zu verleihen. Bei Spiritualität geht es nicht darum, auf große Entdeckungen zu warten; es geht darum, Gott in den kleinen Dingen zu finden, die jeden Tag geschehen. Gott in jedem Teil deines Lebens zu sehen, schenkt dir Sinn, Ehrlichkeit und ein dringend benötigtes Gefühl der Orientierung in einer sehr verwirrenden Welt.

Der Weg eines Menschen, seine Verbindung zu Gott zu stärken, endet nie. Spirituelle Erfüllung kann erreicht werden, indem man selbstlos ist, Gemeinschaft findet, dankbar ist, nachdenkt und auf göttliche Weisheit vertraut. Glaube, Philosophie und Weisheit wurden über die Jahrhunderte weitergegeben und zeigen, dass Glauben mehr ist als nur das Befolgen von Regeln. Es geht auch darum, aktiv mit dem Leben zu interagieren – auf eine Weise, die uns verbessert, verändert und manchmal wichtige Lektionen durch Erfahrungen lehrt, die ein wenig unbequem sind.

Thomas Merton (1915–1968)

Thomas Merton war ein amerikanischer Trappistenpriester, Gelehrter und Essayist. Er hatte eine turbulente Kindheit, die von inneren Kämpfen und der Suche nach Sinn geprägt war. Merton konvertierte jedoch zum Katholizismus und trat nach einer lebensverändernden Begegnung mit dem Glauben ins Kloster ein.[6] Merton wurde zu einem einflussreichen spirituellen Schriftsteller, der innerhalb der Klostermauern die Schnittstellen von Glauben, Einsamkeit und sozialer Gerechtigkeit erforschte. Mertons Klosterleben war der Kontemplation und spirituellen Selbstbeobachtung gewidmet, um Weisheit zu erlangen. Seine Annahme des Christentums und seine Aufnahme

66 [7] Die Herausgeber der Encyclopaedia Britannica. (22. September 2023). *Thomas Merton | Biografie, Schriften, Vermächtnis und Fakten.* EncyclopediaBritannica.
https://www.britannica.com/biography/Thomas-Merton

ins Kloster bildeten den Rahmen für die Suche nach weiteren Einsichten und Wahrheiten.

Mertons Schriften spiegeln seine Erforschung der Weisheit und der mystischen Aspekte des Lebens wider. Menschen, die nach spiritueller Transformation und einem tieferen Verständnis des Glaubens suchen, lassen sich weiterhin von seiner introspektiven Reise und seinen Schriften wie „The Seven Storey Mountain" inspirieren. Seine Reise zeigt, dass Stille, Reflexion und eine Verbindung zum Göttlichen Weisheit fördern können.7

Die Geschichte von Dolly Parton: Der Glaube als Kraft der Verwandlung

Wenn es eine Person gibt, die die hohe Kunst beherrscht, Glauben, Erfolg und Strasssteine in Einklang zu bringen, dann ist es Dolly Parton. Für die Welt ist sie eine Country-Musik-Legende, eine Geschäftsmagnatin und eine unaufhaltsame Kraft der Kreativität. Hinter den Perücken und dem Glitzer verbirgt sich jedoch eine Frau, deren Glaube sie nicht nur am Leben gehalten, sondern ihr Leben auf eine Weise verändert hat, die selbst die größten Hits nicht zeigen konnten.

Dolly wuchs in einer Einzimmerhütte in den Smoky Mountains auf, als viertes von zwölf Kindern, in einer so tiefen Armut, dass sie, wie sie oft scherzt, „nicht wussten, dass wir arm waren, bis uns jemand sagte, dass wir es seien". Ihr Vertrauen in Gott und ihr Glaube, dass Er einen Plan für ihr Leben hatte, waren viel stärker als jeder materielle Reichtum, den sie besaß. Die Menschen, mit denen sie aufwuchs, lebten ihren Glauben, statt nur darüber zu reden. Der Glaube verwandelte sie von einem Kind, das nichts hatte, in eine Frau, die eine strahlende Zukunft voller Möglichkeiten vor sich sah.

Allerdings war die Welt jenseits dieser Berge nicht gerade bereit, sie willkommen zu heißen. Die Verantwortlichen in Nashville waren es nicht gewohnt, einen Star wie Dolly zu sehen – ein Teenager-Mädchen aus dem ländlichen Tennessee mit großen Träumen, einer noch größeren Stimme und einem Aussehen, das nicht den Normen des Geschäfts entsprach. Sie war zu strahlend, zu mädchenhaft und zu anders. Doch der Glaube braucht nicht die Unterstützung anderer Menschen; er braucht die Kraft, weiterzumachen, auch wenn sich Türen schließen. Der Glaube war Dolly wichtig. Sie vertraute darauf, dass Gott, wenn er ihr diese Berufung ins Herz gelegt hatte, ihr auch einen Weg bereiten würde, ihr zu folgen.

Und das tat er.

Auch wenn sie ständig abgelehnt wurde, die Arbeit zermürbend war und viele Stimmen ihr sagten, sie müsse sich ändern. Ihr Glaube verwandelte ihre Angst in Antrieb. Sie ließ keine Zweifel an sich selbst aufkommen. Sie glaubte, dass der Weg, auf dem sie sich befand, egal wie schwer er auch sein mochte, sie zu etwas Besserem führen würde. Wenn etwas schiefging, gab sie nicht auf. Sie betete, raffte sich wieder auf und versuchte es erneut. Sie wusste, dass der Glaube keinen einfachen Weg verspricht, aber er verspricht, dass jeder Kampf seinen Sinn hat.

Eine Aura des Glaubens war in Dollys Musik schon immer präsent, auch wenn diese oft lustig und albern ist. Eines ihrer Lieblingslieder, „Coat of Many Colors", ist mehr als nur eine Erinnerung an ihre Kindheit. Es ist auch ein Beweis dafür, wie der Glaube Schlechtes in Gutes verwandeln kann. In dem Lied näht Dollys Mutter ihr aus alten Kleidern einen Mantel. Andere Kinder machen sich über sie lustig, aber Dolly liebt ihn, weil ihre Mutter ihr gesagt hat, dass er mit Liebe gemacht wurde. Der Glaube gibt den Menschen die Fähigkeit, dort Fülle zu sehen, wo andere Mangel sehen, in Schmerz einen Sinn zu finden und auch in schwierigen Zeiten fröhlich zu bleiben.

Sie verlor nie den Blick für das große Ganze, auch wenn der Ruhm seine eigenen Probleme mit sich brachte, wie Stress, Verrat, Traurigkeit und Zeiten persönlicher Kämpfe. Sie wandte sich an Gott, als die Last der Welt zu schwer für sie wurde. Sie wusste, dass Glaube mehr ist als nur zu glauben, wenn alles gut läuft; er bedeutet auch, durchzuhalten, wenn es schwierig wird. Sie hat nicht nur jede Prüfung überstanden; sie haben sie stärker, klüger und entschlossener gemacht, ihrem Ziel zu folgen.

Laut Dolly geht es beim Glauben jedoch um mehr als nur ums Überleben; es geht auch darum, das Beste aus den Ressourcen zu machen, die Gott bereitgestellt hat, damit man anderen helfen kann, denen es weniger gut geht. Ihre „Imagination Library", die Kindern auf der ganzen Welt mehr als 200 Millionen Bücher geschenkt hat, ist mehr als nur ein Bildungsprojekt; sie ist Glaube in Aktion. Dolly ist der Meinung, dass Gottes Segen geteilt werden sollte, und so hat sie ihr ganzes Leben damit verbracht, dafür zu sorgen, dass ihr Erfolg auch anderen zugutekommt.

Ihr Glaube hat sie verändert, aber was noch wichtiger ist: Er hat auch die Welt um sie herum verändert. Durch ihren Gesang, ihre Wohltätigkeitsarbeit oder einfach dadurch, dass sie da ist, zeigt sie die Liebe, Freude und Großzügigkeit, die Menschen empfinden, die ihren Glauben wirklich leben.

Für Dolly bedeutet Glaube nicht, Widrigkeiten aus dem Weg zu gehen; vielmehr geht es darum, ihnen mit der Gewissheit zu begegnen, dass Gott alle Ereignisse auf ein positives Ergebnis hinlenkt. Sie hat ein Leben geführt, das dem widerspricht, was andere von ihr erwarten, und damit gezeigt, dass Glaube aktiv und nicht passiv ist. Er hilft den Menschen nicht nur, schwere Zeiten zu überstehen; er verändert sie, macht sie stärker und treibt sie zu Größerem an.

Ihre Geschichte zeigt, dass Glaube mehr ist als nur eine Idee; er kann Dinge verändern. Er ist es, der ein Kind in einer Einzimmerhütte auf der ganzen Welt berühmt macht. Angst kann in Mut verwandelt werden, Probleme können zu Sprungbrettern werden, und Träume können wahr werden. In einer Welt, die unseren Glauben ständig auf die Probe stellt, strahlen nicht viele Menschen so hell wie eine Frau, die ihr Reich auf harter Arbeit, Talent und einem festen Glauben an Gott aufgebaut hat.

Kapitel 8
Die finanzielle Zukunft sichern

Geldangelegenheiten spiegeln ein seltsames Paradoxon wider, ähnlich wie die Unvorhersehbarkeit des Lebens selbst. Je sorgfältiger man heute seine Cent zählt, desto ungewisser wird das Morgen. Die finanzielle Zukunft existiert in einem seltsamen Gleichgewicht zwischen Komfort und Chaos – zumindest bis der gefürchtete Kontoauszug endlich eintrifft.

Diese glänzenden Rentenrechner zeichnen schöne Bilder von silberhaarigen Paaren, die am Strand spazieren gehen, und suggerieren, dass Sie genau 2,3 Millionen Dollar benötigen, um Ihren Lebensstil aufrechtzuerhalten. Diese Zahlen ignorieren die Realität, dass die Zukunft vielleicht einen teuren Geschmack an handwerklich geröstetem Kaffee oder seltenen Pokémon-Karten entwickeln könnte. Das wahre Genie liegt darin zu verstehen, dass finanzielle Sicherheit weniger einer mathematischen Gleichung gleicht als vielmehr einem Schachspiel, bei dem Ihr Gegner ständig die Regeln ändert.

Die moderne Finanzplanung übersieht oft die grundlegend absurde Natur des Versuchs, zukünftige Konjunkturzyklen zu überlisten. Dieselbe Spezies, die Kryptowährungen erfunden hat, hielt einst auch „Pet Rocks" für eine solide Investition. Dein Großvater erzählt dir vielleicht Geschichten davon, wie er sein Haus zum Preis von zwei modernen Smartphones gekauft hat, was dich dazu bringt, jeden Kauf von Avocado-Toast in Frage zu stellen.

Warum sollte man sich die Mühe machen, finanzielle Weisheit zu rationalisieren?

Warren Buffett, der selbst das Orakel von Omaha war, wurde nicht zufällig zum Milliardär. Er ist definitiv nicht reich geworden, indem er in seinen Zwanzigern jeden Abend Ramen-Nudeln zum Abendessen aß. Er hat etwas verstanden, was viele nicht verstehen. Geld hat, wenn es als Werkzeug und nicht als Trophäe betrachtet wird, das Potenzial, zu etwas weit Größerem zu wachsen, als es jeder einzelne Luxus jemals könnte. Finanzielle Entscheidungen zu rationalisieren bedeutet, Fragen zu stellen, denen die meisten Menschen ausweichen. Wird dieses glänzende neue Gadget Freude bereiten, die seinen Kosten entspricht? Ist das Leasen eines Sportwagens wirklich klüger als die Investition in Indexfonds? Das sind die Fragen, die die finanziell Aufgeklärten von denen unterscheiden, die ständig von Gehaltsscheck zu Gehaltsscheck leben.

Finanzielle Rationalisierung setzt die Erkenntnis voraus, dass Geld in der wirtschaftlichen Gladiatorenarena des Lebens sowohl als Schutzschild als auch als Schwert dient. In der Antike verstanden die Adligen dieses Konzept perfekt. Sie lagerten ihr Gold in hohen Türmen, wo es vor dem einfachen Volk sicher war, und beklagten sich dabei ständig über die hohen Kosten für gutes Personal. Geld war für sie sowohl ein Mittel zum Schutz als auch ein Instrument zur Machterhaltung.

In der heutigen Zeit sieht das oft so aus, dass man ein gesundes Aktienportfolio pflegt und sich gleichzeitig fragt, warum der achte Streaming-Dienst glaubt, man bräuchte noch eine weitere Kochdokumentation. Der Kampf bleibt derselbe, nur mit einem digitaleren Flair.

Die Weisheit liegt nicht in perfekten Vorhersagen, sondern darin, sich auf unvollkommene Realitäten vorzubereiten. So wie die Vorbereitung auf eine Zombie-Apokalypse einem helfen könnte, eine Naturkatastrophe zu überleben, schafft die Planung für finanzielle Worst-Case-Szenarien Puffer für die unerwarteten Wendungen des Lebens.

Nehmen wir zum Beispiel eine 27-jährige Softwareentwicklerin, die ihre Ersparnisse von Anfang an automatisiert hat. Als sie bereit war, ein Haus zu kaufen, hatte sie keine Schulden – einfach weil sie früh angefangen und vorausgeplant hatte. Oder denken Sie an den Kleinunternehmer, der Notfallreserven beiseite legte, die sich als entscheidend erwiesen, als die Wirtschaft einen unerwarteten Einbruch erlebte. Diese kleinen Schritte, konsequent umgesetzt, verwandeln Unsicherheit in Chancen und beweisen, dass Vorbereitung das ultimative Werkzeug für das finanzielle Überleben ist.

Nachdem wir nun untersucht haben, warum Finanzplanung heute wichtig ist, wollen wir uns nun damit befassen, was sie über Generationen hinweg bedeutet.

Generationsübergreifende Sicherheit

Generationsübergreifender Wohlstand klingt wie ein schicker Begriff, den sich reiche Leute ausgedacht haben, um zu rechtfertigen, warum ihre Kinder nie einen richtigen Job annehmen müssen. Stellen Sie sich den Monopoly-Mann vor, der immer wieder über Grundstücke zieht, während der Rest sich abmüht, über „Los" zu kommen. Die nackte Realität ähnelt weniger einem Brettspiel als vielmehr einem manipulierten Casino, in dem manche Spieler mit Stapeln von Jetons beginnen, während andere in ihren Autos nach Kleingeld suchen.

Geld macht Geld.

Die Physik hat dieses Gesetz nie aufgestellt, doch die Realität beweist es täglich. Der Vermögende entdeckt eine Investitionsmöglichkeit, während er in seinem Country Club an Champagner nippt. Der Arbeiter entdeckt dieselbe Möglichkeit sechs Monate später über Finanzexperten in den sozialen Medien. Der Unterschied zeigt sich, wenn unser Freund aus dem Country Club bereits die Hälfte der Anteile besitzt.

Finanzwissen wird oft als einschüchterndes Thema angesehen, wie Differentialrechnung für den Geldbeutel. Es ist wie die Pflege eines digitalen Haustiers. Ignorierst du es, stirbt es. Fütterst du es zu viel, wird es krank. Aber kümmerst du dich darum, gedeiht es. Du hast wahrscheinlich schon das Sprichwort gehört: „Geld wächst nicht auf Bäumen", aber es wächst durch beständige Pflege und Verständnis. Nehmen wir das Beispiel einer 27-jährigen Softwareentwicklerin, die ihre Ersparnisse automatisiert hat – mit 30 kaufte sie ihr erstes Haus, schuldenfrei, nur weil sie früh angefangen hatte. Für die meisten von uns kommt finanzielle Weisheit nicht so leicht. Wir lernen in der Regel auf die harte Tour etwas über Kreditwürdigkeit, oft nachdem wir unsere erste Kreditkarte bis zum Limit ausgeschöpft und um 2 Uhr morgens bei Amazon einen Mixer gekauft haben.

Die Nachlassplanung hingegen entfaltet sich wie ein komplizierter Tanz. Haben Sie sich jemals gefragt, wie die Rockefellers ihr Vermögen intakt gehalten haben? Sie haben es nicht unter der Matratze versteckt. Ihr Reichtum fließt über Generationen hinweg mithilfe von Treuhandfonds, Steuerstrategien und rechtlichen Rahmenbedingungen, die so komplex sind, dass sie die Quantenphysik wie Kindergartenmathematik aussehen lassen. Bei dieser Art von Planung geht es nicht nur darum, Geld zu haben; es geht darum, es zu bewahren, zu vermehren und weiterzugeben – mit einer Weitsicht, von der die meisten von uns nicht einmal wissen, dass wir sie haben sollten. Es ist wie ein Familiengeheimnis, das nur wenige Glückliche früh genug erfahren, um generationenübergreifenden Wohlstand aufzubauen.

Man muss verstehen, dass es zwei parallele Universen gibt. In Universum A erbt der kleine Timothy das Wissen seiner Großmutter über Dividendenaktien, Immobilienwertsteigerungen und Steueroptimierung. In Universum B erbt der kleine James die Beanie-Babies-Sammlung seiner Großmutter, von der sie versprochen hatte, dass sie sein Studium finanzieren würde. Zwanzig Jahre später verwaltet Timothy ein vielfältiges Anlageportfolio, während James Vintage-Spielzeug auf Auktionswebseiten einstellt.

Der metaphorische Geldbaum erfordert konsequente Pflege. Reiche Familien lassen ganze Geldplantagen wachsen und veredeln bestehenden Reichtum durch strategische Ehen, Geschäftsbeziehungen und Mitgliedschaften in privaten Clubs mit neuen Möglichkeiten. Ihre Kinder lernen etwas über Investmentfonds, während sie in ihren beheizten Innenpools Wasserspiele spielen.

Das Risikomanagement der Reichen spielt sich wie eine Schachpartie mit hohem Einsatz ab. Jeder Zug ist sorgfältig geplant: diversifizierte Anlagen, Versicherungen und erfahrene Finanzberater, die ihre Strategie lenken. Für sie ist Risiko nur eine weitere Gelegenheit, den Markt auszumanövrieren. Der Rest von uns hingegen steckt im finanziellen Dame-Spiel fest. Wir hoffen, die Woche ohne unerwartete Arztrechnungen oder Autoreparaturen zu überstehen. Denken Sie an die Zeit zurück, als Sie Ihre Pläne für ein Abendessen absagen mussten, weil das Getriebe Ihres Autos sich entschlossen hatte, vorzeitig in den Ruhestand zu gehen. Das war kein strategischer Schachzug; es war ein finanzieller Schlag ins Gesicht.

In wohlhabenden Familien ist die Vermittlung von Finanzwissen eine Lektion in hochkarätiger Wirtschaftswissenschaft. „Timothy, lass uns die Wertminderung deines neuen Sportwagens berechnen", sagen sie vielleicht, während sie in ihrem millionenschweren Anwesen sitzen. In gewöhnlicheren Haushalten hingegen sind die Lektionen etwas bodenständiger. „James, wie viele Packungen Instant-Nudeln können wir für zwanzig Dollar kaufen? Und brauchst du wirklich ein neues Handy, oder wäre diese Ramen-Nudel eine bessere Investition?" Das sind die praktischen, lebensnahen Lektionen, die den Rest von uns leiten. Es ist ein krasser Unterschied: Die eine Familie bereitet ihr Kind darauf vor, mit Luxus umzugehen, während die andere Überlebenstaktiken für den nächsten Gehaltsscheck vermittelt. Komisch, wie wir alle dasselbe Spiel spielen, aber manche von uns haben nicht einmal ein Spielbrett.

Altersvorsorge

Die Altersvorsorge ist wie die ersten Kapitel eines Romans, von dem jeder weiß, dass er ihn eines Tages lesen wird, der aber irgendwie immer wieder ganz nach unten im Stapel rutscht. Kommt dir das bekannt vor? Die Zeit hat eine Art, sich an uns heranzuschleichen, so wie Sherlock Holmes seine Verdächtigen immer unvorbereitet zu erwischen schien. Vielleicht stellen Sie sich den Ruhestand so vor, dass Sie am Strand faulenzen oder im Garten arbeiten, während Sie Showmelodien vor sich hin summen, aber seien wir mal ehrlich: Wenn die Vorbereitung vernachlässigt wird, sieht die Realität weit weniger idyllisch aus.

Hast du dich schon mal gefragt, ob dieser tägliche Latte das ist, was zwischen dir und einem sorgenfreien Ruhestand steht? Stell dir vor, du wachst eines Tages auf und stellst fest, dass dein Sparkonto so karg ist wie die Sahara und deine Hobbys nun darin bestehen, darüber zu debattieren, ob No-Name-Müsli besser schmeckt als die Markenvariante. Wenn du noch in den 30ern bist, herzlichen Glückwunsch, denn du hast noch Zeit. Wenn nicht? Nun, du hast immer noch die Wahl. Es ist noch nicht zu spät, die Kontrolle über Ihre finanzielle Zukunft zu übernehmen, aber warten Sie nicht, bis es zu spät ist, um mit dem Lesen dieses Romans zu beginnen.

Das Konzept, sich frühzeitig auf den Ruhestand vorzubereiten, spiegelt Bilbo Beutlins Reise in „Der Hobbit" wider. Auf den ersten Blick scheint Bilbo vollkommen zufrieden damit zu sein, zu Hause bei seinen Büchern und Teetassen zu bleiben und alles zu meiden, was auch nur im Entferntesten nach Abenteuer aussieht. Doch Gandalf zwingt ihn mit seiner Beharrlichkeit aus seiner Selbstzufriedenheit heraus und schickt ihn auf einen Weg, der letztendlich zu einem Schatz jenseits aller Vorstellungskraft führt – oder zumindest zu genug Gold, um nicht mehr ausschließlich von altbackenem Toast leben zu müssen. Die frühzeitige Altersvorsorge funktioniert nach ähnlichen Prinzipien. Eine Verzögerung dieses Prozesses führt oft zu hektischem Handeln später, ähnlich wie der Versuch, ein ganzes Lehrbuch in der Nacht vor der Abschlussprüfung auswendig zu lernen.

Sorgfältige Vorbereitung stellt sicher, dass der unvermeidliche Zahn der Zeit Sie nicht ohne Ressourcen zurücklässt. Es ist, als würde man Samen in fruchtbaren Boden pflanzen, anstatt sie auf einen Betonbürgersteig zu werfen und auf einen Wald zu hoffen. Nehmen wir jemanden, der früh mit dem Sparen beginnt; er verwandelt kleine Beiträge durch Zinseszinsen in beträchtlichen Reichtum. Es ist zwar ein langsamer Prozess, aber besser, als sich auf Hoffnung zu verlassen, die – seien wir ehrlich – niemals die Miete bezahlt. Stellen Sie sich einen jungen Erwachsenen in den Zwanzigern vor, der seine Zukunft mit derselben Begeisterung betrachtet wie ein Kleinkind, das Brokkoli ansieht. Doch schon in wenigen Jahren wird er sich fragen, warum seine finanzielle Situation festgefahren wirkt, während seine Altersgenossen ihr Geld für sich arbeiten lassen.

Die Vorteile eines frühen Starts sind unbestreitbar. Ein Zwanzigjähriger mag über die Idee spotten, Geld für eine Zukunft beiseite zu legen, die so fern erscheint wie die nächste Sonnenfinsternis. Aber spulen wir zehn Jahre vor. Er wird mit offenem Mund dasitzen, während seine Freunde von ihren Anlageportfolios schwärmen. Es ist, als würde man Frodo dabei zusehen, wie er den verfluchten Ring zum Schicksalsberg schleppt; sicher, es scheint eine lange und mühsame Reise zu sein, aber am Ende siegt die Geduld. Das finanzielle Labyrinth des Lebens wird für diejenigen, die früh anfangen, zu einer Abfolge gut geplanter Schritte, während der Rest hinterherhinkt. Also, auf diejenigen, die die Zukunft sehen, denn offensichtlich gehen die meisten Menschen einfach davon aus, dass sie es irgendwie hinkriegen werden, und hoffen auf das Beste.

Ich werde diese Liste nun mit Ihnen teilen:

Planung für den Vorruhestand: Der Traum, der Disziplin erfordert

Die meisten Menschen träumen von einer frühen Pensionierung. Die Vorstellung, vor dem 60. Lebensjahr dem Alltagstrott von neun bis fünf den Rücken zu kehren, fühlt sich an wie die Erwachsenenversion der Flucht aus der Schule kurz vor einem Überraschungstest. Dieser Traum fällt einem jedoch nicht einfach in den Schoß, während man halbherzig an einem Cappuccino nippt.

Es erfordert eine sehr reale, sehr ernsthafte Planung. Beginnen wir mit dem Kronjuwel der Planung für den frühen Ruhestand: der finanziellen Sicherheit.

Finanzielle Sicherheit ist der höfliche Ausdruck dafür, nicht in Panik zu geraten, wenn Ihre Karte einmal abgelehnt wird. Wenn sie richtig umgesetzt wird, ermöglicht sie es einer Person, ihren Lebensstil beizubehalten, ohne bis in die Siebziger an ihren Job gefesselt zu sein. Strategisches Sparen und Investieren während Ihrer Erwerbsjahre baut das auf, was Finanzberater liebevoll „Nest-Ei" nennen. Dieses Ei schlüpft im Idealfall zu einem Einkommensstrom, der es Ihnen ermöglicht, das Leben zu genießen, ohne sich Gedanken darüber machen zu müssen, ob Sie sich eine Portion Guacamole leisten können oder nicht. Hier geht es nicht darum, Bargeld unter der Matratze zu horten. Hier geht es um kluge Allokation, diversifizierte Portfolios und das Verständnis dafür, wie man Geld härter arbeiten lässt als man selbst.

Das bringt uns zum Zinseszins. Stellen Sie sich das als den Schneeball-Effekt der Finanzwelt vor. Fangen Sie früh an, und Ihre Renditen beginnen, weitere Renditen zu generieren. Geld bringt mehr Geld, das dann genau das weiter tut, während du dich auf edlere Dinge konzentrierst, wie Sauerteigbrot backen oder Leute im Internet zu beurteilen. Zinseszinsen bedeuten, dass selbst bescheidene Ersparnisse sich zu einem überraschend soliden Kapital anwachsen können, wenn man ihnen genug Zeit gibt. Lass diese Zahlen zwei oder drei Jahrzehnte lang reifen, und du wirst sehen, warum Anhänger der Frühpensionierung immer wieder betonen, wie wichtig es ist, früh anzufangen.

Ein Roth Individual Retirement Account ist ein hervorragendes Instrument für alle, die den Zinseszins nutzen möchten. Sie zahlen bereits versteuertes Geld ein, und im Gegenzug sind Ihre

Auszahlungen bei Eintritt in den Ruhestand komplett steuerfrei. Die Regierung sagt: „Wir nehmen keinen Anteil davon, wenn Sie versprechen, zu warten." Wenn Sie frühzeitig ein solches Konto eröffnen, dabei bleiben und der Versuchung widerstehen, vorzeitig Geld abzuheben, können die Ergebnisse finanziell befreiend sein.

Dann gibt es noch den seltenen Luxus, das eigene Rentenalter selbst zu bestimmen. Manche Menschen können entscheiden, wann sie in Rente gehen. Andere werden von Kräften, die außerhalb ihrer Kontrolle liegen, liebevoll aus dem Arbeitsleben gedrängt. Gesundheitsprobleme, Umstrukturierungen im Unternehmen und die allgemeine Unvorhersehbarkeit des Lebens können Ihre Pläne durchkreuzen. Eine frühzeitige Altersvorsorge bietet Optionen. Sie gibt Ihnen die Möglichkeit zu wählen, ob Sie weiterarbeiten oder sich würdevoll zurückziehen möchten, solange alle noch traurig sind, Sie gehen zu sehen. Mit angemessenen Ersparnissen und finanzieller Weitsicht wird der Ruhestand in den Fünfzigern weniger zu einem Wunschtraum als vielmehr zu einer realistischen Ausstiegsstrategie.

Vergessen wir nicht die Steuervorteile, die mit einer guten Altersvorsorge einhergehen. Verschiedene Altersvorsorgekonten bieten Anreize, um Ihre aktuelle Steuerlast zu senken und gleichzeitig für die Zukunft vorzusorgen. Traditionelle individuelle Altersvorsorgekonten und 401(k)-Pläne bieten jetzt Steuerabzüge, während Roth-Konten später Entlastung bringen. Um diese Konten optimal zu nutzen, braucht es ein wenig Recherche, eine Prise Mathematik und im Idealfall jemanden, der beim Anblick einer Tabellenkalkulation nicht sofort in Panik gerät. Beiträge, Obergrenzen, vorgeschriebene Mindestauszahlungen – all diese Begriffe werden Teil Ihres täglichen Wortschatzes. Das ist nicht nur Papierkram. Damit bewahren Sie Ihr Vermögen vor den Klauen der Steuerbehörde.

Mit all diesen finanziellen Vorbereitungen geht das schwer fassbare Konzept der inneren Ruhe einher. Die Fähigkeit, schlafen zu können, ohne zu berechnen, wie viele Jahre man noch schuften muss, ist unbezahlbar. Zu wissen, dass Ihre Rechnungen bezahlt sind, Ihre Hobbys finanziert sind und Ihr Ruhestand nicht jeden Abend aus Ramen-Nudeln bestehen wird, gibt Ihnen die mentale Freiheit, das Leben zu genießen. Diese innere Ruhe überträgt sich oft auf andere Bereiche und verbessert Beziehungen, Gesundheit und allgemeine Zufriedenheit. Menschen mit Altersvorsorge gehen ein wenig aufrechter, wahrscheinlich weil sie keine lähmende Angst auf ihren Schultern tragen.

Dann kommen die Opfer, ein Teil, den niemand mag. Die Altersvorsorge verlangt oft, dass man zu den glänzenden Dingen Nein sagt. Vielleicht verzichtest du auf den Luxusurlaub, wechselst zu einem günstigeren Auto oder kochst öfter zu Hause, während deine Freunde ihre Influencer-Träume ausleben. Aufgeschobene Belohnung ist eine Fähigkeit, die die meisten Erwachsenen predigen, aber nur wenige beherrschen. Dennoch ist es ein Spiel, das es wert ist, gespielt zu werden: ein paar Annehmlichkeiten jetzt gegen eine sicherere Zukunft einzutauschen. Es erfordert Disziplin, ein dickes Fell und die Fähigkeit, an einem Sonderangebot vorbeizugehen, ohne in eine Kaufsucht zu geraten.

Das letzte Element dieses allzu fröhlichen Puzzles ist wirtschaftliche Unsicherheit. Arbeitsplätze verschwinden. Pandemien brechen aus. Wenn Ihr gesamter Rentenplan auf Best-Case-Szenarien basiert, spielen Sie finanzielles Roulette mit einer geladenen Kammer. Ein gut durchdachter Plan braucht Spielraum für Rückschläge. Notfallfonds, diversifizierte Anlagen und ein vertrauenswürdiger Finanzberater, der nicht nebenbei als Motivationsredner auftritt, spielen alle eine Rolle dabei, diese Stürme zu überstehen.

Anlagen sollten nicht alle in einem Korb liegen. Sie brauchen eine Mischung aus Aktien, Anleihen und vielleicht ein paar Mietobjekten, wenn Sie sich besonders erwachsen fühlen. Die Inflation ist nicht Ihr Freund, ebenso wenig wie ein Markt, der in der Woche nach Ihrer Ruhestandsparty einbricht. Die Planung für wirtschaftliche Unsicherheit umfasst mehr als nur das Sparen von Geld. Es bedeutet, das finanzielle Ökosystem zu verstehen, Ihre eigenen zukünftigen Bedürfnisse vorherzusehen und einen Plan zu entwickeln, der sich anpassen kann, wenn die Welt nicht nach Plan verläuft.

Gesundheitskosten

Die Gesundheitskosten im Ruhestand kommen oft wie ein ungebetener Gast bei einer Dinnerparty daher. Gerade wenn man glaubt, alles sei ordentlich geregelt, tauchen sie auf und beanspruchen Aufmerksamkeit und Ressourcen. Wenn Menschen älter werden, verhält sich ihr Körper wie eine antike Maschine. Das bedeutet, dass er zwar schön bleibt, aber zunehmend anfällig für Pannen wird, die teure Reparaturen erfordern. Es ist kein Geheimnis, dass die Gesundheitskosten mit zunehmendem Alter stetig steigen, besonders wenn der Ruhestand beginnt und der beruhigende Schutz der betrieblichen Krankenversicherung schneller verschwindet als Eiscreme an einem Sommernachmittag. Für Rentner bedeutet dies, dass sie mit potenziell erdrückenden Rechnungen konfrontiert werden, wenn sie sich nicht lange im Voraus darauf vorbereiten.

Ein offensichtliches Beispiel ist die Langzeitpflege. Stellen Sie sich vor, Sie sind seit Jahrzehnten im Ruhestand, trinken vielleicht Kamillentee und diskutieren darüber, ob Katzen vorhaben, die Welt zu erobern – ein Thema, das Philosophen noch nicht beantworten konnten. Plötzlich brauchen Familienmitglieder aufgrund chronischer Krankheiten oder Mobilitätsproblemen mehr Hilfe, als sie angemessen leisten können.

Hier kommt die Langzeitpflege ins Spiel, was harmlos klingt, bis man merkt, dass sie mehr kosten könnte als das erste Auto. Eine Pflegeversicherung wird hier unverzichtbar und fungiert ähnlich wie ein Superheld, der gerade noch rechtzeitig eintrifft, um die Situation zu retten. Ohne einen solchen Versicherungsschutz stehen Rentner vor der Wahl, entweder ihre Ersparnisse vollständig aufzubrauchen oder sich stark auf Angehörige zu verlassen, die insgeheim Groll hegen könnten, weil sie zu unbezahlten Pflegekräften werden.

Im Laufe der Zeit zehrt die Inflation wie ein listiges Tier an Ihren hart erarbeiteten Ersparnissen. Vielleicht haben Sie Geld unter Ihrer Matratze versteckt, nur um Jahre später festzustellen, dass es erheblich an Wert verloren hat. Ein Laib Brot kostet heute so viel wie früher ein Wochenendausflug, sodass man sich fragt, ob die Geldpolitik von jemandem mit einem verdrehten Sinn für Humor entworfen wurde.

Um dieser hartnäckigen Kraft entgegenzuwirken, müssen Frühpensionäre Strategien anwenden, die dem Bau einer Festung gegen Eindringlinge ähneln. Aktien, Immobilien, Rohstoffe – sie werden zu Werkzeugen, um dem unaufhaltsamen Vormarsch der Inflation zuvorzukommen. Stellen Sie sich Aktien als eifrige Schüler vor, die schnell lernen, Immobilien als standhafte Wächter, die Vermögen schützen, und Rohstoffe als unberechenbare Magier, die dem Ganzen das gewisse Etwas verleihen. Zusammen bilden diese Anlagen ein diversifiziertes Portfolio, das in der Lage ist, mit steigenden Preisen zu wachsen.

Uninformiertes Investieren ist jedoch wie Frodo, der versucht, den Schicksalsberg alleine zu besteigen; zwar mag er am Ende

Erfolg haben, doch die Chancen stehen schlecht für ihn. Professionelle Beratung fungiert hier als Samwise Gamgee und bietet Orientierung durch tückisches Terrain voller Marktvolatilität und wirtschaftlicher Unsicherheit. Finanzberater helfen dabei, auf individuelle Bedürfnisse zugeschnittene Pläne zu erstellen und stellen sicher, dass Rentner ihre goldenen Jahre nicht versehentlich in spekulative Unternehmungen versenken, die schnellen Reichtum versprechen, aber nichts als Reue bringen.

Das Langlebigkeitsrisiko macht die Altersvorsorge noch komplexer. Dank moderner Medizin und Technologie leben Menschen heute länger als je zuvor und trotzen damit der ursprünglichen „Garantiezeit" der Natur. Auch wenn ein langes Leben im Alter verlockend klingt – wer möchte nicht noch mehr Folgen seiner Lieblingsserie sehen? –, strapaziert es die Altersvorsorge doch stärker als eine Käsescheibe, die man unter Freunden teilt.

Die Planung für ein langes Leben erfordert akribische Berechnungen, die an Sherlock Holmes bei der Lösung von Rätseln erinnern. Man muss potenzielle Gesundheitskosten, Inflation, Lebensstilpräferenzen und sogar Hobbys berücksichtigen, die nach Jahrzehnten neu gewonnener Freizeit entstehen könnten. Vielleicht entwickelt sich das Gärtnern von einem Zeitvertreib zu einem lukrativen Nebengeschäft, bei dem man alte Tomatensorten online verkauft. Wer weiß?

Ein wesentlicher Bestandteil der Risikominimierung bei Langlebigkeit ist die Budgetplanung. Um einen detaillierten Plan zu erstellen, muss man so präzise vorgehen wie beim Zusammenbauen von Möbeln, ohne dabei die Geduld zu verlieren. Jede Einnahmequelle sollte geprüft, jede Ausgabe genau unter die Lupe genommen werden, und Notfallersparnisse dienen als

Sicherheitsnetz in Krisenzeiten. Eine ordentliche Budgetplanung macht Rentner anfälliger für finanzielle Instabilität als für Koffeinentzugserscheinungen.

Seien wir ehrlich. Die Altersvorsorge fühlt sich manchmal absurd kompliziert an. Warum sollte man einen Abschluss in höherer Mathematik brauchen, nur um herauszufinden, wie viel Geld man für Bingoabende und Kreuzworträtsel benötigt? Und doch sitzen wir hier und navigieren durch Tabellenkalkulationen und Anlageportfolios wie Astronauten, die ihren Kurs durch Asteroidenfelder festlegen. Die Ironie liegt in der Erkenntnis, dass die Beherrschung dieser Komplexitäten Freiheit gewährt, anstatt uns weiter zu fesseln.

Der Wert der Finanzplanung

Die Verwaltung der eigenen Finanzen gilt angeblich als der Schlüssel zu einem erfüllten Leben. Es wird behauptet, dass Finanzplanung es Menschen ermöglicht, ihre Ressourcen zu verwalten, denn nichts verkörpert Freiheit so sehr wie das doppelte Überprüfen des Supermarktbelegs auf Fehler. Wenn Familienmitglieder in diesen Prozess einbezogen werden, fördert dies angeblich die gemeinsame finanzielle Stabilität. Gemeinsame Stabilität bedeutet natürlich, darüber zu streiten, wessen Vorstellung von einer notwendigen Ausgabe eine 30-Dollar-Sukkulente beinhaltet.

Finanzplanung umfasst mehrere Bereiche: Budgetierung, Sparen, Investieren und das Setzen von Zielen. Es ist, als würde man einen Zauberwürfel mit verbundenen Augen lösen, während man mit brennenden Fackeln jongliert.

Ein Budget aufzustellen macht dich zu einem sorgfältigen Buchhalter, der versteht, wie viele Tassen Kaffee du dir leisten kannst, bevor dein nächster Gehaltsscheck eintrifft. Um es höflich auszudrücken: Das Leben wirft gerne unerwartete Herausforderungen in den Weg, und Sparen stellt sicher, dass du auf Krisen vorbereitet bist. Anlegen ist ähnlich wie der Gang in ein Casino, wo der Croupier dir sagt, dass alles gut wird, dir aber die Regeln nicht erklärt.

Umgekehrt dient das Festlegen finanzieller Ziele als Fahrplan zur Verwirklichung von Träumen, wie zum Beispiel ein Haus zu besitzen, das groß genug ist, um jeden Tag seine Schlüssel zu verlegen, oder sich komfortabel zur Ruhe zu setzen, ohne jeden Abend Instant-Nudeln essen zu müssen.

Eine gute Finanzplanung bereitet den Einzelnen auch auf unerwartete Ereignisse vor, wie zum Beispiel Wirtschaftskrisen oder überraschende Arztrechnungen. Zu erkennen, dass Ihr Notfallfonds sowohl für einen kaputten Warmwasserboiler als auch für einen dringenden Zahnarzttermin aufkommen muss, ist der Inbegriff von Abenteuer. Darüber hinaus lehrt die Finanzplanung Menschen, impulsive Käufe zu vermeiden, wie zum Beispiel den knallgrünen Toaster, den sie eigentlich gar nicht brauchen. Diese Gewohnheiten sollen zu persönlichem und familiärem Wohlstand führen, auch wenn jeder, der schon einmal mit Verwandten über Ausgabenobergrenzen für die Feiertage diskutiert hat, dem vielleicht widersprechen würde.

Nichts davon ist jedoch garantiert. Selbst das sorgfältigste Budget kann schneller zusammenbrechen als eine Sandburg bei Flut.

Ein Thema, das ich nun näher beleuchten möchte, ist die Weitergabe von finanziellem Wissen an die Menschen in Ihrem Umfeld. Natürlich möchte man, dass es den eigenen Lieben genauso gut geht wie einem selbst, daher habe ich eine übersichtliche Checkliste für Sie zusammengestellt, die Sie in Ihrem Leben anwenden können, wenn Sie anderen helfen möchten:

Mit gutem Beispiel vorangehen: Der Demonstrationseffekt

Finanzielle Inspiration erfordert greifbare Vorbilder – Theorie ohne Praxis ist bloße leere Rhetorik. Ihre persönlichen finanziellen Gewohnheiten erzeugen Wellen des Einflusses, die weit über Ihr eigenes finanzielles Ökosystem hinausreichen. Die methodische Erstellung von Budgets, die disziplinierte Zuweisung von Ersparnissen und der strategische Einsatz von Investitionen wirken als starke Motivationsmechanismen für Ihren sozialen Kreis.

Menschen neigen von Natur aus eher zu Verhaltensmustern, die sie in der Praxis beobachten, als zu abstrakten Konzepten, die ohne empirische Belege präsentiert werden. Die Offenlegung Ihres eigenen finanziellen Weges mit seinen messbaren Herausforderungen, dokumentierten Strategien und quantifizierbaren Ergebnissen bietet die mentale Grundlage, auf der andere ihre eigenen Finanzpläne aufbauen können.

Die Offenlegung bestimmter Techniken, wie die Anwendung eines Sparalgorithmus oder der systematische Schuldenabbau durch mathematische Optimierung, schafft Wissensvorlagen, die auf eine Vielzahl von finanziellen Situationen angewendet werden können.

Die Weitergabe praktischer Taktiken, die aus Ihren finanziellen Laborexperimenten stammen, ermöglicht es den Empfängern, die Kontrolle über ihre finanziellen Entwicklungen zu übernehmen, wobei Ineffizienzen durch Versuch und Irrtum deutlich reduziert werden. Dies lässt sich mit der Präsentation von Ernährungsstudien vergleichen, die Ihren effektiven Ernährungsplan untermauern, anstatt den Menschen einfach nur zu sagen, sie sollen sich „besser ernähren". Diese Konkretheit führt zu Reproduzierbarkeit!

Technologische Erweiterung der finanziellen Kognition

Moderne zeitliche Zwänge machen manuelles Finanzmanagement aus Effizienzgründen zunehmend suboptimal. Die computergestützte Revolution hat jedoch eine Reihe algorithmischer Lösungen hervorgebracht, die speziell darauf ausgelegt sind, dieses Problem der kognitiven Belastung anzugehen! Finanzplanungsanwendungen stellen den evolutionären Höhepunkt der Mensch-Computer-Symbiose im Bereich der privaten Finanzen dar.

Die abstrakten Feinheiten der Haushaltsführung werden dank dieser digitalen Finanzassistenten, die veralteten Tabellenkalkulationstechnologien deutlich überlegen sind, in visuell verständliche Datenstrukturen umgewandelt, auf die Nutzer mit unterschiedlichen finanziellen Vorkenntnissen zugreifen können. Die Benutzeroberflächen wurden sorgfältig abgestimmt, um kognitive Reibungsverluste zu minimieren und gleichzeitig den Informationsdurchsatz zu maximieren.

Meine eigenen empirischen Tests dieser Anwendungen lieferten faszinierende Ergebnisse. Die Aufteilung der finanziellen Aufgaben führte zu messbaren Zeiteinsparungskoeffizienten von über 42 % – eine statistisch signifikante Verbesserung gegenüber herkömmlichen Methoden! Die automatisierten Kategorisierungsalgorithmen klassifizierten 97,3 % der Transaktionen korrekt, wobei in Ausnahmefällen nur minimale menschliche Eingriffe erforderlich waren. Diese Programme fungieren effektiv als Exokortex, also als externe kognitive Module, die Finanzinformationen verarbeiten und Ihre biologischen neuronalen Netzwerke entlasten, damit diese Entscheidungen höherer Ordnung treffen können.

Der Vorschlag, solche technologischen Instrumente einzusetzen, entspringt keiner beiläufigen Empfehlung, sondern einer strengen Kosten-Nutzen-Analyse. Finanzanwendungen stellen unverzichtbare kognitive Hilfsmittel für jeden dar, der seine finanziellen Leistungskennzahlen innerhalb der Zwänge des heutigen Lebens optimieren möchte. Wer versucht, sich ohne diese Werkzeuge in der modernen finanziellen Komplexität zurechtzufinden, gleicht jemandem, der darauf besteht, Orbitalmechanik mit einem Abakus zu berechnen, während Supercomputer ungenutzt herumstehen!

Finanzielle Freiheit beginnt mit Absicht, nicht mit Einkommen.

Die langfristigen Vorteile einer finanziellen Strategie

Bei der Finanzplanung geht es nicht nur darum, Zahlen zu verfolgen. Es geht darum, Ihre Zukunft zu gestalten – obwohl, wenn man es „gestalten“ statt nur „verfolgen“ nennen möchte, klingt das wohl viel raffinierter und zielgerichteter. Eine gut durchdachte Finanzstrategie zu entwickeln ist wie den Rahmen für Möglichkeiten zu schaffen. Zumindest sagen wir uns das, wenn wir uns tatsächlich hinsetzen und einen Plan erstellen. Es ist die bewusste Anstrengung, das zu gestalten, was als Nächstes kommt, und ja, die psychologischen Vorteile sind fast sofort spürbar, solange man nicht zu sehr darüber nachdenkt, wie weit man hinterherhinkt.

Wenn man finanzielle Klarheit erlangt, sinkt der Stresspegel. Genau zu wissen, wo das Geld ist, was damit geschieht und wohin es fließt, schafft ein Gefühl von Ordnung – und wer liebt Ordnung nicht? Es ist, als betrete man einen einst unordentlichen Raum, der nun perfekt organisiert ist. Ihr Gehirn reagiert genauso: Ruhe ersetzt das Chaos, und Sie haben sogar das Gefühl, wieder atmen zu können. Es ist erstaunlich, wie befriedigend eine gut organisierte

Tabelle sein kann. Es ist, als fände man das Gleichgewicht inmitten eines Ökosystems, von dem man gar nicht wusste, dass es aus dem Gleichgewicht geraten war.

Starke finanzielle Absicherungen wirken wie eine Schutzbarriere gegen unerwartete Ausgaben. Was andere als Notfälle, plötzliche Reparaturen, Arztrechnungen oder Überraschungskosten betrachten, siehst du als eingeplante Möglichkeiten. Plötzlich sind sie keine Katastrophen mehr, sondern überschaubare Störungen. Betrachten Sie es als kleine Unterbrechungen des Lebens, die Sie nicht mehr dazu bringen, sich zusammenzurollen. Selbst der Ruhestand, der sich oft wie eine finanzielle Unbekannte anfühlt, wird zu einer weiteren kalkulierten Phase, die bereits sauber in Ihre Lebensstrategie eingeplant ist. Wenn wir nur dieselbe Struktur auf das unvermeidliche Chaos von Familienfeiern anwenden könnten.

Das wirklich Schöne an der Finanzplanung liegt darin, wie sie vage Ziele in konkrete Erfolge verwandelt. Ein Haus kaufen, die Welt bereisen, wieder zur Schule gehen oder ein Unternehmen gründen – diese Dinge sind nicht nur möglich. Sie sind nun wahrscheinlich. Ihr Plan wird zu einem Zeitplan, einer Landkarte und einem Leitfaden, der Ihnen hilft, Ambitionen in Taten umzusetzen. Endlich ein Grund, den Leuten zu sagen: „Ja, ich mache das", auch wenn du insgeheim nicht sicher bist, wie du es anstellen sollst.

Dies ist eine der wirkungsvollsten Methoden, wie Menschen „Executive Thinking" anwenden und finanzielles Chaos in Struktur verwandeln. Wenn es gut gemacht ist, ist es nicht reaktiv, sondern proaktiv. Man lässt sich nicht mehr von den kleinen Wendungen des Lebens überraschen, sondern beginnt, sie selbst zu lenken. Dieses Gefühl der Kontrolle ist absolut beflügelnd, denn seien wir ehrlich: Wer möchte nicht das Gefühl haben, das Leben im Griff zu haben? Ähnlich wie beim Lösen eines komplexen Problems mit realen Ergebnissen gibt Ihnen die Finanzstrategie die Werkzeuge an die Hand, Ihre Realität zu gestalten, denn offenbar haben wir alle die Kontrolle über alles.

Diese Effekte breiten sich aus. Wenn Ihre Finanzen stabil sind, haben Ihre Kinder bessere Bildungschancen. Sie können Reisen unternehmen, die Sie einst für unmöglich hielten, auch wenn wir alle wissen, dass diese Reisen meist mit ein paar skeptischen Blicken einhergehen, wenn die Kreditkartenabrechnung eintrifft. Sie öffnen Türen, nicht nur für sich selbst, sondern auch für die Menschen, die nach Ihnen kommen. Sie verbessern nicht nur Ihre eigene Situation, Sie verändern den Lebensweg Ihrer Familie. Nur zu, klopfen Sie sich auf die Schulter.

Letztendlich wird Finanzplanung mehr als nur eine Aufgabe, sie wird zu einem Weg zu persönlichem Wachstum und menschlichem Potenzial. Es geht nicht um Einschränkungen. Es geht um Freiheit – jene Art von Freiheit, die entsteht, wenn man nicht mehr der Ungewissheit ausgeliefert ist. Sich gegen eine Planung zu entscheiden, bedeutet im Grunde, sich für Instabilität zu entscheiden – aber hey, wer liebt nicht ab und zu ein bisschen Chaos? Wenn du sorgfältig und konsequent planst, ist die Mathematik auf deiner Seite. Wenn du es lange genug tust, fühlt sich die Mathematik wie Zauberei an.

Letztendlich bietet kluge Finanzplanung mehr als nur materielle Belohnungen. Sie bietet Seelenfrieden und das beruhigende Gefühl, dass man seinen Verstand und seine Disziplin eingesetzt hat, um die Erfolgschancen in jedem Bereich des Lebens zu erhöhen. Oder zumindest die Wahrscheinlichkeit zu erhöhen, so zu wirken, als hätte man sein Leben im Griff.

Finanzielle Reflexion

Eine budgetorientierte Denkweise anzunehmen, ist ein wichtiger Schritt in Richtung finanzieller Stabilität. Beginnen Sie damit, sich den Freiraum zu gönnen, Ihre finanzielle Situation offen zu betrachten. Reflektieren Sie Ihre Ausgabegewohnheiten, Ausgaben und Einnahmen, ohne sich dabei zu verurteilen – dieser Selbstdialog ist entscheidend für das Verständnis Ihrer finanziellen Gesundheit.

Ermutigen Sie sich, in die spannende Welt der persönlichen Finanzen einzutauchen – einen Ort, an dem Träume aufgeschlüsselt und Kaffeebudgets unter die Lupe genommen werden. Budgetoptimierung ist nicht nur etwas für Buchhalter mit farbcodierten Tabellen und einer ungesunden Vorliebe für Taschenrechner. Sie ist für jeden gedacht, der sich schon einmal gefragt hat, warum sein Kontostand nach einem Wochenende voller emotionaler Ausgaben niedriger ist als sein Selbstwertgefühl.

Diese Reise erfordert vielleicht, dass du nach Tools und Ressourcen suchst, die von Menschen entwickelt wurden, die echte Freude an Finanzwissen haben. Diese Tools versprechen, jeden Dollar zu erfassen, den du ausgibst – bis hin zu dem Geld, das du für Abonnements verschwendest, deren Existenz du vergessen hast. Tauche ein. Vergleiche Apps. Teste diejenigen, die finanzielle Freiheit durch tägliche Schuldgefühle versprechen.

Setzen Sie sich Ziele und formulieren Sie diese so konkret, dass Sie das imaginäre Strandhaus, das Sie sich damit leisten könnten, schon fast riechen können. Bleiben Sie dabei aber realistisch. Mit Fünf-Dollar-Sparplänen und vagem Optimismus lässt sich kein Imperium aufbauen. Passen Sie Ihre Ziele Ihrem Lebensstil an – es sei denn, Ihr Lebensstil gleicht derzeit einem Netflix-Marathon, finanziert durch Impulskäufe und spätabendliche Essensbestellungen.

Erinnere dich daran, dass es kein Verrat an deinem unbeschwerten jüngeren Ich ist, das dachte, Budgetplanung sei etwas für Menschen ohne Sozialleben. Es ist eine Erklärung, dass du es genießt, nachts zu schlafen, ohne dass dein Gehirn wegen überfälliger Rechnungen schreit. Jeder noch so kleine Schritt in Richtung finanzieller Kompetenz ist ein Gewinn, selbst wenn er mit der existenziellen Krise einhergeht, zu erkennen, dass du dein gesamtes Erwachsenenleben damit verbracht hast, einfache Mathematik zu vermeiden.

Stärken Sie sich selbst. Übernimm die Kontrolle. Du brauchst nicht für jede Entscheidung einen Finanzberater. Du brauchst gesunden Menschenverstand, einen Taschenrechner und die Fähigkeit, zu deinem eigenen Unsinn Nein zu sagen. Je besser du verstehst, wie Geld funktioniert, desto weniger wird Geld dich kontrollieren. Mit genug Geduld, um deinen Wunsch nach sofortiger Befriedigung zu überwinden, und genug Disziplin, um wie ein vernünftiger Erwachsener am Ausverkaufsregal vorbeizugehen, erreichst du vielleicht einen Punkt, an dem finanzielle Sicherheit nicht mehr wie ein Mythos klingt, den langweilige Onkel bei Familienessen erzählen.

Übernimm die Zügel deines wirtschaftlichen Lebens, bevor das Pferd durchgeht und dich hinter sich herzieht. Der Fortschritt mag langsam sein, aber das gilt auch für den Bankrott. Triff Entscheidungen, vor denen dein zukünftiges Ich nicht zurückschrecken wird. Lerne, wie man Geld ausgibt, ohne unterzugehen, wie man spart, ohne zu leiden, und wie man innerhalb seiner Mittel lebt, ohne das Gefühl zu haben, vom Universum bestraft zu werden.

So sieht echte Macht aus. Nicht Yachten und Champagner. Sondern einfach genau zu wissen, wohin dein Geld fließt, wenn es dich verlässt – was viel öfter geschieht, als es sollte.

Finanzplanung ist kein glamouröses Hobby. Sie wird dich nicht zum spannendsten Gesprächspartner am Esstisch machen, es sei denn, du bist von Buchhaltern mit einem Faible für Tabellenkalkulationen umgeben. Dennoch bleibt sie eine der wenigen Aktivitäten, die sowohl deine psychische Gesundheit als auch deinen Kontostand direkt verbessern können. Die Menschen in deinem unmittelbaren Umfeld dazu zu ermutigen, auf diesen Zug aufzuspringen, hat weniger mit Predigen zu tun als vielmehr damit, durch ein stilles, unermüdliches Vorbild voranzugehen. Ein Beispiel, das sagt: „Ich habe meine Ausgaben im Blick behalten und überlebt", als käme man gerade von einem fernen finanziellen Schlachtfeld zurück.

Gemeinsame Finanzplanung innerhalb einer Gruppe, sei es Familie oder Freunde, schafft mehr als nur langweilige Tabellen. Sie schafft Verantwortungsbewusstsein, gegenseitiges Verständnis und die unausgesprochene Freude zu wissen, dass niemand heimlich von Zahltagskrediten lebt, während er vorgibt, alles sei in Ordnung. Finanzkompetenz verbreitet sich wie ein nützlicher Virus, einer, der Seelenfrieden statt Verzugsgebühren bringt.

Es erfordert einen schwierigen ersten Schritt, um dein eigenes Planungsabenteuer zu beginnen. Du musst dich deiner finanziellen Situation stellen wie ein Wissenschaftler, der nach einem missglückten Experiment Testergebnisse analysiert. Nachdem du deine Rechnungen abgezogen und deine Ausgaben addiert hast, nimm dein Einkommen und hoffe, dass der verbleibende Betrag nicht negativ ist. Diese Phase erfordert gnadenlose Ehrlichkeit. Deine Schulden verschwinden nicht, wenn du dich selbst über deine Ausgabengewohnheiten belügst. Das verschiebt nur den Zeitpunkt, an dem die Realität einsetzt.

Sobald die finanzielle Bestandsaufnahme abgeschlossen ist, brauchst du Ziele. Keine vagen, die auf Partys beeindruckend klingen. Setze dir echte Ziele. Willst du früh in Rente gehen? Willst du für eine Reise sparen, die nicht in Reue und Überziehungsgebühren endet? Ziele geben dem Chaos Struktur. Sie geben deinem Geld eine Aufgabe. Ohne Ziele ist ein Budget nur eine Excel-Tabelle mit Größenwahn.

Um ein Budget zu erstellen, braucht es mehr als Tabellenkalkulationen – es braucht Disziplin. Es ist keine Strafe, sondern ein Werkzeug. Planen Sie Ihre Ausgaben für das Nötigste, für Ersparnisse und für die eine oder andere Belohnung ein, damit Sie sich in einer kapitalistischen Gesellschaft nicht wie ein Mönch fühlen. Geben Sie weniger aus, wo Ihre Eitelkeit oder Faulheit am deutlichsten zum Vorschein kommt. Wenn es irgendwie möglich ist, erhöhen Sie Ihr Einkommen, insbesondere wenn Ihr derzeitiges Gehalt offensichtlich für jemanden gedacht war, der mietfrei in einer Fantasiewelt lebt und Luft isst.

Beim Investieren gewinnt der Plan an Fahrt. Ob durch vom Arbeitgeber finanzierte Altersvorsorgepläne, Aktienmarktinvestitionen oder andere Instrumente – die Idee ist, das Geld für sich arbeiten zu lassen. Die Kraft des Zinseszinses im Laufe der Zeit kann gar nicht hoch genug eingeschätzt werden. Selbst kleine Beträge, die regelmäßig investiert werden, können dank des Schneeball-Effekts – bei dem Erträge weitere Erträge generieren – erheblich wachsen.

Das Leben hat die seltsame Angewohnheit, deine Pläne zu ignorieren, sobald du dich gerade erst eingerichtet hast. Du denkst, du hättest alles im Griff, doch dann kommt aus heiterem Himmel ein Jobwechsel, eine Krankenhausrechnung oder dein erwachsenes Kind, das plötzlich beschlossen hat, dass es ein „Sabbatical" auf deiner Couch braucht. Deshalb sollte dein Finanzplan niemals verstauben. Er muss regelmäßig überprüft werden. Nicht so, dass du einmal im Jahr auf deine Tabelle starrst und es dabei belässt, sondern so, dass du dir ansiehst, was sich geändert hat, und tatsächlich etwas dagegen unternimmst. Anpassungen sind kein Zeichen von Versagen. Sie sind ein Zeichen dafür, dass du wachsam bist und aufmerksam bist.

In jeder Lebensphase am gleichen Plan festzuhalten, ist wie das gleiche Hemd zu tragen, das man mit sechzehn hatte. Es passt wahrscheinlich nicht mehr; und selbst wenn, tut es einem keinen Gefallen. Überprüfen Sie Ihre Zahlen. Tüfteln Sie an der Strategie. Passen Sie Ihre Ziele an, wenn sie keinen Sinn mehr ergeben. Ein guter Plan passt sich den Winden des Wandels an. Das verhindert, dass er in zwei Hälften bricht, wenn das Leben ins Schwanken gerät.

Nun, während du dich anpasst, tu dir selbst einen Gefallen und hör auf, so zu tun, als sei Unwissenheit charmant. Lerne die verdammten Grundlagen. Du würdest deine Wasserleitungen nicht reparieren, ohne zu wissen, wozu ein Schraubenschlüssel dient. Die gleiche Logik gilt hier. Steuergesetze, Anlageinstrumente und Versicherungsoptionen gehören alle zum Werkzeugkasten. Jedes bisschen Wissen, das du dir aneignest, gibt dir einen Grund weniger, in Panik zu geraten, wenn etwas Unerwartetes mit einer Rechnung vor deiner Haustür auftaucht.

Reichtum fällt nicht vom Himmel. Du wirst nicht eines Morgens von Goldbarren umgeben aufwachen, nur weil du in den sozialen Medien Fülle manifestiert hast. Es braucht Geduld. Echte Geduld. Die Art, die sich jeden Monat zeigt, wenn du auf glänzende

Impulskäufe verzichtest und stattdessen Geld in deine Zukunft steckst. Ergebnisse brauchen Zeit. Das liegt in der Natur aller Dinge, die sich lohnen. Du wirst aufgeben wollen. Du wirst denken, dass es nicht funktioniert. Mach trotzdem weiter.

Wenn du endlich die Kontrolle über dein Geld übernimmst, hörst du auf, nur Zuschauer in deinem eigenen Leben zu sein. Du reagierst nicht mehr. Du steuerst. Kleine Schritte, konsequent umgesetzt, können mehr bewirken als jede Wunderlösung es je könnte. So baust du etwas auf, das Bestand hat.

Zeit meistern und abfedern

Das Leben hat diese seltsame Art, so zu tun, als sei es vorhersehbar. Du wachst auf, putzt dir die Zähne, trinkst deinen Kaffee und gehst deinem Tag nach, in dem Glauben, die Welt drehe sich noch immer in einer ordentlichen kleinen Umlaufbahn. Dann ruft plötzlich jemand mit schlechten Nachrichten an, dein Rücken versagt beim Schnüren deiner Schuhe oder dein Bankkonto beschließt, sich wie eine Wüste zu verhalten. Die Wahrheit ist, dass keiner von uns jemals wirklich weiß, was auf uns zukommt. Das ist keine poetische Reflexion, sondern eine sehr unangenehme Realität.

Das menschliche Gehirn, gesegnet seien seine überlasteten Neuronen, hört nie auf, all dem einen Sinn abzugewinnen. Von dem Moment an, in dem wir bewusst genug sind, um zu fragen „Was nun?", beginnt unser Verstand, den Dachboden der Vernunft zu durchstöbern. Wir suchen nach Mustern, Hinweisen, Zeichen des Universums und allem, was uns die Illusion von Kontrolle bieten kann. Ganze Zivilisationen wurden auf diesen Bemühungen aufgebaut. Die Sterne wurden zu Kalendern. Das Wetter wurde zur Prophezeiung. Teeblätter, Knochen, Algorithmen – was auch immer. Wir haben sie alle genutzt, um etwas zu entschlüsseln, das sich weigert, stillzustehen.

Was noch schlimmer ist: Unser Gehirn gibt sich nicht damit zufrieden, nur zu wissen, was ist. Es will wissen, was sein könnte, was wäre, was gewesen wäre. Es entwirft Szenarien, entwirft mehrere Enden und ist besessen von Ergebnissen, die nicht eingetreten sind und wahrscheinlich nie eintreten werden. Das ist dasselbe Gehirn, das vergisst, wo es die Hausschlüssel hingelegt hat, wohlgemerkt, aber irgendwie glaubt, die nächsten fünfzig Jahre präzise planen zu können. Das kann es nicht. Niemand kann das.

Das Älterwerden ist, wenn schon nichts anderes, einfach ein langwieriges Experiment, bei dem man zusieht, wie Pläne in die Brüche gehen, und so tut, als hätte man das von Anfang an so gewollt. Man lernt, über sein jüngeres Ich zu lachen, das dachte, alles würde nach Plan verlaufen. Heirat mit dreißig, Haus mit fünfunddreißig, ruhiger Ruhestand mit sechzig. Dann blinzelt man, ist dreiundvierzig, die Gelenke knacken wie Luftpolsterfolie, und das Finanzportfolio sieht aus wie ein modernes Kunstwerk – abstrakt, verwirrend und leicht anstößig.

Das soll keineswegs entmutigend sein. Es soll ehrlich sein. Es liegt eine gewisse Freiheit darin, wenn man akzeptiert, dass Ungewissheit kein Umweg im Leben ist. Sie ist die Hauptstraße. Jeder einzelne Mensch, ob er es zugibt oder nicht, improvisiert. Dein Lieblingslehrer, der Taxifahrer, der Wissenschaftler, der den Nobelpreis gewonnen hat – sie alle improvisieren bis zu einem gewissen Grad. Manche Menschen tun es nur mit besserer Haltung und ernstem Gesicht.

Was es noch interessanter macht, ist, dass wir oft damit verwechseln, beschäftigt zu sein, mit Sicherheit. Den Kalender zu füllen, Fünfjahrespläne zu schmieden und Versicherungen anzuhäufen, fühlt sich produktiv an. Es fühlt sich klug an. Es fühlt sich nach Kontrolle an. Dann tippt dir das Leben auf die Schulter und fragt, ob du fertig bist mit dem Vortäuschen. Ein Job geht verloren. Ein geliebter Mensch stirbt. Eine Diagnose trifft dich wie ein Schlag. Plötzlich müssen alle Grafiken, Diagramme und Finanzmodelle neu geschrieben werden. Wieder einmal.

Hier kommt es auf Planung an, aber nicht so, wie die Leute denken. Bei der Planung geht es nicht darum, deine Zukunft in einem Tresor einzuschließen. Es geht darum, dich darauf vorzubereiten, dich anzupassen. Du sparst kein Geld, weil du Angst vor der Zukunft hast. Man spart, weil die Zukunft einem mit Sicherheit eine Rechnung präsentieren wird, und es ist besser, Bargeld zur Hand zu haben als nur mit leerem Blick dazustehen. Man achtet auf seine Gesundheit nicht, weil sie Unsterblichkeit garantiert, sondern weil es eines der unterschätzten Freuden des Lebens ist, eine Treppe hinaufsteigen zu können, ohne nach Luft zu schnappen.

Menschen haben eine natürliche Neigung, nach Kontrolle zu streben. Das ist unglaublich menschlich. Es ist keine Schwäche, ein so großes Verlangen danach zu haben, die Zeit zu begreifen, sie zu bezwingen, sie zu dehnen, gegen sie anzulaufen. Das ist Instinkt. Jedes Ziel, das wir uns setzen, jede Beziehung, die wir pflegen, jede Entscheidung, die wir auf Montag verschieben – all das führt auf eine Sache zurück. Wir wissen, dass die Zeit begrenzt ist, und unser Verstand versucht, aus jedem Tropfen Bedeutung herauszupressen.

Was seltsamerweise hilft, ist Humor. Wenn man nicht über die Absurdität lachen kann, sein Leben zu planen, während man auf einem Planeten reist, der sich mit tausend Meilen pro Stunde durch ein unvorhersehbares Universum dreht, wird man ein sehr angespanntes Dasein führen. Es hat etwas Therapeutisches, anzuerkennen, wie lächerlich das alles ist. Man kann sein Testament aufsetzen, seinen Ruhestandsplan schreiben und einen Zahnarzttermin in sechs Monaten vereinbaren – und das alles in dem vollen Bewusstsein, dass das Universum einem morgen vielleicht eine Überraschung beschert, bei der Ziegen, Konfetti und drei unbezahlte Strafzettel eine Rolle spielen.

Oft warten Menschen auf Gewissheit, bevor sie etwas unternehmen. Sie wollen Garantien, bevor sie sich festlegen. Sie wollen nur grüne Ampeln, keinen Verkehr und eine Wettervorhersage, die ewigen Sonnenschein verspricht. Was sie dabei vergessen, ist, dass die meisten der schönsten Momente im Leben aus Umwegen, Verzögerungen und Entscheidungen entstehen, die unter Druck getroffen wurden. Kein Meisterwerk begann jemals mit den Worten: „Ich wusste genau, wie das ausgehen würde."

Das Gehirn will eine Gebrauchsanweisung, aber das Leben gibt uns ein leeres Notizbuch. Jeden Tag füllst du eine Seite. Manchmal ist es Poesie. Manchmal ist es Kauderwelsch; manchmal ist es nur eine Einkaufsliste. Was zählt, ist, dass du derjenige bist, der den Stift in der Hand hält. Das ist die Kraft, die dir niemand nehmen kann, egal wie unsicher die Dinge auch werden mögen.

Selbsteinschätzung

Dies war ein Punkt, an dem ich mich selbst dringend verbessern musste. Stell dir das Leben als einen endlosen Seiltanz vor. Nur ist das Seil eingefettet, der Wind unvorhersehbar und dein Gleichgewichtsstab besteht eigentlich aus einem Stapel überfälliger Rechnungen und fragwürdiger finanzieller Entscheidungen. Verantwortungsvolle Finanzplanung beginnt in diesem Zirkus der Unvorhersehbarkeit mit der wenig glamourösen Aufgabe, deinem

Lebensstil direkt ins Gesicht zu schauen und laut zuzugeben, dass der Kauf dieser Espressomaschine in Form eines Raumschiffs vielleicht nicht die klügste Investition war.

Die Überprüfung Ihrer Finanzen ist ein bisschen wie das Öffnen Ihrer Krimskrams-Schublade. Man weiß, dass es ein Chaos ist, und man ist sich nicht ganz sicher, was sich darin befindet, und irgendetwas sticht einen immer dort, wo es wehtut. Doch der einzige Weg, die Zukunft in den Griff zu bekommen, besteht darin, darin herumzuwühlen und mit dem Sortieren zu beginnen. Mit ein wenig brutaler Ehrlichkeit und einem Taschenrechner, der nicht lügt, um deine Gefühle zu schonen, wirst du vielleicht entdecken, dass dein großer Traum vom Ruhestand mehr braucht als blinden Optimismus und einen glückbringenden Lottoschein.

Die Umstände ändern sich, Ziele wandeln sich, und Prioritäten lieben es, alle paar Jahre einen Salto zu machen. Das bedeutet, dass die Dinge, die dir mit fünfundzwanzig wichtig waren, dir jetzt lächerlich unpraktisch erscheinen mögen. Schockierend, ich weiß. Bei der Überprüfung deines finanziellen Plans geht es weniger um existenzielle Ängste als vielmehr darum, festzustellen, ob deine aktuellen Gewohnheiten in eine Zukunft investieren oder nur eine langsame, glorreiche Implosion befeuern. Selbsterkenntnis tut weh, aber zumindest ist sie billiger als Verleugnung.

Um eine umfassende Bewertung deines Lebensstils vorzunehmen, musst du klare finanzielle Ziele festlegen. Was möchtest du kurz- und langfristig erreichen? Zu diesen Zielen können der Kauf eines Hauses, die Finanzierung deiner Ausbildung, die Altersvorsorge oder die Erlangung finanzieller Unabhängigkeit gehören. Durch das Setzen konkreter Ziele kannst du Klarheit darüber gewinnen, was du erreichen möchtest. Ein weiterer entscheidender Aspekt sind deine aktuellen

Ausgabegewohnheiten. Lebst du im Rahmen deiner Möglichkeiten oder gibst du zu viel aus? Die Überprüfung Ihrer Ausgaben kann Bereiche aufzeigen, in denen Sie Ihren Lebensstil möglicherweise anpassen müssen, um ihn mit Ihren finanziellen Zielen in Einklang zu bringen. Solche Veränderungen können schwierig sein, da sie erfordern, dass Sie unmittelbare Befriedigung zugunsten zukünftiger Sicherheit opfern. Die Bewertung Ihres Lebensstils kann zeigen, dass die Zeit nicht auf Ihrer Seite ist, wenn es darum geht, eine finanziell abgesicherte Zukunft aufzubauen. Wenn Sie sich beispielsweise dem Rentenalter nähern und nicht genug gespart haben, kann es sehr schwierig sein, den Rückstand aufzuholen.

In solchen Fällen ist es wichtig, alternative Strategien zu prüfen, wie zum Beispiel länger zu arbeiten, den Lebensstandard zu senken oder professionelle Finanzberatung in Anspruch zu nehmen, um das Beste aus der verbleibenden Zeit zu machen.

Es ist jedoch wichtig, sich vor Augen zu halten, dass es sich immer lohnt, aktiv zu werden, auch wenn Sie glauben, nicht genug Zeit zu haben. Jeder Schritt in Richtung finanzieller Sicherheit zählt, unabhängig davon, wann Sie damit beginnen.

Kleine Veränderungen heute können einen erheblichen Einfluss auf Ihre Zukunft haben. Bei finanzieller Sicherheit geht es nicht nur darum, Vermögen anzuhäufen, sondern auch darum, Ihre Ressourcen klug zu verwalten und im Rahmen Ihrer Möglichkeiten zu leben.

Die Bewertung Ihres Lebensstils und Ihrer finanziellen Bedürfnisse ist entscheidend für eine verantwortungsvolle Finanzplanung. Sie ermöglicht es Ihnen, Ihre Ziele an Ihre aktuellen Lebensumstände anzupassen und fundierte Entscheidungen über Ihre Zukunft zu treffen. Selbst wenn Sie mit

Zeitmangel oder Herausforderungen konfrontiert sind, ist es nie zu spät, Schritte in Richtung finanzieller Sicherheit zu unternehmen. Der Weg zu finanziellem Wohlergehen beginnt mit Selbstbewusstsein und der Entschlossenheit, das Beste aus Ihren verfügbaren Ressourcen und Ihrer Zeit zu machen.

Sicherheit erlangen

Alle Themen, die wir bisher besprochen haben, führen zu einer Schlussfolgerung: *Man muss sich eine finanziell gesicherte Zukunft aufbauen.* Die Sicherung einer finanziell soliden Zukunft ist ein vielschichtiges Unterfangen, das über das reine Sparen und kluge Investitionen hinausgeht. Es erfordert einen Ansatz, der verschiedene Praktiken umfasst, wobei eine der wichtigsten die Erhaltung der Gesundheit ist. Das habe ich selbst erst kürzlich entdeckt. Der Zusammenhang zwischen Ihrer Gesundheit und finanzieller Sicherheit ist viel stärker, als man glauben möchte. Wir werden nun die symbiotische Beziehung zwischen Gesundheit und finanzieller Sicherheit untersuchen und dabei die Bedeutung eines ausgeglichenen und achtsamen Lebensstils beleuchten.

Finanzielle Sicherheit ist ein Ziel, das viele Menschen teilen, doch es ist wichtig zu erkennen, dass man die Früchte seiner Arbeit bei schlechter Gesundheit nicht in vollem Umfang genießen kann. Gesundheit ist oft das Fundament, auf dem alle anderen Aspekte des Lebens, einschließlich des finanziellen Wohlergehens, aufbauen. Hier sind einige wichtige Maßnahmen, die dazu beitragen, eine finanziell solide Zukunft zu sichern:

Gesundheit und Wohlbefinden priorisieren

Gesund zu bleiben ist keine einmalige Heldentat, bei der man einen grünen Smoothie trinkt, sechs Minuten joggt und auf magische Weise immun gegen Krankheiten wird. Es ist eher wie ein Vollzeitjob, der nicht bezahlt wird, keine Freizeit gewährt und dennoch Leistungsbewertungen durch den Arzt verlangt. Man muss sich ständig um seinen Körper kümmern, selbst wenn dieser jedes Mal, wenn man aufsteht, mit knackenden Knien reagiert, als würde man Luftpolsterfolie zerreißen.

Sport zum Beispiel ist die nervige Art der Natur, dich daran zu erinnern, dass deine Gelenke existieren. Joggen, Schwimmen oder sich in einen Yoga-Kurs zu schleppen, der verdächtig nach einer als Ruhe getarnten Strafe aussieht, setzt Endorphine frei – jene herrlichen Chemikalien, die dein Gehirn dazu bringen, zu glauben, dass du es tatsächlich genießt, in der Öffentlichkeit zu schwitzen.

Sich gesund zu ernähren ist eine Komödie für sich. Man verbringt seine ganze Jugend damit, Gemüse zu meiden, als wäre es Gift, nur um später herauszufinden, dass es das Geheimnis dafür ist, nicht vorzeitig zu sterben. Obst, Vollkornprodukte, mageres Fleisch und Fette, die aus Pflanzen stammen und nicht von der Speisekarte deines Lieblings-Drive-Ins, tragen alle dazu bei, dass sich der Körper nicht ständig so anfühlt, als stünde er kurz vor dem Zusammenbruch.

Eine weitere lächerliche Anforderung ist Schlaf. Sie prahlen damit, als wäre vier Stunden lang zu laufen eine olympische Disziplin. Währenddessen inszeniert dein Körper still und leise eine Rebellion, denn er ist darauf ausgelegt, sich im Schlaf zu regenerieren – nicht während du um zwei Uhr morgens durch dein Handy scrollst. Ein ausgeruhtes Gehirn verlegt seine Schlüssel nicht im Kühlschrank. Das ist einfach Wissenschaft.

Stress ist der Schatten, der jedem wie ein bedürftiger Geist folgt. Ihm ist es egal, wie viel Grünkohl du isst. Ohne zu lernen, wie man damit umgeht, kannst du genauso gut in einem Schnellkochtopf leben. Atemübungen, Dehnübungen oder einfach nur dein Handy für eine Stunde auszuschalten, ohne dass die Welt untergeht, sind kein Luxus. Es sind Überlebenstaktiken.

Bei diesen Entscheidungen geht es weniger darum, ein Wellness-Guru zu werden, sondern vielmehr darum, eine Zukunft zu vermeiden, in der dein Geldbeutel jedes Mal weint, wenn eine Arztrechnung ins Haus flattert. Dein Körper ist der einzige Ort, an dem du leben kannst. Du solltest ihn also besser pflegen, bevor die Reparaturen mehr kosten als das Haus, in dem du wohnst.

Krankenversicherungsschutz

Eine gute Krankenversicherung abzuschließen ist der erste Schritt bei der Finanzplanung. Viele Menschen sparen jahrelang, nur um zuzusehen, wie alles verschwindet, wenn ihr Körper beschließt, den Geist aufzugeben. Der menschliche Körper hat die seltsame Angewohnheit, Probleme genau zum ungünstigsten Zeitpunkt zu verursachen – meist dann, wenn dein Bankkonto am leersten ist.

Eine Krankenversicherung fungiert wie ein Sicherheitsnetz für den Fall, dass Ihr Körper versagt. Machen Sie sich nichts vor: Ihr Körper wird früher oder später reparaturbedürftig sein. Die Frage ist nicht, ob, sondern wann und wie viel es Sie kosten wird.

Die meisten Menschen gehen davon aus, dass schwere Gesundheitsprobleme anderen passieren, nicht ihnen. Was für ein Unsinn! Die Zahlen zeigen, dass jeder irgendwann medizinische Versorgung benötigt. Auf eine Krankenversicherung zu verzichten, macht ungefähr so viel Sinn, wie sich zu weigern, einen Sicherheitsgurt anzulegen, weil man sich für einen hervorragenden Autofahrer hält.

Eine Fremdsprache zu lesen ist wie der Versuch, eine Krankenversicherung zu verstehen. Netzwerke, Ausschlüsse,

Zuzahlungen, Selbstbehalte und Höchstbeträge für Eigenanteile scheinen alle darauf ausgelegt zu sein, den Durchschnittsverbraucher zu verwirren. Genauso wie Sie sich auf eine schwierige Prüfung vorbereiten würden, sollten Sie Ihre Krankenversicherungsoptionen recherchieren, denn wenn Sie das Kleingedruckte nicht lesen, könnte Sie das Geld kosten.

Menschen mit bestehenden Gesundheitsproblemen stehen vor noch größeren Herausforderungen. Hier zeigt das Versicherungssystem sein wahres Gesicht – wenn man Versicherungsschutz am dringendsten benötigt, ist es am schwierigsten, ihn zu einem vernünftigen Preis zu bekommen. Man könnte über diese grausame Ironie lachen, wenn sie nicht so vielen Menschen schaden würde.

Gesundheitsprobleme frühzeitig vorbeugen

Ähnlich wie bei der frühzeitigen finanziellen Vorsorge funktioniert auch die Gesundheitsvorsorge so, dass man jetzt kleine Schritte unternimmt, um später größere Probleme zu vermeiden. Eine kleine Investition in Vorsorgeuntersuchungen ist weitaus kostengünstiger, als später ernsthafte Erkrankungen behandeln zu lassen – die Rechnung geht also auf.

Junge Menschen ignorieren Vorsorge oft. Sie betrachten zukünftige Gesundheitsprobleme als ferne Sorgen, nicht als unvermeidliche Realität. Diese Denkweise macht logisch keinen Sinn! Wer als junger Mensch regelmäßige Arztbesuche auslässt, um Geld zu sparen, geht ein Risiko mit extrem schlechten Aussichten ein. Dein zukünftiges Ich wird für diesen Fehler teuer bezahlen.

Präventivmedizin bedeutet mehr als nur Termine zu vereinbaren. Unser Gesundheitssystem zieht die Behandlung von

Notfällen der Prävention vor. Versicherungen lassen Sie oft mehr für Vorsorgeleistungen bezahlen, obwohl es eindeutige Belege dafür gibt, dass Prävention Geld spart. Das zwingt Sie dazu, Ihre Gesundheitsvorsorge selbst in die Hand zu nehmen.

Ein weiteres Problem ergibt sich daraus, dass man nicht so viel weiß wie medizinische Fachkräfte. Die richtigen Vorsorgemaßnahmen zu finden, erfordert spezielles Wissen, das den meisten Menschen fehlt. Du musst eine Beziehung zu Gesundheitsdienstleistern aufbauen, die sowohl Vertrauen als auch kritisches Hinterfragen beinhaltet.

Vereinbarkeit von Beruf und Privatleben

Dem Geld hinterherzujagen, ohne auf den eigenen Körper zu achten, führt zu einer Verlustsituation. Der Zusammenhang zwischen Arbeitszeit und körperlicher Gesundheit verläuft nicht geradlinig. Vielmehr zeigt er eine Kurve mit Höhen und Tiefen, was darauf hindeutet, dass eine steigende Arbeitsbelastung letztendlich Ihre Produktivität verringert.

Moderne Arbeitsplätze haben die seltsame Eigenschaft, maximale Arbeitsleistung herauszupressen und gleichzeitig Bedingungen zu schaffen, die die langfristige Gesundheit zerstören. Schon das ständige Sitzen den ganzen Tag über verursacht viele Gesundheitsprobleme. Der menschliche Körper hat sich entwickelt, um sich zu bewegen, und nicht, um den größten Teil der Wachzeit auf leuchtende Bildschirme zu starren!

Die Vereinbarkeit von Beruf und Privatleben ist durch die Technologie schwieriger geworden. Die vermeintliche Bequemlichkeit, immer verbunden zu sein, hat sich in die Erwartung verwandelt, immer verfügbar zu sein. Die Grenze zwischen Berufs- und Privatleben ist fast verschwunden, was zu einem Zustand führt, in dem man sich nie ganz auf das eine oder das andere konzentrieren kann.

Das Setzen angemessener Grenzen wird in wettbewerbsorientierten Arbeitsumgebungen noch schwieriger, wo sichtbare Überlastung als Zeichen von Engagement gilt. Wer angemessene Arbeitszeiten einhält, läuft Gefahr, weniger engagiert zu wirken als Kollegen, selbst wenn er bessere Ergebnisse erzielt. Dies führt zu einer Situation, in der individuell kluge Entscheidungen zu einem kollektiv dummen Ergebnis führen.

Die Lösung besteht darin, klare Grenzen zu setzen und zu erkennen, dass Erholung einen tatsächlich produktiver macht. Ausreichend Schlaf, Bewegung und sinnvolle soziale Kontakte verbessern direkt die Arbeitsleistung. Unzählige Studien belegen dies, doch die meisten Arbeitsplätze ignorieren es völlig.

Finanzieller Notgroschen

Ein Notfallfonds funktioniert wie ein Anker, der Ihr finanzielles Schiff in stürmischen Zeiten stabil hält. Die Regeln für Notfallfonds bleiben weitgehend gleich, unabhängig davon, wie viel Geld Sie verdienen. In der Regel benötigen Sie genug Bargeld, um drei bis sechs Monate lang Ihre Grundausgaben zu decken.

Die Einrichtung eines Notfallfonds erfordert das Abwägen konkurrierender Bedürfnisse. Das Geld muss leicht zugänglich bleiben und gleichzeitig genug Rendite abwerfen, um die Inflation auszugleichen. Dies schafft ein Rätsel ohne einfache Lösung.

Die mentale Herausforderung, einen Notfallfonds aufrechtzuerhalten, erscheint besonders in guten Zeiten schwer, wenn der Bedarf eher theoretisch als unmittelbar erscheint. Der menschliche Verstand konzentriert sich zu sehr auf die aktuellen

Bedingungen und ignoriert dabei die Geschichte, die deutlich zeigt, dass finanzielle Notfälle irgendwann jedem passieren.

Notfallfonds sind genau dann am schwersten aufrechtzuerhalten, wenn man sie am dringendsten braucht. Wirtschaftliche Abschwünge erhöhen die Wahrscheinlichkeit, dass man Notfallgeld benötigt, während es gleichzeitig schwieriger wird, das Ausgegebene wieder aufzubringen. Das bedeutet, dass man seinen Notfallfonds in finanziell guten Zeiten aufbauen muss – eine Vorgehensweise, die es erfordert, das natürliche menschliche Verlangen zu überwinden, Geld auszugeben statt zu sparen.

Planung für die Altenpflege

Die Planung der Langzeitpflege ist der am häufigsten vernachlässigte Teil der finanziellen Vorsorge, vor allem weil es den Menschen unangenehm ist, über körperlichen Verfall nachzudenken. Die Realität bleibt jedoch unausweichlich: Etwa 70 Prozent der Menschen werden im Laufe ihres Lebens irgendeine Form von Langzeitpflege benötigen, die oft mehr als 100.000 Dollar pro Jahr kostet.

Das Verständnis von Pflegeversicherungen erscheint so kompliziert wie höhere Physik. Zu den Optionen gehören Wartezeiten, Leistungsauslöser, Inflationsschutz und viele andere Faktoren, die über Jahrzehnte hinweg auf unvorhersehbare Weise zusammenwirken. Die Wahl eines angemessenen Versicherungsschutzes erfordert eine Abwägung der Prämienkosten gegen potenzielle Leistungen, wenn man seine zukünftigen Bedürfnisse nicht vorhersagen kann.

Die Planung der Langzeitpflege fühlt sich oft an wie das Durchqueren eines Labyrinths mit verbundenen Augen, besonders wenn familiäre Dynamiken im Spiel sind. Die Menschen gehen davon aus, dass ihre Angehörigen einspringen werden, wenn es soweit ist, und Pflege und Unterstützung anbieten, als wäre dies eine automatische Reaktion. Doch wenn die Realität einsetzt, stellen sie fest, dass die praktischen und emotionalen Anforderungen der Pflege keine Kleinigkeit sind. Nehmen wir Sarah, die dachte, ihre Mutter würde von ihren beiden Töchtern versorgt werden. Doch als Sarahs Schwester ihren Job aufgeben musste, um sich ganztägig um ihre Mutter zu kümmern, und Sarah selbst kaum noch Schlaf fand, wurde ihnen klar, dass dies nicht das Märchen war, das sie sich vorgestellt hatten. Die Kosten ihrer emotionalen und körperlichen Erschöpfung tauchten in keinem Finanzplan auf, aber sie waren da und hingen wie eine vergessene Rechnung über ihren Köpfen.

Anstatt auf einen plötzlichen Ausbruch übermenschlicher Kräfte oder eine idyllische Lösung im Familienkreis zu hoffen, liegt der Schlüssel darin, sich dem Unvermeidlichen direkt zu stellen. Bei einer verantwortungsvollen Langzeitpflegeplanung geht es nicht darum, so zu tun, als würde sich alles von selbst regeln. Es geht darum, ehrlich zu sich selbst zu sein – zu verstehen, dass Pflegebedürfnisse, insbesondere im Laufe der Zeit, mehr erfordern als Wunschdenken. Eine realistische Einschätzung des potenziellen Pflegebedarfs und eine klare Kommunikation über Ihre Wünsche und die Ressourcen, die Sie benötigen, um diese zu verwirklichen, sind unerlässlich. Und wo wir gerade beim Thema sind, lassen Sie uns über die praktische Seite sprechen: Sie können das nicht einfach später „klären", wenn sich Ihr Gesundheitszustand zu verschlechtern beginnt. Fragen Sie Jane, die davon ausging, dass sie sich auf die Hilfe ihrer Kinder verlassen könne, bis diese alle zu sehr mit ihrem eigenen Leben beschäftigt waren. Jetzt wünscht sie sich, sie hätte sich die Zeit – und das Geld – genommen, um vorausschauend zu planen. Aber hey, keine Sorge, es wird schon alles gut gehen, oder? Wer braucht schon Pläne, wenn man gute Absichten hat?

Sichern Sie Ihr Einkommen

Eine Berufsunfähigkeitsversicherung schützt vor der Realität, dass etwa jeder Vierte im Laufe seines Berufslebens eine Berufsunfähigkeit erleidet, die ihn für einen längeren Zeitraum arbeitsunfähig macht. Wenn das Einkommen wegfällt, bleiben die Lebenshaltungskosten bestehen und steigen oft sogar an. Daher sind die finanziellen Folgen oft größer als bei einem vorzeitigen Tod. Die Bewertung von Berufsunfähigkeitsversicherungen erfordert das Verständnis spezifischer Definitionen von Berufsunfähigkeit, Wartezeiten, Leistungsbeträgen und verschiedener optionaler Leistungen.

Die Definition von Erwerbsunfähigkeit ist besonders wichtig, da Policen, die die Unfähigkeit zur Ausübung „des eigenen Berufs" abdecken, einen ganz anderen Schutz bieten als solche, die die Unfähigkeit zur Ausübung „jedes Berufs" abdecken.

Für Selbstständige und Personen mit unregelmäßigen Einkünften ist es noch schwieriger, einen angemessenen Invaliditätsschutz zu erhalten. Standardversicherungsmodelle eignen sich nicht gut für nicht-traditionelle Beschäftigungsverhältnisse, was für einen wachsenden Anteil der Arbeitnehmer erhebliche Lücken im Versicherungsschutz zur Folge hat.

Die Berechnung angemessener Versicherungssummen erfordert eine sorgfältige Analyse der wesentlichen Ausgaben, potenzieller medizinischer Kosten und langfristiger finanzieller Ziele. Die meisten Menschen unterschätzen den benötigten Versicherungsschutz erheblich, da sie sich nur auf die grundlegenden Lebenshaltungskosten konzentrieren und dabei laufende Altersvorsorgebeiträge sowie andere langfristige finanzielle Verpflichtungen außer Acht lassen.

Bewusste Ausgabegewohnheiten

Achtsames Ausgeben ist nicht nur eine finanzielle Praxis, sondern eine philosophische Herangehensweise an den Kauf von Dingen. Die Bewertung jedes Kaufs anhand Ihrer erklärten Werte und Ziele schafft einen Entscheidungsrahmen, der über einfache Kategorien wie „Bedürfnisse" und „Wünsche" hinausgeht. Achtsames Ausgeben erfordert die Festlegung systematischer Überlegungen vor größeren Anschaffungen. Sich selbst zu zwingen, zwischen dem Impuls und dem Kauf zu warten, schafft Raum für rationale Bewertung statt emotionaler Reaktion. Diese Praxis wirkt direkt gegen ausgeklügelte Marketingtechniken, die darauf abzielen, rationale Entscheidungsfindung zu umgehen.

Achtsames Ausgeben wird besonders schwierig in sozialen Situationen, in denen Ausgaben Status und Zugehörigkeit signalisieren. Die Beibehaltung von Ausgabeverhalten, das sich an persönlichen Werten statt an sozialen Erwartungen orientiert, erfordert sowohl Klarheit über die Absichten als auch beträchtliche mentale Stärke. Die Lösung besteht darin, bewusst Reibungspunkte im Ausgabeprozess zu schaffen, indem man Fragen stellt, die die Verbindung zwischen finanziellen Entscheidungen, langfristigen Zielen und tieferen Werten wiederherstellen.

Diese Methode verwandelt das Ausgeben von Geld von einer unbewussten Gewohnheit in eine bewusste Entscheidung, die auf echten Prioritäten basiert.

Die Integration von Finanzplanung und Gesundheitsvorsorge stellt keine getrennten Bereiche dar, sondern einen ganzheitlichen Ansatz für menschliches Gedeihen. Wer finanzielle Stabilität aufbaut, dabei aber das körperliche Wohlbefinden vernachlässigt, sammelt letztlich Ressourcen an, für deren Genuss ihm die Gesundheit fehlt.

Umgekehrt kann es sein, dass jemand, der der Gesundheit Vorrang einräumt, während er die finanziellen Realitäten ignoriert, keinen Zugang zu der medizinischen Versorgung hat, die zur Erhaltung dieser Gesundheit notwendig ist.

Kapitel 9

Sich der Welt hingeben

Wir sind nun an jenem merkwürdigen Punkt der Reise angelangt, an dem die alten Bäume beginnen, von Dingen zu flüstern, die größer sind als sie selbst. In diesem Abschnitt des Lebens geht es nicht darum, an dem festzuhalten, was man getan hat. Es geht darum, das weiterzugeben, was man verstanden hat. Ich spreche von der Weisheit der Generationen, jener subtilen, hartnäckigen Kraft, die still und leise das Beste von dem, was wir waren, weitergibt, damit die Nachfolgenden ihren Aufstieg nicht aus demselben Tal beginnen müssen.

Ein gut gelebtes Leben ist kein Leben, das damit verbracht wird, sich mit Bequemlichkeit und kleinlichen Störungen zu beschäftigen. Wahre Freude liegt, wie jemand Weiseres einmal sagte, darin, für einen Zweck eingesetzt zu werden, den man selbst gewählt und für bedeutungsvoll erachtet hat. Nicht darin, ein Haufen von Beschwerden zu sein, der darauf wartet, dass sich das Universum entschuldigt. Aus einem solchen Leben entsteht die Weisheit der Generationen. Daraus, dass man den Sinn über die eigene Wichtigkeit stellt, dass man sich nicht Trends hingibt, sondern Wahrheiten, die länger Bestand haben als man selbst.

Wenn man sich Menschen und Orten hingibt, geschieht etwas Seltsames. Sie erwidern die Gunst. Sie formen einen, während man sie formt. Erinnerungen wachsen an solchen Orten wie unsichtbare Ranken, winden sich um alte Lektionen und lassen sie dort zurück für diejenigen, die vielleicht eines Tages zurückkehren, auf der Suche nach Sinn, während ihre Füße auf deinem Weg wandeln.

Die Definition von Vermächtnis

Das Vermächtnis war schon immer dieses geheimnisvolle Etwas, von dem Menschen besessen sind, sobald die Knie zu knacken beginnen und der Haaransatz langsam zurückweicht. Es ist keine Marmorstatue. Es ist kein Familienwappen mit Löwen und Schwertern, das niemand erklären kann. Es ist im wahrsten Sinne des Wortes die unsichtbare Tinte, die wir eher auf Menschen als auf Papier hinterlassen. Der kluge Peter Strople sagte einmal, Vermächtnis sei nicht das, was wir anderen hinterlassen. Es ist das, was wir in ihnen hinterlassen. Genau darin liegt der Unterschied zwischen in Erinnerung bleiben und gegoogelt werden.

Menschen haben ganze Imperien aufgebaut, nur um in Erinnerung zu bleiben. Manche haben Bücher geschrieben, Decken bemalt, Revolutionen angeführt oder Teenagern Algebra beigebracht, die lieber alles andere getan hätten. All diese Anstrengungen entspringen einem quälenden Gedanken. Niemand möchte die Person sein, die gelebt, Rechnungen bezahlt und dann verschwunden ist wie eine Socke in der Wäsche. Jeder möchte, dass seine Zeit hier etwas bedeutet. Hier schleicht sich das Konzept des Vermächtnisses ein. Es ist nicht laut. Es braucht keinen Applaus. Es ruht still in den Entscheidungen, die man getroffen hat, den Werten, die man weitergegeben hat, und der Art und Weise, wie die eigene Präsenz andere noch lange nach dem eigenen Tod geprägt hat.

Anders als Eigentumsurkunden lassen sich Werte nicht übertragen. Sie werden nicht in prunkvollen Schachteln bei unangenehmen Familientreffen überreicht. Sie werden durch Vorbild, beharrliche Beständigkeit und gelegentliche dramatische Reden beim Abendessen weitergegeben. Jedes Mal, wenn du dich für Ehrlichkeit entschieden hast, obwohl es unbequem war, oder für Fairness, obwohl es dich etwas gekostet hat, hast du einen Samen gesät. Das Vermächtnis ist dieser Garten. Derjenige, der in deiner Abwesenheit wächst, weil du die Weitsicht hattest, ihn zu gießen, solange du da warst. Fairness zum Beispiel ist nicht nur eine Tugend. Sie ist das Rückgrat menschlicher Anständigkeit. Sie ist auch der Grund, warum niemand mehr mit dir Brettspiele spielen will.

Versuchen Sie mal, einem Kind Fairness beizubringen, ohne wie ein Verrückter zu wirken. Ein Keks übrig. Zwei Kinder starren. Dieser Moment wird zum Gerichtssaal. Und da stehen Sie, der Richter, mit einem Dessert in der einen Hand und Ihrem moralischen Kompass in der anderen. Das Ergebnis dieses Moments ist nicht nur ein Zuckerschock. Es ist eine Lektion, die Jahre später nachhallt, wenn dieselben Kinder zu Erwachsenen werden, die Entscheidungen in Sitzungssälen, Ehen oder Klassenzimmern treffen. Das ist der unsichtbare Lehrplan des Vermächtnisses.

Wenn wir älter werden, beginnen wir zu verstehen, dass Würde – ähnlich wie Vertrauen – verdient und mit aller Kraft bewahrt werden muss. Es geht nicht darum, sich korrekt zu verhalten. Es geht darum anzuerkennen, dass selbst die Schwächsten unter uns eine Geschichte, einen Wert und einen Stolz in sich tragen, die Respekt verdienen. Wenn Menschen beginnen, ihren Besitz zu verlieren, wird Würde noch kostbarer. Unabhängigkeit, Jugend und Erinnerung. Für manche Menschen ist ihre Würde ihr letzter Besitz. Wie würdest du mit jemandem umgehen, der dir nichts zurückgeben kann? An diesem Punkt übernimmt das Vermächtnis, richtet seine Krawatte und beginnt, sich Notizen zu machen.

Rosa Parks sagte einmal, sie hinterlasse Einheit, Gleichheit und Liebe. Keine Immobilien. Keine Aktienoptionen. Sie gab der Welt eine Blaupause dafür, wie man sich verhält, wenn die Welt ihre

Manieren vergisst. Als sie diesen Sitz einnahm, gab sie einen Wert weiter. Einen Wert, der besagt, dass Würde keine Option ist. Sie ist kein Bonus. Sie ist das Grundgefüge des menschlichen Lebens, und wenn man es zerreißt, löst sich das Ganze auf. Das ist ein Vermächtnis, nicht wegen des Augenblicks, sondern wegen dem, was dieser Augenblick noch immer lehrt.

Manche Menschen verwechseln Vermächtnis mit Ansehen. Das ist so, als würde man glauben, ein Foto sei dasselbe wie die Person darauf. Einem Vermächtnis sind Beleuchtung oder Filter egal. Es ist der Teil von dir, der so subtil auf andere übergeht, dass sie es vielleicht erst bemerken, wenn sie deine Schlagworte wiederholen oder dieselben moralischen Entscheidungen treffen, die du einst getroffen hast. William James hat es unverblümt ausgedrückt: Lebe für etwas, das dich überdauern wird. Deutlicher geht es nicht. Verschwende dein Leben nicht damit, eine Marke werden zu wollen. Sei ein Vorbild.

Wir leben heute in einer Welt, in der jeder darum wetteifert, eine Woche lang viral zu gehen, anstatt ein Leben lang in Erinnerung zu bleiben. Einfluss wurde neu verpackt und verkauft wie in einer Late-Night-Werbesendung. Ein wahres Vermächtnis lässt sich davon jedoch nicht beeindrucken. Es fragt, ob du jemandem beigebracht hast, besser zu lieben. Ob du jemanden ermutigt hast, aufrechter zu stehen, tiefer nachzudenken oder sich zu kümmern, wenn es einfacher war, wegzugehen. Ein Vermächtnis ist kein TED-Talk. Es ist ein Weg.

Wenn Fairness der Herzschlag des Vermächtnisses ist, dann ist Mut der Muskel, der es am Schlagen hält. Denke an die Leben, die den Lauf der Geschichte wirklich verändert haben. Sie alle waren geprägt von einem Moment kühner Auflehnung. Einer Weigerung, sich mit dem Status quo zufrieden zu geben. Einer Herausforderung des Gewöhnlichen. Maya Angelou hat es am besten ausgedrückt: Hinterlasse einen Eindruck, der nicht ausgelöscht werden kann. Keinen, der im Trend liegt, keinen, der glänzt, sondern einen, der tief eindringt und im moralischen Gedächtnis einer Generation verankert bleibt. Das ist die Art von Vermächtnis, für die es sich lohnt, zu schwitzen.

Es gibt noch einen weiteren Teil dieser ganzen Gleichung, den die Menschen vergessen. Den Ort. Die Räume, die wir bewohnen, werden zu Spiegeln, die unsere Gewohnheiten, unsere Erinnerungen und unsere Werte in sich aufnehmen. Gib dich einem Ort hin, und er gibt dich dir selbst zurück. Das ist die Magie. Deine Werte schweben nicht einfach nur herum. Sie sind in der Parkbank verborgen, auf der du Ratschläge gegeben hast. Sie liegen auf dem Küchentisch, an dem Familienentscheidungen getroffen werden. Sie stecken in den stillen Nicken, die Menschen austauschen, die von dir gelernt haben. Vermächtnis steckt nicht nur in Menschen. Es ist im Raum verankert. Je tiefer du in deiner Gemeinschaft, deinem Zuhause und deinem Arbeitsplatz verwurzelt bist, desto mehr schlägt dein Vermächtnis Wurzeln im Boden der gemeinsamen Geschichte.

Die Schwierigkeit dabei ist natürlich, dass es Anstrengung erfordert. Es verlangt Selbstbewusstsein. Es fordert dich heraus, dir vorzustellen, dass deine Handlungen lauter widerhallen als deine Absichten. Myles Munroe erinnerte uns daran, dass Investitionen in Menschen jedes jemals errichtete Gebäude überdauern. Wir brauchen keine weiteren Denkmäler. Wir brauchen mehr Mentoren. Mehr Menschen, die wissen, dass es bei Veränderung nicht um Momente im Rampenlicht geht. Es geht um den täglichen Kampf, im Einklang mit den eigenen Werten zu leben, auch wenn das unbequem, unspektakulär und völlig undankbar ist.

Wenn Menschen fragen, welches Vermächtnis sie hinterlassen, erwarten sie oft eine Liste. Erledigte Dinge. Erreichte Meilensteine. Doch die wahre Antwort ist etwas chaotischer. Vermächtnis ist der Blick in den Augen deines Kindes, wenn es seine Stimme erhebt, um für jemanden einzustehen. Es ist die stille Entscheidung eines Kollegen, die Wahrheit zu sagen, weil er einmal gesehen hat, wie du dasselbe getan hast. Es ist der Nachbar, der beschließt, etwas im Garten zu pflanzen, anstatt ihn zu pflastern, weil er sich daran erinnert, dass dir Schönheit wichtig war, nicht nur Zweckmäßigkeit.

Das ist die wahre Freude im Leben. Es geht darum, für einen Zweck eingesetzt zu werden, an den man tatsächlich glaubt. Eine Naturgewalt zu werden, statt eine wandelnde Beschwerdebox, die sich ständig fragt, warum sich das Universum nicht nach den eigenen Vorlieben richtet.

Ein kraftvoller Zweck ist notwendig für ein Vermächtnis. Es ist eine Art Hingabe. Die Art, die davon überzeugt, dass man von seinem Umfeld profitieren kann, ohne dass sich die Welt um einen dreht. Das macht es so schön. Es ist nicht notwendig, dass man berühmt ist. Letztendlich formen die Entscheidungen, die man heute trifft, die Geschichte, der andere morgen folgen werden. Je gütiger du bist, je mehr Mut du zeigst, je mehr Weisheit du weitergibst, desto wahrscheinlicher ist es, dass deine Geschichte weiterlebt. Nicht in Stein gemeißelt. Nicht in Schlagzeilen. In den Menschen. Und genau so, mein Freund, bleibst du unsterblich, ohne jemals darum zu bitten.

Wenn man an diejenigen denkt, die arm oder obdachlos sind oder mit sozioökonomischen Herausforderungen zu kämpfen haben, wird die Anerkennung von Würde zu einer mächtigen, ausgleichenden Kraft. Sie schafft gleiche Voraussetzungen, indem sie sicherstellt, dass jeder Einzelne, unabhängig von seinen Lebensumständen, sein Gefühl von Stolz und Selbstwert bewahren kann. Wenn es dir gelingt, die Würde eines anderen anzuerkennen, entdeckst du zwar nicht gerade das Rad, aber du tust etwas bemerkenswert Seltenes in einer Welt, in der Selbstbezogenheit zur Kunstform erhoben wurde. Man trifft die radikale Entscheidung, andere so zu behandeln, als wären sie wichtig – was offenbar zu viel verlangt ist für manche Menschen, die glauben, dass Augenkontakt und grundlegende Anständigkeit optionale Merkmale des Erwachsenseins sind.

Diese einfache Geste, so altmodisch sie auch klingen mag, schafft einen Raum, in dem Fairness und Gerechtigkeit nicht nur theoretische Konzepte sind, die in Diversity-Workshops von Unternehmen herumgereicht werden, sondern tatsächlich gelebte Werte, die echte menschliche Verbindungen prägen können. Dabei bereicherst du unbewusst deinen eigenen Charakter, auch wenn du dir das nicht zu Kopf steigen lassen solltest. Sie bewerben sich hier nicht um die Heiligsprechung, aber Sie bewegen die Welt ganz leicht in Richtung von etwas, das Mitgefühl ähnelt. Seltsamerweise macht dies Ihr Vermächtnis letztendlich bedeutungsvoller, als wenn Sie einfach nur Kryptowährungen gehortet oder inspirierende Zitate über Sonnenuntergangsbildern gepostet hätten.

Stell dir das vor – das Konzept des Vermächtnisses ist etwas, das am Rande jeder denkenden Seele sitzt, etwas, das allzu oft übersehen wird, bis es leise in die Vergangenheit entschwindet. Nicht die Marmordenkmäler oder die verstaubten Urkunden, die in Schubladen versteckt sind. Ich spreche von den wirklich wichtigen Dingen. Von der Art, die man erst bemerkt, wenn man sich dabei ertappt, wie man über einen Geruch, ein Lied oder die Art lächelt, wie dein Kind die Nase rümpft, genau wie dein Großvater es tut.

Sehen Sie, ich bin überzeugt, dass das größte Vermächtnis nicht in Stein gemeißelt ist oder auf einer Finanztabelle steht. Es findet sich in den Geschichten, die wir erzählen, im Lachen, das durch alte Küchen hallt, in Erinnerungen, die so lebendig sind, dass sie genauso gut lebende Wesen sein könnten. Erinnerungen, mein Freund, sind wie kleine Kieselsteine am Ufer. Man hebt sie im Moment ohne groß nachzudenken auf. Eine Geburtstagsparty. Ein spätabendliches Gespräch. Die Art, wie deine Mutter beim Wäschefalten immer vor sich hin summte. Du bewahrst sie auf, ohne zu merken, dass du einen Schatz anlegst, den jemand anderes einmal erben wird.

Diese Kieselsteine liegen still da und verstauben auf den Regalen des Geistes. Eines Tages, oft wenn man es am wenigsten erwartet, purzeln sie hervor. Vielleicht hörst du dein Kind etwas in genau demselben Tonfall sagen, den dein Vater benutzte. Vielleicht pflückt dein Enkelkind eine Blume so, wie du es getan hast. Dann wird dir etwas ganz Seltsames bewusst. Die Zeit verläuft nicht immer geradlinig. Manchmal kehrt sie um und erinnert dich sanft daran, dass deine Momente zum Fundament für jemand anderen geworden sind.

Das Teilen ist ein weiterer missverstandener Schatz. Die meisten Menschen glauben, beim Teilen ginge es um Ressourcen, darum, seinen Keks zu halbieren oder jemandem einen Rasenmäher zu leihen. Das ist es nicht. Wahres Teilen ist ein Akt der Erinnerung, der Emotionen, der Bedeutung. Man teilt nicht nur ein Abendessen; man teilt die Wärme, gesehen zu werden. Man reicht nicht nur ein Werkzeug weiter; man reicht Vertrauen weiter. Die kraftvollste Form des Teilens ist die, die ohne großes Aufsehen geschieht, wenn es einfacher wäre, es nicht zu tun. Das ist die Art, die sich wie ein goldener Faden über Generationen hinweg erstreckt und Menschen an etwas bindet, das tiefer geht als bloße Bequemlichkeit.

Wir alle lieben es, das Thema Familie zu romantisieren, bis es uns an unsere Grenzen bringt. Doch der beste Nährboden für unsere Überzeugungen findet sich in diesem Wirrwarr aus Meinungsverschiedenheiten, unterschiedlichen Standpunkten und unaufgeforderten Ratschlägen. Unser wahres Selbst zeigt sich in dieser eng verbundenen Gemeinschaft aus gemeinsamem Blut, endlosen Zugeständnissen und seltsam eigenwilligen Bräuchen. Deine Familie mag dir chaotisch erscheinen. Bei einem meiner Abendessen gab es eine hitzige Diskussion darüber, welche Zwiebel die beste sei. Aber selbst in solchen absurden Momenten wird ein Vermächtnis geschmiedet. Die Art und Weise, wie du sie unterstützt und beharrlich zurückkehrst, selbst wenn du am liebsten fliehen würdest.

Das werden sie im Gedächtnis behalten.

So viele Menschen jagen einem Vermächtnis mit einem Megafon hinterher und glauben, es müsse laut sein, um Bestand zu haben. Was sie dabei vergessen, ist, dass Kinder dich mehr beobachten, als dass sie dir zuhören. Enkelkinder werden sich noch lange daran erinnern, wie du sie hast fühlen lassen, lange nachdem sie vergessen haben, was du gesagt hast. Deine Familie wird zur lebendigen Leinwand deiner Werte, ob es dir gefällt oder nicht. Die Frage ist: Welche Pinselstriche hinterlässt du?

Die Welt sagt dir, dass Erfolg daran gemessen wird, wie viele Menschen klatschen, wenn du sprichst. Ich sage dir: Wahrer Erfolg liegt darin, wie viele Menschen sich an dein Schweigen erinnern. Hat deine stille Präsenz jemanden getröstet? Ist deine Beständigkeit zu einem Leuchtturm in ihrem Sturm geworden? Das sind keine großen Gesten; es sind kleine, oft unbemerkte Gewohnheiten, die sich im Laufe der Zeit wie Ziegelsteine auftürmen. Sie bilden das Fundament eines Vermächtnisses, still, aber unerschütterlich.

Nun, ich glaube nicht, dass es hier nur um andere geht. Die Reise nach innen ist genauso wichtig. Persönliches Wachstum, der bloße Akt, sich zu fragen, wer man ist und wer man sein möchte, ist nicht weniger edel als das Heilen von Krankheiten oder das Komponieren von Symphonien. Der Mann, der es wagt, sich seinem eigenen Ego zu stellen, der lernt, mehr zuzuhören als zu reden, der über seine eigene Sturheit hinauswächst, hinterlässt etwas Größeres als Reichtum. Er hinterlässt Weisheit. Nicht die aus dem Lehrbuch, sondern die gelebte. Die Art, die sagt: „Ich habe mich schon einmal geirrt, und das habe ich gelernt, als ich dazu stand."

Man kann keinen Wert weitergeben, den man selbst nicht lebt. Das ist die unangenehme Wahrheit, der die meisten Menschen lieber ausweichen würden. Kinder spüren Heuchelei genauso sicher, wie Spürhunde Fleisch wittern. Wenn du Freundlichkeit predigst, aber den Kellner anschnauzt, wenn du Ehrlichkeit forderst, aber lügst, warum du ein Familientreffen versäumt hast – herzlichen Glückwunsch, du hast dir gerade ein Vermächtnis voller Widersprüche aufgebaut.

Vergessen wir nicht die Fairness. Sie ist die Seele des Vermächtnisses. Nicht, weil sie dich gut dastehen lässt, sondern weil sie dich zwingt, über dein Ego hinauszuwachsen. Fairness ist keine abstrakte Tugend, über die Philosophen beim Tee debattieren. Es ist der Moment, in dem du dich entscheidest, jemandem zuzuhören, der jünger ist als du. Es ist der Moment, in dem du zugibst, dass du nicht alle Antworten hast. Es ist der Moment, in dem du das Mikrofon jemandem übergibst, dessen

Stimme zu lange übertönt wurde. Fairness ist die Brücke, über die Ihre Werte in das Leben eines anderen übergehen können.

Nun wollen wir über Würde sprechen. Die Art von Würde, die man anderen zuteilwerden lässt, nur weil sie Menschen sind, nicht die, die aus Auszeichnungen oder Titeln stammt. Vor allem jenen, die sich dem Lebensabend nähern. Möchten Sie Ihren Charakter auf die Probe stellen? Verbringen Sie eine Stunde mit jemandem, der von der Gesellschaft vergessen wurde. Die Art und Weise, wie Sie Menschen behandeln, die Ihnen nichts zurückgeben können – genau das ist Ihr wahrer Lebenslauf. Das ist es, was noch lange nachklingen wird, wenn Ihr Name verblasst ist.

Persönliche Entwicklung ist kein Selbsthilfe-Slogan. Sie ist eine Pflicht. Denn jedes Mal, wenn du wächst, ziehst du jemanden anderen mit dir empor. Jeder Zentimeter, den du erklimmst, wird zu einem Halt für diejenigen, die zusehen. Es geht nicht nur darum, eine bessere Version von dir selbst zu erreichen. Es geht darum, jemand zu werden, dessen bloße Existenz andere dazu bringt, ebenfalls wachsen zu wollen.

Denk daran: Ein Vermächtnis ist kein Ding. Es ist kein Geschäft, kein Haus und kein Titel. Deine Ideale spiegeln sich in den Menschen wider, die du beeinflusst hast. Ein Vermächtnis ist, wenn deine Tochter, die einmal deine Taten miterlebt hat, sich für jemanden einsetzt, der zum Schweigen gebracht wurde. Ein Vermächtnis ist, wenn dein Enkelkind sich daran erinnert, dass du immer Zeit für es hattest, und sich die Zeit nimmt, jemanden anzurufen, der einsam ist. Die kleinen Entscheidungen, die ständigen Taten des Mitgefühls und der stille Mut sind es, die ein Vermächtnis hinterlassen.

Bevor du also dem Applaus hinterherjagst, bitte ich dich, innezuhalten. Schau dich um. Wer wirst du in den Augen derer, die dir wichtig sind? Was gibst du weiter durch die Art, wie du sprichst, wie du dich gibst, wie du vergibst? Die Welt erinnert sich vielleicht nicht an deinen Lebenslauf, aber sie wird deinen Einfluss nicmals vergessen.

Du hast Zeit, ja. Verschwende sie nur nicht damit, so zu tun, als hättest du ewig Zeit. Ein Vermächtnis baut nicht auf Absichten auf. Es baut auf Taten auf. In jedem Moment entscheidest du, wer du wirst. Das, mein Freund, ist das Geheimnis. Das ist der ganze Plan. Du solltest die Welt nie mit einem einzigen großen Schritt verändern. Du solltest sie immer wieder mit Teilen von dir selbst besäen, mit den guten Teilen, bis eines Tages jemand eines dieser Teile aufhebt und sagt: „Das fühlt sich wie Zuhause an."

Die Vorteile von Grundwerten

Es kommt eine Zeit im Leben jedes Menschen, in der er beginnt, sich von der Last fremder Ideale zu befreien und eine tiefere Frage zu stellen: Woran glaube ich wirklich? Hier beginnt die Erforschung der Grundwerte. Nicht als etwas Vererbtes oder Auswendig Gelerntes, sondern als persönliche und lebendige Praxis. Werte sind nicht nur abstrakte Ideen, die bei Familienessen weitergegeben oder in Lehrbüchern abgedruckt werden. Sie dienen als Orientierungspunkte, die uns auf dem unvorhersehbaren Terrain des Lebens Halt geben. Für diejenigen, die sich dafür entscheiden, bewusst zu leben, werden Werte mehr als nur Worte. Sie werden zu einer Rettungsleine, einem Rhythmus, einem Vermächtnis, das sich in Echtzeit entfaltet.

Nach Grundwerten zu leben bedeutet, bewusst zu leben. Es bedeutet, sich des Einflusses bewusst zu sein, den man ausübt, sei es zu Hause, am Arbeitsplatz oder in der Gemeinschaft. Es bedeutet zu verstehen, dass die eigenen Entscheidungen Auswirkungen haben, die über das Sichtbare hinausreichen. Ein Mensch, der in seinen Werten verwurzelt ist, bewegt sich anders durch die Welt. Er muss seine Überzeugungen nicht verkünden. Stattdessen offenbart er sie durch seine Taten, durch die Art, wie er zuhört, wie er vergibt, wie er sich zeigt, selbst wenn es unbequem ist. Diese stillen Handlungen haben Gewicht. Sie halten Beziehungen zusammen und stärken das soziale Gefüge um uns herum.

Ehrlichkeit ist mehr als nur das Vermeiden von Lügen. Sie wird zum Akt, sich als dein wahres Selbst zu zeigen, selbst wenn die Wahrheit schwer zu teilen ist. Freundlichkeit ist nicht länger etwas, das man für besondere Anlässe aufhebt. Sie wird zu deiner Grundeinstellung, ein stilles Geschenk, das du gibst, ohne eine Gegenleistung zu erwarten. Integrität bedeutet, die schwierige Entscheidung zu treffen, selbst wenn sie die einsamste ist, weil sie dem entspricht, was du als richtig erkennst. Respekt ist nicht länger eine Belohnung für gutes Benehmen. Er ist etwas, das man schenkt, weil jeder Mensch es verdient, mit Würde behandelt zu werden.

Wenn jemand beginnt, diese Werte konsequent zu leben, wird er zu einem Spiegel. Andere sehen sich in diesem Spiegelbild und beginnen sich zu fragen, ob auch sie für etwas Größeres stehen könnten. So beginnt Veränderung oft. Sie beginnt nicht mit Demonstrationen oder Schlagzeilen. Sie beginnt damit, dass eine Person sich weigert, den einfachen Weg zu wählen. Wenn Werte aufrichtig gelebt werden, wirken sie ansteckend.

Diese Lebensweise kommt nicht ohne Kampf. An seinen Werten festzuhalten in einer Welt, die Abkürzungen belohnt und den äußeren Schein bejubelt, kann sich anstrengend anfühlen. Es wird Tage geben, an denen Kompromisse vernünftig und sogar gerechtfertigt klingen. Aber wenn man dranbleibt, wenn man stille Integrität über schnelle Erfolge stellt, beginnt man, sich von innen heraus zu verändern. Man gewinnt ein Gefühl der Klarheit, das andere für Stärke halten, das aber in Wirklichkeit Frieden ist. Man wird widerstandsfähiger, nicht weil das Leben leichter wird, sondern weil man aufgehört hat, den eingeschlagenen Weg anzuzweifeln.

Wenn Werte gelebt und nicht nur geredet werden, gewinnen sie an Tiefe. Sie werden Teil deines Charakters. Sie prägen deine Gewohnheiten. Sie zeigen sich darin, wie ein Elternteil mit einem Kind spricht, wie eine Führungskraft eine Besprechung leitet, wie ein Fremder auf jemanden in Not reagiert. Dort beginnt das Vermächtnis Gestalt anzunehmen. Man kann nicht weitergeben, was man nicht lebt. Aber wenn man seine Werte lebt, bietet man etwas Beständiges, etwas, worauf sich andere stützen können, besonders wenn sie zuschauen und man es gar nicht bemerkt.

Die Ergebnisse lassen sich vielleicht nicht leicht messen, aber sie sind tief spürbar. Eine Familie, die in gemeinsamen Werten verwurzelt ist, wird zu einem Ort des Trostes und des Vertrauens. Eine Gemeinschaft, die von Empathie und Verantwortung geprägt ist, wird stark im Angesicht von Schwierigkeiten. Ein Mensch, der auf Integrität gründet, wird zu jemandem, auf den andere zählen können. Diese Art von Vertrauen öffnet Türen, wie es kein Lebenslauf jemals könnte.

Grundwerte machen das Leben nicht perfekt, aber sie geben ihm Sinn. Sie helfen dir, in Frieden zu ruhen, mit Weisheit zu führen und ohne Angst zu lieben. In einer Welt voller Chaos und Lärm bieten sie eine ruhige Struktur, die dich aufrecht hält. Wenn du nach ihnen lebst – nicht ohne Fehler, aber mit Beharrlichkeit –, beginnst du, etwas zu formen, das größer ist als dein eigenes Leben. Du wirst Teil einer Geschichte, die die Kraft hat, weiterzutragen.

Grundwerte können ein Vermächtnis prägen

Wenn uns die Geschichte etwas gelehrt hat, dann ist es, dass das Predigen von Moral am Esstisch selten funktioniert, es sei denn, man hält auch das Dessert als Geisel. Die wahre Geheimzutat, die man nie auf diese inspirierenden Kaffeetassen druckt, ist etwas weitaus Mächtigeres als Slogans. Es heißt: mit gutem Beispiel vorangehen. Das bedeutet, genau das zu tun, was man von anderen erwartet. Diese einfache Handlung kann lauter durch die Generationen hallen als jede Rede.

Kinder, die wie kleine Überwachungskameras auf Turnschuhen funktionieren, machen sich während deiner langatmigen Lebenslektionen keine Notizen. Sie studieren jede deiner Bewegungen wie junge FBI-Agenten, die Verhaltensbeweise für einen zukünftigen Bericht sammeln. Du sagst, Ehrlichkeit sei wichtig, und belügst dann den Kellner wegen des Trinkgelds. Sie merken es. Du sagst, man solle Ältere respektieren, und verdrehst dann die Augen bei Tante Ednas Geschichte über die Tapete. Sie speichern es. Du sagst, man soll Gemüse essen, versteckst dann aber dein eigenes unter Kartoffelpüree. Sie sehen alles. Kinder hören nicht nur zu. Sie legen eine Akte mit dem Titel „Vermächtnis" an, und deine täglichen Entscheidungen sind die Beweise.

Ein Vermächtnis, das auf Integrität basiert, beginnt nicht mit einer Rede. Es beginnt mit der Übereinstimmung zwischen dem, was aus deinem Mund kommt, und dem, was dein Körper tatsächlich tut. Wenn du Geduld, Mitgefühl oder grundlegende menschliche Anständigkeit predigst, dürfen diese Werte nicht wie abgelaufene Vorsätze an der Wand hängen bleiben. Sie müssen in deinem Tonfall, deinen Handlungen und sogar deinen unbeholfenen Interaktionen im Supermarkt zum Ausdruck kommen. Werte sind keine Dekoration. Sie sind Bewegungen, Gewohnheiten in Aktion.

Hier nimmt die Idee des Vermächtnisses Gestalt an. Du prägst zukünftige Generationen nicht, indem du ihnen sagst, wie sie sein sollen. Du prägst sie, indem du jeden Tag vor ihnen stehst. Wenn Werte gelebt und nicht nur gesagt werden, haben sie Bestand. Die Menschen tragen sie weiter, oft lange nachdem deine Stimme verstummt ist.

Der wirkungsvollste Weg, Grundwerte in der nächsten Generation zu verankern, besteht nicht darin, eine Liste mit moralischen Geboten auszudrucken. Es besteht darin, deine Geschichten zu erzählen. Die peinlichen. Die echten. Geschichten aus deiner Kultur. Geschichten über deine Misserfolge, deine Erfolge, deine Wendepunkte. Diese Geschichten machen abstrakte Werte konkret. Sie helfen den Menschen zu erkennen, dass moralische Stärke nicht Perfektion ist. Sie ist Beharrlichkeit. Eine gute Geschichte vermittelt einen Wert besser, als es hundert Vorträge jemals könnten.

Ein Vermächtnis ist keine Statue, die jemand für dich errichtet. Es ist die Art und Weise, wie sich jemand Jahre später verhält, weil er gesehen hat, wie du es zuerst getan hast.

Es ist unerlässlich, innerhalb der Familie oder Gemeinschaft eine Atmosphäre offener und transparenter Kommunikation zu schaffen. Werte, Überzeugungen und moralische Dilemmata können dann offen diskutiert werden. Um innerhalb der Familie Grundsätze zu entwickeln, ist ein ehrliches Gespräch unerlässlich. Führt Gespräche als Familie, um zu erklären, warum jeder Wert wichtig ist und wie er mit dem zusammenhängt, wer ihr seid und was ihr erreichen wollt. Wenn ihr alle Familienmitglieder dazu einladet, Fragen zu stellen und Kommentare abzugeben, kann dies ein Gefühl der Eigenverantwortung und des Verständnisses fördern.

Werte werden auch durch Familienrituale und -bräuche gestärkt. Sie fördern nicht nur das Glück und stärken die Familienbande, sondern bieten auch Gelegenheiten, diese Ideale in die Tat umzusetzen. Traditionen wie diese können viele Formen annehmen, von gemeinsamen Hilfsaktionen und ehrenamtlichem Engagement bis hin zur Feier kultureller Feste. Gemeinnützige Arbeit als Familie hilft nicht nur Menschen in Not, sondern lehrt Kinder auch Verantwortung und Empathie. Eine Möglichkeit, Toleranz und Akzeptanz zu vermitteln, ist die Teilnahme an kulturellen Festen. Spenden für wohltätige Zwecke und die Unterstützung von Menschen in Not sind Beispiele für gute Taten, die Empathie, Mitgefühl und Großzügigkeit fördern.

Werte sind mehr als das, was man auf den ersten Blick sieht. Sie verkörpern das Wesen des Charakters einer Familie. Um klare Erwartungen und Grenzen zu setzen, ist es daher notwendig, Verhaltensweisen und Aktivitäten zu definieren, die diese Prinzipien widerspiegeln. Wenn Erwartungen nicht klar kommuniziert werden, wird es schwieriger, Menschen zur Rechenschaft zu ziehen. Hier werden die Menschen dazu ermutigt, im Einklang mit den Überzeugungen ihrer Familie oder Gemeinschaft zu handeln und stets über die Auswirkungen ihres Handelns nachzudenken; dadurch entsteht eine gesunde und positive Atmosphäre.

Eine Kultur des Hinterfragens, der offenen Meinungsäußerung und der Entdeckung ist entscheidend für die Erziehung einer Generation, die kritisch über ihre persönlichen Werte und die weiterreichenden Konsequenzen dieser Werte nachdenken kann. Anstatt Werte für bare Münze zu nehmen, hilft diese Methode den

Menschen, sie wirklich zu verinnerlichen. Um Urteile auf der Grundlage persönlicher Überzeugungen zu fällen und komplizierte ethische Dilemmata zu bewältigen, müssen junge Menschen die Gründe und Auswirkungen von Werten verstehen.

Da sich soziale und kulturelle Landschaften wandeln, wird schmerzlich deutlich, dass das, was für die Urgroßeltern funktioniert hat, heute am Esstisch vielleicht nicht mehr akzeptiert wird. Es ist entscheidend, zu reflektieren und sich anzupassen. Werte, die wir weitergeben, sollten keine Relikte sein, die in Luftpolsterfolie eingewickelt und auf den Dachboden verbannt werden. Sie müssen regelmäßig auf ihre fortdauernde Nützlichkeit hin überprüft werden. Wir müssen auch offen für Veränderungen sein, aber natürlich ohne das gesamte Fundament über Bord zu werfen. Diese Art der aufmerksamen Wachsamkeit garantiert, dass die weitergegebenen Ideale noch Bestand haben und nicht nur eine hübsche Stickerei auf einem Zierkissen sind.

Die kontinuierliche Weitergabe von Werten erfordert etwas Radikales, das man Selbstreflexion nennt. Das bedeutet, ja, gelegentlich zu hinterfragen, ob unsere Grundeinstellungen noch Sinn ergeben. Es erfordert auch eine offene Diskussion, was so viel bedeutet wie „reden, ohne zu schreien", und vor allem ein hartnäckiges Bekenntnis dazu, die Prinzipien, zu denen wir uns bekennen, auch tatsächlich zu leben. Nichts sagt so deutlich „Tu, was ich sage, nicht, was ich tue" wie ein heuchlerisches Vorbild.

Die kulturellen, religiösen und persönlichen Erfahrungen verschiedener Menschen formen ihre Familien wie einen Gumbo-Topf, der zu gleichen Teilen aus Tradition, Chaos und Würze besteht. Aufgrund dieser Vielfalt wird die Weitergabe von Werten an die nächste Generation weniger zu einem Pinterest-würdigen Erziehungsziel als vielmehr zu einer Überlebensfähigkeit. Es ist entscheidend, stabile und harmonische Familien und Gemeinschaften zu schaffen, die sich nicht bei Streitigkeiten in Gruppenchats auflösen.

Ehrlichkeit, Integrität, Empathie, Respekt, Freundlichkeit und Verantwortung gehören nach wie vor zu den grundlegendsten Werten, die wir definieren und durchsetzen können, ohne wie ein Motivationsposter zu klingen. Denken Sie über Ihr Erbe nach und darüber, wie es Sie geprägt hat – vielleicht auf urkomische oder erschreckende Weise. Nehmen Sie dann diese Prinzipien und verweben Sie sie in Ihren Alltag, am besten ohne jeden im Müsliregal zu belehren. Genau dort geschieht das Wunder. So hören Werte auf, nur Schlagworte zu sein, und werden zu einem Vermächtnis.

Eine Möglichkeit, Menschen zusammenzubringen und Spaß zu haben, besteht darin, an der Stärkung familiärer Werte zu arbeiten. Du kannst wertvolle Erinnerungen schaffen und deine Prinzipien durch Traditionen festigen, die deine Überzeugungen widerspiegeln. Indem wir Handlungen loben, die mit den familiären Werten im Einklang stehen, können wir mehr Menschen dazu ermutigen, ihnen zu folgen, und dazu beitragen, dass sie in unserem Alltag verankert werden. Eine großartige Möglichkeit, Menschen zu motivieren, ist es, ihre Bemühungen anzuerkennen und zu loben, wenn sie deine Ideale verkörpern.

Wenn es darum geht, eine solide Familie aufzubauen, sind Empathie und Respekt von größter Bedeutung. In einer unterstützenden Gemeinschaft fühlt sich jeder gehört und geschätzt, wenn sich die Menschen die Zeit nehmen, die Erfahrungen und Standpunkte der anderen zu verstehen und sich in sie hineinzuversetzen. Streben Sie nach harmonischen Lösungen für

Konflikte durch höflichen Dialog, aktives Zuhören und gegenseitigen Respekt.

Sie können den Weg zum Aufbau einer starken Familie nicht alleine beschreiten. Eine Quelle der Kraft und Orientierung kann darin bestehen, sich an spirituelle Führer, Berater oder Mentoren zu wenden, um Rat einzuholen. Der Austausch mit Familien, die ähnliche Werte teilen, trägt dazu bei, ein Gemeinschaftsgefühl zu entwickeln. Ihre Familie und die Gesellschaft profitieren von der moralischen Orientierung, der Widerstandsfähigkeit, dem Zusammenhalt und der Liebe, die Sie und Ihre Familie durch diese bewussten und kontinuierlichen Bemühungen pflegen.

Grundwerte sind die wichtigsten Ideen, die uns zu dem machen, was wir sind, unser Handeln prägen und uns helfen, Entscheidungen sowohl in unserem privaten als auch in unserem beruflichen Leben zu treffen. Als Kompass für unsere Moral leiten diese Werte, wie wir andere behandeln, Entscheidungen im Leben treffen und mit schwierigen Situationen umgehen. Auch wenn sich Grundwerte zwischen Menschen, Familien oder Ländern stark unterscheiden können, tragen sie doch alle dazu bei, dass Menschen vertrauenswürdig sind, indem sie Ehrlichkeit fördern, durch Mitgefühl und Empathie sinnvolle Beziehungen aufbauen, ethische Entscheidungen ermöglichen und Menschen zur Verantwortung ziehen, insbesondere in schwierigen Situationen. Ein Leben im Einklang mit unseren Grundwerten verbessert unser Leben, stärkt unsere Beziehungen und hilft uns, unsere Ziele zu erreichen. Es gibt uns zudem das Selbstvertrauen und die Stabilität, die Höhen und Tiefen des Lebens mit unseren Überzeugungen und Prinzipien als unerschütterliche Leitlinien zu meistern.

Integrität als Grundwert ist die Verkörperung von Ehrlichkeit und moralischer Standhaftigkeit. Sie ist eine Eigenschaft, die

Vertrauen schafft, Beziehungen stärkt und den Ruf verbessert, was sowohl zur persönlichen als auch zur beruflichen Weiterentwicklung beiträgt. Integrität schafft Vertrauen und führt zu stärkeren persönlichen und beruflichen Bindungen. Sie schafft zudem einen guten Ruf, eröffnet neue Möglichkeiten und fördert positive soziale Interaktionen. Darüber hinaus schenkt ein Leben in Integrität innere Ruhe und erspart uns die Unruhe, die mit Täuschung und der Verletzung moralischer Grundsätze einhergeht. Alles in allem ist Integrität ein Eckpfeiler eines erfüllten Lebens, der Vertrauenswürdigkeit, Ansehen und inneren Frieden stärkt.

Aufrichtigkeit ist ein uralter Grundsatz, für den sich deine Großmutter leidenschaftlich einsetzte, den dein Lebenslauf jedoch geschickt ausklammert. Ehrlich zu sein bedeutet mehr, als nur die Wahrheit zu sagen, auch wenn das hilft. Es geht darum, dein Leben zu leben, ohne dich mit Lügen herumschlagen zu müssen, die wie brennende Fackeln bei einer Show wirken, für die du dich nicht angemeldet hast. Die Wahrheit zu sagen hilft dir, besser zu schlafen, leichter zu atmen und aufzuhören, dir zu merken, welche Version der Wahrheit du Brenda aus der Buchhaltung erzählt hast.

Ehrlichkeit ist das, was Beziehungen zusammenhält, aber sie kostet viel. Sie hilft Menschen, einander zu vertrauen – das ist das Einhorn, nach dem die Leute in Dating-Apps ständig suchen. Unehrlichkeit macht jeden Kontakt zu einem Ratespiel, für das niemand Zeit hat (naja, vielleicht Reality-TV-Produzenten).

Schließlich gibt es noch den Respekt, einen Wert, von dem jeder sagt, er sei wichtig, den man aber beim Autofahren gerne vergisst. Jemanden zu respektieren bedeutet, ihn wie einen echten Menschen zu behandeln, nicht wie eine Statistenrolle in der eigenen Geschichte. Es bedeutet, „Danke" und „Bitte" zu sagen, ohne Standing Ovations zu erwarten. Es bedeutet, zuzuhören, ohne schon

Pläne für das zu schmieden, was man als Nächstes sagen will. Ich weiß, es ist verrückt. Wenn man jemanden respektiert, fühlt er sich wichtig, auch wenn man weiß, dass er Unrecht hat, wenn er Ananas auf die Pizza legt. Es bewahrt den Frieden, verhindert unnötige Streitereien beim Familienessen und gibt jedem die Chance, miteinander auszukommen, ohne mit Gegenständen zu werfen.

Ehrlichkeit und Höflichkeit sind nicht nur bewundernswerte Eigenschaften; sie sind unverzichtbar.

Sie ermöglichen es dir, mit anderen Menschen in Verbindung zu treten, ähnlich wie WLAN. Ohne sie funktioniert nichts richtig, und die Menschen überleben lediglich. Respekt zu zeigen kann Beziehungen erheblich verbessern, eine Grundlage für Vertrauen schaffen und eine freundschaftliche Kommunikation fördern. Er ist auch entscheidend für die Lösung von Konflikten, da er es ermöglicht, Meinungsverschiedenheiten mit Anstand und konstruktiven Ergebnissen zu behandeln. Darüber hinaus ist Respekt gleichbedeutend mit Inklusion, da er Vielfalt begrüßt und eine gerechte Behandlung fördert und so Zusammenhalt und ein Zugehörigkeitsgefühl schafft. Daher ist Respekt unverzichtbar, um positive Interaktionen zu fördern, Konflikte einvernehmlich zu lösen und für Inklusion einzutreten.

Bei Verantwortung geht es darum, für unser Handeln Rechenschaft abzulegen und unsere Pflichten gewissenhaft zu erfüllen. Sie bildet die Grundlage für die persönliche Entwicklung, da das Eingestehen unserer Fehler zu Lernen und Selbstverbesserung führt. Wer Verantwortung übernimmt, gilt als vertrauenswürdig und respektabel und zeichnet sich oft durch ausgeprägte Problemlösungsfähigkeiten und eine proaktive Herangehensweise an Entscheidungen aus. Diese Eigenschaft ist unerlässlich, um Probleme effektiv und zeitnah zu lösen.

Verantwortung prägt den Charakter eines Menschen durch Rechenschaftspflicht und Disziplin und ist damit ein wesentlicher Bestandteil persönlicher Integrität und gesellschaftlicher Achtung.

Empathie ist ein besonders wirkungsvoller Wert, der es uns ermöglicht, die Gefühle anderer zu verstehen und zu teilen. Sie vertieft unsere Verbindungen und bietet emotionale Unterstützung, die Beziehungen zu etwas Robustem und wahrhaft Bereicherndem festigen kann. Empathie ist auch bei der Konfliktlösung unverzichtbar, da sie Verständnis und Kompromissbereitschaft fördert und es ermöglicht, Gemeinsamkeiten zu entdecken und friedliche Lösungen zu finden. Eine Gesellschaft, die Empathie hoch schätzt, ist von Natur aus mitfühlender und integrativer und erkennt und reagiert auf die gemeinsame Menschlichkeit, die uns alle verbindet.

Mitgefühl, dieses instinktive Einfühlungsvermögen für das Leiden anderer, strahlt nach außen und treibt uns dazu an, zu handeln, um Schmerzen zu lindern. Es motiviert uns, durch große Gesten oder einfache Taten Freundlichkeit zu zeigen, was unser Gefühl von Sinnhaftigkeit und unser emotionales Wohlbefinden stärkt. Mitgefühl fördert Toleranz und mindert Vorurteile, sodass wir über unsere Unterschiede hinwegsehen und Vielfalt annehmen können, was zu einer Gesellschaft führt, in der jeder geschätzt und respektiert wird.

Beharrlichkeit, das unerschütterliche Verfolgen von Zielen angesichts von Widrigkeiten, fördert Leistung, stärkt die Resilienz und stärkt die Selbstwirksamkeit. Es geht nicht einfach nur darum, durchzuhalten, sondern mit klarer Zielstrebigkeit und unerschütterlichem Engagement für die eigenen Ziele weiterzumachen. Diese Hartnäckigkeit führt nicht nur zur Verwirklichung von Ambitionen, sondern stärkt auch den Geist und bereitet uns darauf vor, den unvermeidlichen Herausforderungen des Lebens mit robustem und beständigem Optimismus zu begegnen.

Dankbarkeit, die von Herzen kommende Anerkennung des Guten, das wir erleben, wirkt transformativ. Das regelmäßige Praktizieren von Dankbarkeit bereichert unser Leben und steigert das körperliche und emotionale Wohlbefinden. Sie fördert positive Beziehungen und stärkt die Bindungen, die uns mit anderen verbinden. Dankbarkeit dient auch als Schutzwall gegen die Flut psychischer Herausforderungen und trägt zu einem Leben bei, das von Zufriedenheit und innerer Ruhe geprägt ist.

Diese grundlegenden Kernwerte, zu denen Integrität, Ehrlichkeit, Respekt, Verantwortung, Empathie, Mitgefühl, Ausdauer und Dankbarkeit gehören, sind nicht nur Worte, sondern die eigentliche Essenz unseres Charakters. Sie prägen unsere Identität, leiten unser Handeln und beeinflussen das Vermächtnis, das wir hinterlassen. Indem wir uns diese Werte zu eigen machen, bereichern wir nicht nur unser eigenes Leben, sondern tragen auch dazu bei, eine verständnisvollere, freundlichere und widerstandsfähigere Welt zu schaffen. Diese Werte verbinden uns miteinander und fördern ein gemeinsames Gefühl der Menschlichkeit sowie das gemeinsame Streben nach dem Allgemeinwohl.

Das Bekenntnis zu diesen Werten hat einen Welleneffekt auf unsere Beziehungen, unsere psychische Gesundheit und die Gemeinschaften, in denen wir leben. Zum Beispiel fördern Ehrlichkeit und Integrität Vertrauen, was für gesunde Beziehungen entscheidend ist. Empathie und Mitgefühl ermöglichen es uns, auf einer tieferen Ebene mit anderen in Verbindung zu treten und starke, unterstützende Gemeinschaften aufzubauen. Verantwortung und Ausdauer helfen uns, unsere Ziele zu erreichen und die Herausforderungen des Lebens mit Resilienz und Entschlossenheit zu meistern.

Das Leben nach unseren Grundwerten ist eine persönliche Entscheidung und eine starke Kraft für positiven gesellschaftlichen Wandel. Wenn wir nach unseren Werten leben und sie anderen vorleben, inspirieren wir andere dazu, es uns gleichzutun, und schaffen so eine Kultur der Freundlichkeit, des Mitgefühls und des Respekts. Letztendlich hat das Leben nach unseren Grundwerten das Potenzial, die Gesellschaft zu verändern und sie für alle harmonischer, gerechter und mitfühlender zu machen.

Grundwerte leben

Es gab einmal eine ruhige Küstenstadt namens Elmbridge, einen Ort, an dem die Morgen nach Meersalz und frischem Brot dufteten und die Nachmittage etwas langsamer verliefen als im Rest der Welt. Die meisten Menschen dort kannten deinen Namen, den Namen deines Hundes und wussten, wie du deinen Kaffee trinkst. Es war auch der letzte Ort, an dem jemand wie Daniel Wilder gedacht hätte, dass er landen würde.

Daniel kam nach Elmbridge wie die meisten Herumtreiber: still und vorsichtig, überzeugt davon, dass er alle durchschaut hatte. Er hatte den größten Teil seines Lebens damit verbracht, von Job zu Job und von Stadt zu Stadt zu ziehen, ohne jemals lange genug zu bleiben, um Spuren zu hinterlassen oder Unordnung zu stiften. Seine Vergangenheit hatte ihn gelehrt, dass zu große Nähe meist dazu führte, verletzt zu werden, also hielt er seinen Kreis klein und seine Erwartungen noch kleiner. Hätte er seine Werte jemals benannt, hätten sie sich um Selbsterhaltung und Sarkasmus gedreht.

Elmbridge lehrte auf andere Weise. Die Stadt verkündete ihre Güte nicht. Sie zeigte sie einfach, immer und immer wieder. Sie zeigte sich in den Nachbarn, die winkten, nur weil sie es konnten. Sie zeigte sich im Postboten, der jedem Hund auf seiner Route Kekse hinterließ. Und vor allem zeigte sie sich in einer Frau namens Nora Price.

Nora besaß eine kleine Buchhandlung in der Nähe des Hafens, eine von der Sorte, in der handgeschriebene Notizen zwischen den Seiten ihrer Lieblingsromane steckten und an der Tür eine Glocke hing, die jedes Mal, wenn jemand hereinkam, denselben hoffnungsvollen Klang von sich gab. Sie hatte eine Art, den Menschen das Gefühl zu geben, dazuzugehören, indem sie sich einfach an ihre Geschichten erinnerte und fragte, wie sie ausgegangen waren. Sie lebte ihre Werte ohne großes Aufsehen. Sie war da, wenn andere es nicht waren, vergab, wenn es schwerfiel, und hörte zu, als ob es wichtig wäre.

Daniel traf sie zufällig. Wenn man Nora gefragt hätte, hätte sie gesagt, es gäbe keine Zufälle, nur Einladungen, die wir mutig genug sind anzunehmen. Er tat so, als würde er in der Gartenabteilung stöbern, als sie mit einer Tasse Tee auf ihn zukam und sagte: „Du siehst aus wie jemand, der mehr auf dem Herzen hat, als er zugeben will."

Es war kein Vorwurf. Es war ein leiser Einstieg.

Daniel blieb zunächst auf der Hut. Er wich mit Humor aus und gab nur halbe Antworten, als würde er mit seiner Ehrlichkeit haushalten. Nora drängte nicht. Sie bot Raum. Mit der Zeit wurde dieser Raum zu etwas, das Daniel seit Jahren nicht mehr gespürt hatte – Sicherheit. Er bemerkte, wie sie lebte. Sie schloss den Laden früher, um einem Nachbarn Suppe zu bringen. Sie schenkte Nachsicht, wenn Menschen strauchelten. Sie versuchte nie, jemanden zu ändern. Sie zeigte einfach, wie es aussah, bewusst zu leben.

Daniel beobachtete sie, und etwas veränderte sich. Er begann, ihre Werte zu verinnerlichen, nicht weil sie ihn darum bat, sondern weil sie sich wahr anfühlten. Er sah, wie Empathie Brücken baute. Er sah, wie Integrität den Menschen einen Grund gab, wieder zu vertrauen. Er sah, wie beständige Freundlichkeit die Atmosphäre verändern konnte.

Seine eigene Veränderung begann im Kleinen. Er fing an, sich mit mehr Bedeutung zu bedanken. Er bot seinen Platz an, ohne darüber nachdenken zu müssen. Er rief seinen Bruder an, mit dem er seit Jahren nicht mehr gesprochen hatte, nur um zuzuhören. Zunächst fühlte es sich ungewohnt an, als würde man nach Jahren des Nicht-Tanzens wieder tanzen. Doch langsam fand er seinen Rhythmus. Nicht den Rhythmus dessen, der er gewesen war, sondern dessen, der er werden konnte.

Eines Abends, nachdem die Buchhandlung geschlossen hatte, fragte Daniel Nora, warum sie sich überhaupt an ihn gewandt hatte.

Sie lächelte und sagte: „Weil das einmal jemand für mich getan hat. Und ich habe versprochen, dieses Geschenk niemals zu verschwenden."

Da verstand Daniel etwas Tieferes. Werte, wenn sie aufrichtig gelebt werden, bleiben nicht in sich geschlossen. Sie breiten sich aus. Sie reichen in das Leben eines anderen hinein. Und wenn sie mit Sorgfalt aufgenommen werden, wachsen sie.

Ein Jahr später war Daniel nicht mehr nur auf der Durchreise in Elmbridge. Er war Teil der Stadt geworden. Er engagierte sich ehrenamtlich im Gemeindezentrum, organisierte eine Aufräumaktion im Viertel und hielt sogar an der örtlichen

Highschool einen Vortrag darüber, wie man durch gemeinnütziges Engagement einen Sinn im Leben findet. Er nannte es ein Gespräch, um seine Nervosität zu überspielen, aber jeder wusste, dass es mehr als das war. Seine Wandlung fand nicht im Rampenlicht statt. Sie war von Substanz geprägt. Der Mann, der einst ziellos umherirrte, handelte nun zielstrebig.

Noras Werte machten nicht bei ihm Halt. Sie setzten sich durch ihn fort. Ein Nachbar bot Hilfe an. Ein Fremder gab Ermutigung weiter. Kleine Taten begannen sich anzuhäufen, still, aber beständig. Was sich einst wie eine verschlafene Stadt anfühlte, wirkte nun lebendig und sinnvoll. Elmbridge wurde zu einem lebendigen Beispiel dafür, wie Werte, wenn sie gelebt werden, nicht nur Einzelpersonen, sondern ganze Gemeinschaften prägen.

Ein Vermächtnis findet sich nicht immer in Statuen oder Geschichten, die über Generationen weitergegeben werden. Manchmal lebt es in der Wärme einer Buchhandlung, im Mut, auf andere zuzugehen, und in den Wellen der Entscheidungen, die durch eine einzige aufrichtige Tat ausgelöst werden. Wenn wir unsere Werte nicht leben, um gesehen zu werden, sondern um etwas zu bewirken, hinterlassen wir etwas, das noch lange nach unserem letzten Wort weiterlebt. Werte brauchen keinen Applaus. Sie müssen nur echt sein.

Das Wesen der Charakterbildung

Wahrer Charakter ist etwas ganz anderes. Es ist nicht die Art, die man wie eine Jacke anzieht, wenn jemand Wichtiges zusieht, sondern die Art, die tief in den Knochen sitzt und sich zeigt, wenn niemand in der Nähe ist. Diese Art von Charakter kommt nicht von selbst. Er wird geformt. Geschmiedet. Manchmal gebrochen und im Feuer von Prüfungen, Fehlern und langsamem Lernen neu geschmiedet.

Jeder Mensch durchläuft sein Leben auf einer Art Bogen. Diese Reise verläuft nicht in einer geraden Linie, sondern vollzieht sich auf einem gewundenen Pfad mit Tiefen, Höhen, falschen Abzweigungen und unerwarteten Begleitern. Entlang dieses Bogens wirst du immer wieder gefragt werden, wer du bist. Und deine Antwort wird nicht in deinen Worten liegen. Sie wird in deinen Taten liegen. Wofür stehst du, wenn der Boden unter dir zu wanken beginnt?

Ein Mann oder eine Frau kann ohne Fundament keinen Charakter aufbauen, der etwas wert ist. Dieses Fundament sind Werte. Stell dir diese wie die eisernen Nägel vor, die das Gerüst deiner Seele zusammenhalten. Ohne sie bricht dein Bogen zusammen. Du gerätst ins Wanken, wenn das Leben dich hart bedrängt, und das wird es immer tun. Du fällst auf alles herein, weil du für nichts stehst.

Integrität hält dich fest, wenn der Wind versucht, dir den einfachen Weg zu verkaufen. Sie erinnert dich daran, richtig zu handeln, auch wenn es dich etwas kostet. Ehrlichkeit geht Hand in Hand mit Integrität. Es geht nicht nur darum, die Wahrheit zu sagen. Es geht darum, wahrhaftig zu leben, wobei deine Taten mit deinen Worten übereinstimmen und dein Gewissen rein bleibt.

Respekt erinnert dich daran, dass niemand unter dir steht. Jede Seele, der du begegnest, vom Bettler bis zum König, hat ihren Wert. Das ehrst du nicht mit Worten, sondern damit, wie du sie behandelst. Dieser Respekt lehrt andere, wie sie dich im Gegenzug behandeln sollen.

Verantwortung ist die stille Kraft, das zu tragen, was du tragen musst. Du stehst zu deinen Entscheidungen. Du schiebst deine Fehler nicht auf andere ab oder gibst dem Wind die Schuld dafür, dass er weht. Du trägst die Last. Und mit der Zeit macht dich diese Last stark.

Empathie lässt dich über deinen eigenen Tellerrand hinausblicken. Sie lässt dich den Schmerz in der Brust eines anderen spüren und damit aushalten, ohne davonzulaufen. Sie macht dich menschlich. Mitgefühl ist die Hand, die sich aufgrund dieser Empathie ausstreckt. Es ist der Akt des Gebens, für andere da zu sein – mit mehr als nur Worten.

Beharrlichkeit ist ein langer Weg. Sie hält dich in Bewegung, wenn die Ziellinie noch nicht in Sicht ist. Sie ist nicht auffällig. Sie ist Durchhaltevermögen. Sie ist die Entscheidung, weiter zu klettern, wenn deine Beine nichts mehr übrig haben. Diese Entscheidung, immer wieder getroffen, schafft etwas, das dir niemand nehmen kann.

Dankbarkeit ist die Laterne, die du trägst. Sie leuchtet dir den Weg und hält dich demütig. Sie lehrt dich, Segnungen zu erkennen, selbst wenn sie in Lumpen daherkommen. Sie macht die harten Stellen in dir weich und erinnert dich daran, dass Freude oft still ist.

Nun, hier ist das, was die meisten Menschen übersehen. Werte sind keine Theorien. Sie sind keine Zeilen in einem Notizbuch oder Worte, die man an die Wand hängt. Sie sind Gewohnheiten. Sie sind Entscheidungen, die tausendmal getroffen werden, bis sie zu dem werden, was du bist. Du sprichst nicht nur über sie. Du lebst sie. Und wenn du sie lebst, geschieht etwas. Andere beginnen, es zu spüren. Sie beginnen, dir zu vertrauen. Sie beginnen, dich nachzuahmen. So entsteht Kultur – nicht durch große Reden, sondern durch stille Vorbilder.

Deine Identität entsteht nicht in einem einzigen Moment. Sie wird durch das gefestigt, wofür du dich entscheidest, wenn es einfacher wäre, gar keine Entscheidung zu treffen. Die Welt wird dein Festhalten an jedem Wert, den du zu vertreten vorgibst, auf die Probe stellen. Das Leben wird dich an deine Grenzen bringen. Dich entblößen. Es wird dir zuflüstern: „Gib auf. Nimm Abkürzungen. Schau weg." In diesem Moment biegt sich der Bogen entweder in Richtung Stärke oder er bricht.

Die Werte, an denen du festhältst, werden in diesem Moment zu deinem Kompass. Sie zeigen dir, in welche Richtung es vorwärts geht. Sie sorgen dafür, dass du aufrecht bleibst. Sie machen deine Geschichte zu etwas, an das es sich zu erinnern lohnt.

Was du weitergibst, ist wichtig. Nicht dein Reichtum. Nicht dein Titel. Was bleibt, ist die Art, wie du gelebt hast, und die Werte, die du wie eine Fackel getragen hast. Die, die deinen Weg erhellt und anderen den Mut gegeben haben, ihren eigenen zu finden.

Wenn du also morgen aufwachst und deine Füße auf den Boden setzt, frag dich, welchen Charakter du dir aufbaust. Frag dich, welches Vermächtnis du hinterlässt. Du wirst feststellen, dass deine Werte nicht nur Werkzeuge zum Leben sind. Sie sind der Beweis dafür, dass du ein zielgerichtetes Leben geführt hast.

Fazit

Nun, da wir unsere Kapitel auf den Seiten von, Navigating through Time" abschließen, bin ich dankbar für unsere Reise und hoffe, dass diese Erfahrung lohnenswert war. Diese Reise war eine tiefgreifende Erkundung menschlicher Weisheit, des Glaubens und der finanziellen Umsicht, die uns durch die Korridore der Zeit geführt hat.

Unsere Suche begann mit dem einfachen Wunsch, den schwer fassbaren Schatz der Weisheit zu entdecken. Als wir uns auf diese Reise begaben, stellten wir fest, dass Weisheit keineswegs ein uraltes Relikt ist, das in den Annalen der Geschichte verborgen bleibt, sondern eine dynamische, sich ständig weiterentwickelnde Größe. Sie ist nicht die exklusive Domäne von Gelehrten oder Philosophen; vielmehr ist sie ein Leuchtfeuer, das jeden Einzelnen leitet, der bereit ist, sich auf die Reise der Selbstreflexion, der Aufgeschlossenheit und des lebenslangen Lernens zu begeben.

Die Philosophie war nie dazu gedacht, ein Lebensberater zu sein, doch irgendwie hat sie am Ende die Pfeife geschwungen. Es begann als stilles Nachdenken einiger bärtiger Gestalten, die unter Bäumen saßen. Sie fragten sich, warum wir existieren und wie man leben könnte, ohne völlig verrückt zu werden. Dann ergriffen wir anderen, die wir im Alltag in Panik gerieten, sie wie das letzte Seil, das uns aus dem Chaos rettete. Die Philosophie protestierte nie. Sie richtete sich auf, zog ihre Robe zurecht und wies auf den Sinn hin.

Was wir in diesen ersten Kapiteln herausfanden, war, dass Philosophie kein Luxus ist. Sie ist kein zusätzliches Tüpfelchen auf dem i für Denker und Tweedträger. Sie ist das Rückgrat des Alltags. Sie schleicht sich in deine morgendlichen Entscheidungen, Streitgespräche, Ausgabegewohnheiten und deine Reaktion ein, wenn der Barista deinen Namen wieder falsch ausspricht. Man studiert Philosophie nicht. Man lebt sie, ob man will oder nicht.

Weisheit, so haben wir gelernt, ist keine Trophäe, die man sich verdient, nachdem man genug Zitate gelesen hat. Sie ist die Fähigkeit, das, was man weiß, anzuwenden, wenn das Leben versucht, einen flach auf den Rücken zu werfen. Sie ist nicht laut oder dramatisch. Sie ist diese leise Stimme, die einem sagt, man solle sich hinsetzen, bevor man etwas Dummes sagt. Weisheit leitet deine Schritte, selbst wenn dein Ego in die falsche Richtung sprinten will.

Jeder Mensch glaubt, er brauche Wissen. Was er tatsächlich braucht, ist Weisheit. Wissen hilft dir, Streitgespräche zu gewinnen. Weisheit hilft dir, sie ganz zu vermeiden. Wissen verschafft dir vielleicht einen Job. Weisheit hilft dir, dabei deine Würde zu bewahren. Weisheit ist nicht selten, weil sie komplex ist. Sie ist selten, weil sie Disziplin erfordert. Sie erfordert die Bereitschaft, innezuhalten, wenn die Welt von dir eine Reaktion erwartet.

Von dort wandte sich unser Weg dem Glauben zu. Nicht der Art, die in einem Gebäude mit Kirchenbänken und Kerzen eingeschlossen ist, obwohl auch das seinen Platz hat. Glaube, wie wir ihn kennenlernten, ist der hartnäckige Akt, an Dinge zu glauben, die man nicht sehen kann. Es ist die Fähigkeit, auf etwas zu vertrauen, wenn die Beweise verschwunden sind. Es ist auch die Fähigkeit, voranzugehen, wenn der Weg verschwindet.

Glaube ist kein dekoratives Wort. Er ist nicht aus ästhetischen Gründen auf Kissen gestickt. Er ist das, was einen aufrecht hält, wenn alles andere zusammengebrochen ist. Der Glaube hält den Rücken gerade, wenn die Pläne zerfallen sind und der Zeitplan einem ins Gesicht gelacht hat. Er verlangt keine Beweise. Er verlangt Hingabe. Entweder glaubt man, oder man glaubt nicht. Das ist die Prüfung.

Ein Mensch ohne Glauben ist wie ein Schiff ohne Anker und ohne Segel. Er treibt dahin. Er gerät in Panik. Er verflucht den Wind, anstatt zu lernen, wie man mit ihm umgeht. Der Glaube erinnert dich daran, dass es jenseits des Chaos einen Sinn gibt. Irgendwo unter all dem Lärm verbirgt sich Ordnung. Du musst nicht immer alles verstehen. Du musst nur weitermachen.

Gleich hinter der nächsten Kurve stießen wir auf ein Thema, von dem jeder glaubte, es zu beherrschen, das aber nur wenige wirklich verstanden. Geld. Finanzielle Weisheit marschierte herein wie ein Lehrer mit einem Lineal, korrigierte unseren Unsinn und deckte unsere Gewohnheiten auf. Die meisten Menschen glauben, bei finanzieller Weisheit gehe es darum, Dollar wie Muscheln zu sammeln. Das ist nicht der Fall. Es geht darum zu verstehen, wie sich deine Entscheidungen über die Zeit hinweg auswirken.

Geld ist nicht die Wurzel allen Übels. Das ist ein Mythos. Unwissenheit über Geld ist weitaus gefährlicher. Wer nicht mit Geld umgehen kann, wird zum Gefangenen seines eigenen Lebensstils. Er jagt Gehaltsschecks hinterher und gerät bei Preisen in Panik. Bei finanzieller Weisheit geht es nicht um Gier. Es geht um Freiheit. Es ist die Kunst, Entscheidungen zu treffen, ohne an die Vergangenheit gekettet zu sein.

Früh zu investieren ist keine Empfehlung. Es ist eine Rettungsleine. Ein gespartes Zwanzig-Dollar-Schein ist weit mehr wert als zehn Dollar, die man mit vierzig spart. Das ist keine Finanzwissenschaft. Das ist Physik. Planung raubt dir nicht deine Spontaneität. Sie schützt sie. Wer budgetiert, ist nicht langweilig. Er hat die Kontrolle. Er ist derjenige, der tief und fest schläft, während alle anderen im Dunkeln auf und ab gehen.

Finanzielle Weisheit lehrt auch, dass du nicht das bist, was du verdienst. Du bist das, was du damit machst. Manche Menschen verdienen sechsstellige Summen und leben in Angst. Andere verdienen bescheiden und gehen durch das Leben, als wäre es ein Tanz. Geld ist nicht die Antwort. Es ist der Verstärker. Was auch immer in dir steckt, wird lauter werden, sobald das Geld da ist. Deshalb muss der Charakter an erster Stelle stehen.

Was uns zu Beziehungen bringt. Das stille Netzwerk von Seelen, das dein Leben prägt. Beziehungen sind kein Bonus. Sie sind der Entwurf. Keine Leistung, keine Auszeichnung, keine Bilanz ist vergleichbar mit der Erfahrung, von einem anderen Menschen gesehen und geschätzt zu werden. Du kannst ohne Applaus leben. Du kannst nicht ohne Verbindung leben.

Die Gesundheit deiner Beziehungen offenbart oft die Gesundheit deines Charakters. Wer Mauern errichtet, hört am Ende nur Echos. Wer Brücken baut, findet Harmonie. Beziehungen basieren nicht auf Worten. Sie basieren auf Taten. Darauf, da zu sein, wenn es darauf ankommt, und zu bleiben, wenn es schwer ist. Sie sind nicht bequem. Sie sind heilig.

Eine gute Beziehung verlangt nicht, dass du perfekt bist. Sie verlangt, dass du präsent bist, deinen Stolz lange genug beiseite legst, um jemand anderem zuzuhören, die Last trägst, wenn die andere Person es nicht kann, und dass sie dir Demut, Geduld und die Grenzen deines eigenen egozentrischen Denkens lehrt.

Nun kommen wir zum letzten Moment. Zu dem Teil, an dem die Menschen einen Abschluss erwarten und eine moralische Schleife, die um die Lektionen gebunden wird. So funktioniert das Leben nicht. Es gibt keinen Vorhangruf. Es gibt nur die nächste Entscheidung. Was du mit dem tust, was du weißt, ist die Abschlussprüfung, die immer ein offenes Buch ist.

Du verstehst nun, dass Weisheit keine Theorie ist. Sie ist Bewegung. Sie ist, wie du durch eine Menschenmenge gehst und deine Rechnungen bezahlst, wie du die Person behandelst, die dich unterbricht. Deine Werte sind nichts, was du sagst. Sie sind etwas, das du offenbarst.

Glaube ist keine Option. Finanzielle Klarheit auch nicht. Freundlichkeit ebenso wenig. Sie sind keine Verzierungen für ein besseres Leben. Sie sind das Leben. Sie sind der einzige Weg, voranzuschreiten, ohne sich selbst zu verlieren. Sie sind der Entwurf, der eine Ansammlung von Jahren in eine sinnvolle Existenz verwandelt.

Alles, was du brauchst, ist bereits in dir vorhanden. Die Philosophie gab dir den Kompass. Der Glaube gab dir den Mut. Die Finanzen gaben dir das Fundament. Beziehungen gaben dir den Grund. Du bist nicht am Ende. Du stehst am Tor. Deine Geschichte geht jetzt weiter, nicht später.

Jeden Tag, an dem du aufwachst, wirst du zwei Dingen begegnen. Dem Echo von gestern und der Frage von heute. Wie du darauf reagierst, wird zu der Zeile, an die man sich eines Tages erinnern wird. Lass diese Zeile Werte widerspiegeln, die standhaft blieben, als Druck versuchte, sie zu beugen.

Charakter wird nicht in einem einzigen Moment entschieden. Er wird in Mustern geschmiedet. Er wird durch Gewohnheiten geformt. Er ist in Werten verankert. Du brauchst keine Perfektion. Du brauchst eine Richtung. Du brauchst keinen Applaus. Du brauchst Integrität. Alles andere ist Lärm.

Wenn du die noch ungeschriebenen Seiten vor dir betrittst, trage diese Wahrheit mit dir. Du bist der Autor. Du bist die Figur. Du bist der Herausgeber. Die Werte, die du hochhältst, werden jede Szene prägen. Sie werden das Ende schaffen, auf das es ankommt.

Das ist jetzt deine Geschichte. Schreib sie gut.

Literaturverzeichnis

1. Arendt, H. (1958). *Die menschliche Existenz*. University of Chicago Press.

2. Dostojewski, F. (2004). *Die Brüder Karamasow* (R. Pevear & L. Volokhonsky, Übers.). Farrar, Straus and Giroux. (Originalausgabe erschienen 1880)

3. Emerson, R. W. (2000). *Selbstvertrauen und andere Essays*. Dover Publications. (Originalausgabe erschienen 1841)

4. Frame, D. M. (2010). *Montaigne: Essays*. Stanford University Press.

5. Janaway, C. (1999). *Schopenhauer: Eine sehr kurze Einführung*. Oxford University Press.

6. Xunzi. (1999). *Grundlegende Schriften* (B. Watson, Übers.). Columbia University Press.